Fahnenflucht in die Freiheit

Thomas Wagner

# Fahnenflucht in die Freiheit

## Wie der Staat sich seine Feinde schuf: Skizzen zur Globalgeschichte der Demokratie

Matthes & Seitz Berlin

»Die Zivilisation wurde mit Peitschenhieben errichtet.
Wir erben die Last.«[1]
Bruce Chatwin

»Das Gros der Menschheit hat, bis in unsere Zeit hinein,
niemals in Städten gelebt, noch war sie bereit,
die Art von Leben, wie es dort geboten wurde,
als höchstes Gut zu akzeptieren.«[2]
Lewis Mumford

»Wir brauchen die Möglichkeit des Entkommens so nötig,
wie wir Hoffnung brauchen.«[3]
Edward Abbey

# Inhalt

# 1.
# Einleitung: Der Staat und seine Feinde

Sobald der Staat die Bühne der Weltgeschichte betritt, geht er mit seiner Widersacherin schwanger: der Anarchie, der Idee einer von Herrschaft befreiten Gesellschaft. Unter »Staat« verstehe ich dabei ein gesellschaftliches Verhältnis, in dem »Individuen oder kollektive Institutionen regelmäßig damit rechnen können, in der öffentlichen Sphäre für einen Befehl Gehorsam zu erlangen«.[1] Damit ist außerhäusliche Herrschaft auf Dauer gestellt.[2]

Während die Verfechter staatlicher Autorität den herrschaftslosen Zustand als eine Zeit des Chaos und des Schreckens fürchten, halten es die Anhänger der Idee der Anarchie für wünschenswert und zumindest prinzipiell auch für möglich, im größeren Rahmen eine friedliche Ordnung zu etablieren, die ganz oder zumindest weitgehend ohne die Erzwingung von Gehorsam, sprich: Unterdrückung, auszukommen vermag. Immanuel Kant bestimmte die Anarchie 1798 als »Gesetz und Freiheit ohne Gewalt«.[3] Das ist zunächst einmal nur eine Denkmöglichkeit, die mehr mit der spekulativen Fantasie von Stubengelehrten oder realitätsfernen politischen Romantikern in Verbindung zu stehen scheint als mit der Realität der Welt, in der wir – ob wir wollen oder nicht – nun einmal leben müssen. Aber sie wird unterstützt durch eine Abstimmung mit den Füßen, die auffallend häufig gegen den Staat ausfiel.

Bis weit in die Neuzeit hinein lebte ein großer Teil der Menschheit auch deshalb in Gesellschaften ohne Staat, weil sich deren Angehörige oder ihre Vorfahren dem Zugriff zentralisierter Herrschaft entzogen hatten. Schon vor Jahrtausenden begannen die Menschen in Scharen, vor dem Zugriff der ersten Steuereintreiber, Soldaten und Sklavenjäger der mesopotamischen Stadtstaaten, des Reichs der Pharaonen und der von den Flusstälern Südostasiens oder den Gebirgszügen Zentral- und Südamerikas aus expandierenden frühen Staaten in unzugängliche Regionen auszuweichen. Ob in undurchdringlichen Wäldern, schwer zu erklimmenden Gebirgen, auf abgelegenen Inseln, in kaum überschaubaren Steppen sowie lebensfeindlichen Sand- und Eiswüsten: Die Deserteure des Staates flüchteten in die Freiheit, um an ihren Zufluchtsorten neue Gemeinwesen zu gründen. Sie praktizierten auf diese Weise gleich alle drei von dem Ethnologen David Graeber und dem Archäologen David Wengrow jüngst herausgestellten Grundformen der Freiheit: »die Freiheit, sich zu bewegen, die Freiheit, Befehle zu missachten, und die Freiheit, soziale Beziehungen neu zu organisieren.«[4]

Sie demonstrierten auf diese Weise, dass es zu dem Gewaltregime, vor dem sie geflohen waren, eine Alternative gab, die breiteren gesellschaftlichen Schichten ein freieres und komfortables Leben versprach. In den Annalen der frühen Staaten und Imperien, die in der Regel von den mit viel Blut erkauften Triumphen der Könige und Heerführer über ihre Feinde berichteten, ist von den Angehörigen staatsloser Gemeinwesen häufig als »Barbaren« oder »Wilden« die Rede, die auf skandalöse Weise gegen die geltenden Sitten verstießen. Sie folgten keinen Befehlen, schienen den Unterschied zwischen oben und unten nicht zu kennen, trugen merkwürdige Kleider, ungewöhnliche Haartrachten und scherten sich zudem häufig überhaupt nicht darum, welchen Platz anständige Männer und Frauen in der Gesellschaft einzunehmen hatten. Für die Herrenschicht des Staates war das Grund genug, um sie mit allen zur Verfügung stehenden Mitteln zu bekämpfen – jedenfalls dann, wenn man sie nicht als Bündnispartner gegen konkurrierende Mächte brauchte oder von ihrem Zugang zu sonst schwer erreichbaren Naturprodukten (Hölzer, Arzneien, Nahrungsmittel) zu profitieren hoffte und Handelsbeziehungen mit ihnen aufnahm. Beides kam häufig vor. Zunächst aber versuchte man, die abtrünnig gewordenen Bauern oder Soldaten wieder einzufangen und aus ihnen ordentliche Untertanen zu machen, die ihre Knie zu beugen wussten, Abgaben leisteten und sich zur Zwangsarbeit oder zum Militärdienst heranziehen ließen. Meist wurden die abweichenden Sitten und Gebräuche der Angehörigen von staatsflüchtigen Gemeinschaften in den düstersten Farben geschildert. Trotzdem übten sie auf nicht wenige Bewohner der vom Staat kontrollierten Gebiete eine Faszination aus, die nie ganz verschwand. Daher kommen die populären Mythen, die sich um edle Räuber, lustige »Zigeuner«, unabhängige Beduinen, Piraten oder Vagabunden ranken und die sich in den verschiedensten Weltregionen und kulturellen Überlieferungen bis heute – oft in trivialisierter Form, beispielsweise in Gestalt von Romanen, Comics, Hollywoodfilmen, Fernsehserien oder Karnevalskostümen – erhalten haben. Sie inspirierten nicht wenige Menschen, die ihres Status als Untertanen überdrüssig waren, dazu, selbst dem Lockruf der Wildnis zu folgen, wenn der Herrschaftsdruck zu groß wurde und sich eine Fluchtmöglichkeit ergab. Auch die Angehörigen der ärmeren Schichten wussten, dass die Gewürze, mit denen die Reichen ihre Speisen schmackhaft machten, die teuren Hölzer, aus denen sie ihr feines Mobiliar zimmern ließen und viele der übrigen Luxusgüter, mit denen sie ihr privilegiertes Leben verschönerten, aus fernen Ländern herangeschafft wurden. Soldaten, die von Strafexpeditionen heimkamen und die Teilnehmer von Fernreisen, die von Händlern in Gebiete unternommen wurden, in denen die »Wilden« das Sagen hatten, erzählten Geschichten über Gemeinschaften, in denen jeder und jede vollständig über seinen eigenen Körper verfügte und unvorstellbare sexuelle Freiheiten genoss. Die tägliche Arbeit sollte dort viel weniger Mühe kosten und zugleich mehr Früchte bringen, als ihre Felder zu tragen in der Lage waren. Das Land, in dem Milch und Honig floss, lag irgendwo hinter dem Horizont – aber nicht so weit entfernt, dass man es nicht vielleicht doch unter größter Anstrengung und mit ein wenig Glück hätte erreichen können. Es gibt zahlreiche Indizien dafür, dass es solche zunächst vor allem mündlich überlieferten Erzählungen über ein besseres, freieres Leben jenseits des Staates überall dort auf der Welt gab, wo der Staat seine repressive Seite zeigte.

Die biblische Erzählung vom Auszug der Israeliten aus der Knechtschaft des Pharao ist die vielleicht bekannteste, ideengeschichtlich wirksamste und auch politisch folgenreichste Erzählung einer Fahnenflucht in die Freiheit, wie sie als wiederkehrender historischer Vorgang, als demokratischer Gründungsmythos sowie als Versatzstück einer politischen Theorie im Zentrum dieses Essays steht. Sie ist aber keineswegs die einzige. Die mit Gewalt verbundene Herrschaft von Menschen über Menschen wurde immer wieder infrage gestellt und war hochgradig begründungsbedürftig. Je mächtiger ein Staat war, desto größer war zuweilen der Aufwand, den die Beamten und Berater der Herrschenden betrieben, um seine Existenz zu rechtfertigen, konkurrierende Erzählungen eines guten Lebens unsichtbar zu machen oder – insofern sich das nicht bewerkstelligen ließ – so in den offiziellen Kanon zu integrieren, dass sie entschärft wurden. Schaut man genauer hin, dann begleitet die in ihrer Grundlinie positiv auf den Staat bezogene Geschichte der politischen Philosophie ein mal mehr, mal weniger deutlich hervortretender, zumeist viel zu wenig beachteter Strang radikaler Herrschaftskritik, der zumindest *eine* seiner historischen Wurzeln in der eingangs beschriebenen Flucht vor dem Staat hat. Die Sehnsucht nach einem Abschütteln des Jochs staatlicher Unterdrückung beschränkt sich dabei nicht auf jenen Teil der Welt, der unter Begriffe wie »Abendland« oder »westliche Zivilisation« rubriziert wird. Tatsächlich sind weder der repressive Staat noch seine Kritiker und Feinde unter jene Phänomene zu zählen, die sich auf Europa und seine Kolonien beschränken ließen. Es macht das den Nachgeborenen nur schwer fassliche Leid, das Millionen von afrikanischen Menschen durch die Hand europäischer Sklavenhändler und kolonialer Plantagenbetreiber im 17., 18. und auch im vermeintlich längst aufgeklärten 19. Jahrhundert erfuhren, keinen Deut geringer, wenn darauf hingewiesen wird, dass auch indigene Gesellschaften in den beiden Amerikas lange vor dem Einzug der Konquistadoren zum Teil in großem Umfang Menschen versklavten und der Handel mit christlichen Sklaven aus den europäischen Anrainerstaaten des Mittelmeers lange Zeit zum Geschäftsmodell muslimischer Menschenhändler an der nordafrikanischen Küste gehörte.

Für die Anführer der Fon im westafrikanischen Dahomey war der lukrative Sklavenhandel ein Mittel, um ihre Vorherrschaft in der Region auszubauen. Sie brachen Kriege gegen benachbarte Völker vom Zaum, um die begehrte menschliche Ware zu erbeuten. König Gezo unterhielt für seine Raubzüge ein stehendes Heer von ungefähr 12 000 Bewaffneten. 5000 von ihnen waren Frauen, die sich im Kampf zu ähnlich grausamen Taten hinreißen ließen wie ihre männlichen Kameraden. Einige Gefangene wurden stets im Rahmen der jährlichen Feste geopfert, den meisten war das Los der Sklaverei bestimmt. Nachdem sie sich zum Ende der 1920er-Jahre von einem der letzten von der westafrikanischen Küste in die Sklaverei nach Nordamerika verschleppten Afrikaner seine Lebensgeschichte hatte erzählen lassen, zog die schwarze US-amerikanische Ethnologin und Schriftstellerin Zora Neale Hurston ein bitteres Resümee: »Die Weißen hatten meine Leute in Amerika in Sklaverei gehalten. Sie hatten uns gekauft, das ist wahr, und uns ausgebeutet. Woran ich aber schwer zu schlucken hatte, war die unabweisliche Tatsache: Meine eigenen Leute hatten mich *verkauft* […]«.[5]

Bestrebungen, Macht an einem Ort zu zentralisieren und Menschen als unfreie Arbeitskräfte auszubeuten, lassen sich lange Zeit vor dem europäischen Kolonialismus, der schließlich die Welt dominieren sollte, fast überall auf dem Globus nachweisen. Ebenso universell zeigt sich aber auch das Bemühen der Unterdrückten oder von Unterdrückung Bedrohten vor der immer weiter expandierenden Herrschaft zu fliehen und an einem dafür geeigneten Ort eine Gesellschaft der Freien und Gleichen zu gründen. Nichts könnte daher falscher sein, als den Ursprung der Demokratie einzig und allein auf eine griechische Urstiftung zurückzuführen, wie es in den im Gestus eigener Überlegenheit vorgenommenen Selbstbeschreibungen europäischer Kolonialregime und ihrer Siedlerkolonien bis heute Usus ist. Sie hat weit mehr, als das bis heute wahrgenommen wird, auch Wurzeln, die weit von Europa entfernt liegen.

Ein wichtiges Anliegen dieses Essays ist daher der Versuch, den westlichen Alleinvertretungsanspruch in Sachen politischer Partizipation zu bestreiten. Nur so lässt sich der zivilisatorische Prozess als ein Projekt begreifen, dessen Gelingen vom selbstbestimmten und gleichberechtigten Einsatz vieler unterschiedlicher Stimmen abhängt. Gefragt ist ein globalgeschichtlicher Zugang, also »eine Form der historischen Analyse, bei der Phänomene, Ereignisse oder Prozesse in globale Kontexte eingeordnet werden«.[6] Dieses Herangehen »eröffnet einen Blick auf Zusammenhänge, die innerhalb bestehender Ansätze lange Zeit unsichtbar waren oder zumindest als irrelevant angesehen wurden«,[7] erläutert Sebastian Conrad die Vorzüge einer Disziplin, die sich erst in jüngerer Zeit zu einem der wichtigsten Felder der Geschichtswissenschaft entwickelt hat. Das in ihr angelegte Potenzial der Erleichterung einer »grenzüberschreitenden Kommunikation und Interaktion« erstreckt sich auch auf die politische Ideengeschichte, die – was die Genese und den transkulturellen Transfer demokratischer Vorstellungen, Praktiken und Konzepte betrifft – ein bislang noch wenig beackertes Feld darstellt, insbesondere wenn es um Vorgänge geht, die sich vor dem Siegeszug des europäischen Kolonialismus abspielen und das Verhältnis von Staaten und herrschaftslosen Gemeinwesen betreffen.

## Das Erbe des Leviathan

Dem Alltagsverstand ist der hierarchisch geordnete Staat zunächst problemlos gegeben. Er gehört zu den Dingen, die wir in der Regel vorfinden, wenn wir auf die Welt kommen, und seine Existenzberechtigung wird daher zunächst meist nicht infrage gestellt. Wer seines Lebens sicher sein und dauerhaft in geordneten und einigermaßen komfortablen Verhältnissen leben will, so lässt sich immer wieder vernehmen, ist auf jemanden angewiesen, der die Fäden zusammenhält, der in letzter Instanz entscheidet und buchstäblich »weiß, wohin die Reise geht«. Die in der Regel kaum hinterfragte Vorstellung von der Notwendigkeit einer sich im Zweifel mit harter Hand durchsetzenden Regierung entspricht nicht zuletzt dem, was in den Klassikern der politischen Philosophie zu lesen ist. Seit der Antike wird die Politik in der Regel als ein Verhältnis betrachtet, in dem ein Souverän als höchste Gewalt entscheidet, dem alle anderen Bewohner eines Gemeinwesens als seine Untertanen zum Gehorsam verpflichtet sind. So vertrat Aristoteles (384–322) die Ansicht, dass in der Gesellschaft, ganz genau wie zwischen den menschlichen Organen oder zwischen Mann und Frau, natürlicherweise ein Teil »das Herrschende« (*archon*) und ein anderer »das Beherrschte« (*archomenon*) sein müsse.[8] Thomas von Aquin (1225–1274) bewegte sich in den Spuren des griechischen Philosophen, als er argumentierte, der gesellschaftliche Friede »muss erst durch die Bemühung des Führers bewirkt werden«.[9] In den Texten, mit denen die ersten Staatsgebilde im Vorderen Orient, in Ägypten und in Indien ihre Existenz rechtfertigten, findet sich ebenfalls die Vorstellung, dass ein mächtiger Herrscher vonnöten sei, um die Schwachen vor der Unterdrückung und Ausbeutung durch die Starken zu schützen. Hammurabi, König von Babylon (1792–1750), sagt im Prolog zu dem ihm zugeschriebenen Gesetzeswerk, seine Aufgabe sei es, »Gerechtigkeit im Lande herrschen zu lassen, damit der Starke den Armen nicht unterdrücke«.[10] Die altindische Überlieferung kennt das dem Philosophen und Herrscherberater Chanakya (375–283) zugeschriebene »Gesetz der Fische«, in dem es heißt: »Gäbe es auf Erden keinen König, der den züchtigenden Stock trägt, dann würden die Starken die Schwachen aufspießen und braten wie Fische.«[11] Nach Auffassung des konfuzianischen Philosophen Xunzi (ca. 298–238) waren die Menschen von Natur aus böse und das Geheimnis eines gelingenden Gemeinwesens in China bestand in der Einhaltung klar gezogener sozialer Grenzen zwischen ihnen. »Die heiligen Könige«, schreibt er, »hassten die Unordnung und stellten deshalb die Regeln auf von Ritual und Gerechtigkeit, um das Volk dadurch einzuteilen und ihm die Klassen der Reichen und der Armen, der Adeligen und der Gemeinen zu geben, so dass es einander kontrollierte. Dies ist der Leitsatz für die Befruchtung der Welt«.[12]

Der altägyptischen Herrschaftslehre zufolge ist die Abwesenheit des Staates verbunden mit einem Zustand von Unrecht und Gewalt, die in dem Begriff *isfet* zum Ausdruck kommt. Die Aufgabe des Herrschers besteht dieser Auffassung nach darin, die Gerechtigkeit zwischen Armen und Reichen, Schwachen und Starken herzustellen, die einen wichtigen Aspekt des weiter ausgreifenden Begriffs der *ma'at* darstellt, der Recht, Moral, Staat, Kult und religiöses Weltbild auf eine gemeinsame Grundlage stellt.[13] Während dieser Vorstellung zufolge das Königtum und die Gerechtigkeit vom Himmel in die Menschenwelt herabsteigen, um die hier normalerweise herrschende *isfet* niederzuhalten, ist die staatliche Ordnung, um die es Thomas Hobbes (1588–1679) in seiner unter dem Eindruck des Englischen Bürgerkriegs und der kolonialen Expansion des britischen Empire verfassten Schrift *Leviathan* etliche Jahrhunderte später zu tun ist, eine menschengemachte.

Niemand, so stark er auch sein möge, schreibt der Begründer eines aufgeklärten Absolutismus, könne sich in einer Welt ohne ordnende staatliche Gewalt hinreichend davor schützen, der Raubgier oder dem Schwert seiner im Zweifel missgünstigen Mitmenschen zum Opfer zu fallen. Da der Mensch dem Menschen ein Wolf sei, aber im Unterschied zu diesem über so etwas wie Verstand verfüge, lege ihm die Vernunft nahe, den herrschaftslosen Naturzustand zu überwinden und sich mit den anderen Menschen auf einen Vertrag zugunsten eines übergeordneten Dritten zu verständigen: den Staat. »Der alleinige Weg zur Errichtung einer solchen allgemeinen Gewalt, die in der Lage ist, die Menschen vor dem Angriff Fremder und vor gegenseitigen Übergriffen zu schützen und ihnen dadurch eine solche Sicherheit zu verschaffen, dass sie sich durch eigenen Fleiß und von den Früchten der Erde ernähren und zufrieden leben können, liegt in der Übertragung ihrer gesamten Macht und Stärke auf einen Menschen oder eine Versammlung von Menschen, die ihre Einzelwillen durch Stimmenmehrheit auf einen Willen reduzieren können«,[14] so Hobbes in dem vielleicht einflussreichsten staatsphilosophischen Text der Neuzeit. Fehlt besagter Souverän, so droht sich die Gesellschaft in einen Zustand aufzulösen, in dem ein unkontrollierter Gewaltausbruch jederzeit und allerorten möglich ist. Das Vorhandensein eines starken Staates, der die legitime Ausübung von Gewalt in einer Hand monopolisiert, ist daher in dieser bis heute auch in sich selbst als liberal und demokratisch verstehenden Gemeinwesen weitverbreiteten Sichtweise die Bedingung der Möglichkeit jedweder kulturellen Entwicklung.

## Die Zähmung des Raubtiers

In der Tradition dieses modernen Staatsdenkens steht auch Norbert Elias' (1897–1990) rund 300 Jahre später verfasste Theorie vom »Prozess der Zivilisation«. Am Beispiel der Entwicklung von Politik und Gesellschaft vom europäischen Mittelalter zum Absolutismus will der Soziologe einen Zusammenhang zwischen Herrschaftszentralisierung und der Innenlegung gesellschaftlicher Zwänge aufzeigen, die eine Verfeinerung der Sitten, eine stärkere soziale Arbeitsteilung und die Abnahme direkter körperlicher Gewalt zwischen den Menschen zur Folge hat. Der Zivilisationsprozess, wie ihn Elias auf der Grundlage eigener historischer Untersuchungen modellhaft beschreibt, geht von den herrschaftlichen Höfen des europäischen Mittelalters aus und verbreitet sich von dort, also von oben, in die untergeordneten Schichten. »Die Art der Stilkonventionen, der Umgangsformen, der Affektmodellierung, die Wertschätzung der Höflichkeit, die Wichtigkeit des Gutsprechens und der Konversation, die Artikuliertheit der Sprache und anderes mehr«, so Elias, »alles das bildet sich in Frankreich zunächst innerhalb der höfischen Gesellschaft und wird in einer kontinuierlichen Ausbreitungsbewegung langsam aus einem Sozial- zum Nationalcharakter«.[15] Die geschilderte Herausbildung einer gleichsam automatisch arbeitenden »psychischen Selbstzwang-Apparatur« stehe »mit Monopolinstituten der körperlichen Gewalttat«,[16] welche die Individuen zur sozialverträglichen Unterdrückung und Mäßigung ihrer Affekte zu zwingen in der Lage sind, in engem Zusammenhang.

Die Allgemeingültigkeit dieser Aussage kann heute anhand vieler Einzelbeispiele aus dem reichen Fundus ethnologischer Forschung als widerlegt gelten. So wurde gezeigt,

»dass die Triebmodellierung in Gesellschaften nicht nur ohne Staat, sogar ohne Stammesverband zumindest genauso weit fortgeschritten war und ist wie bei uns«.[17] Zwar hat sich Elias von einem alten, imperial geprägten Begriff der Zivilisation lösen wollen, doch teilt seine »Beschreibung ›früherer‹ und anderer, besonders nichtstaatlicher Gesellschaften«[18] jenen herablassend kolonialistischen Blick auf indigene Bevölkerungsgruppen, der auch für ansonsten in vielerlei Hinsicht emanzipatorisch gesinnte Intellektuelle seiner Zeit typisch war. So fabulierten Horkheimer und Adorno in ihrer *Dialektik der Aufklärung* ganz unbefangen vom »Schlagen und Beißen beim Geschlechtsakt der australischen Wilden«,[19] welches »noch« in der sublimiertesten Zärtlichkeit durchscheine, und Hannah Arendt übernahm den kolonialen Herrenmenschenblick, als sie in ihrer ebenso berühmten wie einflussreichen Studie *Elemente und Ursprünge totaler Herrschaft* über afrikanische Gesellschaften schrieb, dass »deren politische Organisation Formen, die wir auch aus dem tierischen Gemeinschaftsleben kennen, kaum überschritten«.[20] Die Buren hätten daher mit »viel berechtigter Verachtung und mit einem noch viel berechtigteren Grauen«[21] auf die Eingeborenenvölker in der Wildnis herabsehen müssen, was sie – in Arendts Augen – »zu den furchtbar mörderischen Vernichtungen und zu der völligen Gesetzlosigkeit in Afrika verführt«[22] und sie zudem eine Blaupause für die von faschistischen Mobführern in der ersten Hälfte des 20. Jahrhunderts verübte Gewaltpraxis habe abgeben lassen. Diese, spekuliert Arendt, hätten ganz einfach realisiert, dass die Buren »für die unbestrittene Herrschaft über den schwarzen Erdteil« den Preis der kulturellen Degeneration hätten bezahlen müssen, und waren »bereit, es den Buren gleichzutun, wenn sie durch die Verwandlung ihrer eigenen Nationen in Rassehorden die Herrschaft über andere ›Rassen‹ gewinnen konnten«.[23]

Wo Arendt die kolonialen Täter zu verführten Opfern macht und die extreme Gewalt kolonialer Herrschaft auf diese Weise nicht nur zu erklären versuchte, sondern zu einem gewissen Grad auch entschuldigte,[24] enthält die Theorie von Norbert Elias eine zumindest »implizite [...] moralische Absolution Europas. Denn wenn der Prozess der Zivilisation allgemeines Schicksal und Europas Führerschaft ausgemacht ist, spricht nichts gegen die aktive kulturelle Missionierung der außereuropäischen Welt. Sie wäre ohnehin unvermeidlich«.[25] Tatsächlich aber handelt es sich bei der Annahme, erst der Staat mache aus vermeintlichen »Wilden« ordentliche, zur demokratischen Beteiligung befähigte Bürger, um eine irrige Meinung. Stattdessen ist in globalgeschichtlicher Perspektive das Beispiel herrschaftsloser Gesellschaften am Rande und außerhalb des Wirkungsbereichs von Staaten als einer jener Faktoren zu betrachten, die zur Zivilisierung und demokratischen Zähmung des Staates beitragen. Es sind die in Reiseberichten, Mythen, Legenden, Volksliedern, aber auch in Geschichtsnarrativen, ethnologischen Studien oder philosophischen Erörterungen aufgehobenen Berichte über Gesellschaften, in denen es freier und gleicher zuging, als in der jeweils eigenen, die immer wieder die rebellische Fantasie all jener beflügelte, die mit dem jeweiligen Regime unzufrieden waren. Die Botschaft lautete: Ein Leben ohne Könige, Feudalherren, mächtige Priester und Generäle ist möglich und wurde – je nach Interessenlage und Perspektive – entweder rigoros abgelehnt oder als Ziel erachtet, das es anzustreben galt. Nun handelt es sich nicht bei allen dieser Gesellschaften um solche, deren Ursprung in einer Flucht vor dem Staat nachgewiesen werden kann. Manche mögen eine Jahrhunderte oder gar Jahrtausende alte Geschichte aufweisen, in denen dauerhafte Formen von Herrschaft keine wesentliche Rolle spielten. Doch viel spricht dafür, dass eine ganze Reihe von indigenen Gemeinschaften, die in der Regel als »ursprünglich«, als Überbleibsel eines früheren, weniger entwickelten Stadiums der Menschheitsgeschichte betrachtet werden, mit ihrer besonderen politischen Struktur auf die Erfahrung mit zentralisierten Herrschaftsformen reagiert haben. Beispielsweise gibt es bei den Haudenosaunee (Irokesenkonföderation), deren egalitäre Konsensdemokratie das Denken der Amerikanischen Revolution,[26] der frühen US-Frauenbewegung[27] und nicht zuletzt das von Karl Marx[28] und Friedrich Engels[29] beeinflusste, die Überlieferung, sie stammten letztlich von einem Volk entflohener Leibeigener ab, »die von einem zahlenmäßig überlegenen Feind namens Adirondack (›Baum-Esser‹) unterjocht worden seien. Unterwerfung und Revolte«, schlussfolgern Graeber und Wengrow, »waren also keineswegs unbekannte Phänomene«.[30]

Viele dieser Gesellschaften ohne Staat hatten zwar Häuptlinge, diese verfügten aber – sehr zur Verwunderung europäischer Beobachter – häufig über keinerlei Mittel, ihre Anweisungen auch durchzusetzen, d. h. ihre vermeintlich Untergebenen zu irgendetwas zu zwingen. Die Hauptfunktion dieser Institution, stellte der Ethnologe Pierre Clastres auf der Grundlage eigener Feldforschungen bei den Guayaki und Guarani in Paraguay und Brasilien heraus, bestand in nichts anderem, als in ritualisierten Reden die Einhaltung der egalitären gesellschaftlichen Normen einzufordern. »Fast immer wendet sich der Anführer täglich bei Morgengrauen oder in der Abenddämmerung an die Gruppe. In seiner Hängematte liegend oder neben seinem Feuer sitzend, spricht er laut die erwartete Rede. Und gewiss muss seine Stimme kräftig sein, um sich vernehmbar zu machen. Denn es herrscht keinerlei Andacht, wenn der Häuptling spricht, keine Stille, jeder fährt in aller Ruhe fort, seinen Beschäftigungen nachzugehen, als ob nichts geschähe«, so der 1977 im Alter von nur 43 Jahren tödlich verunglückte Schüler von Claude Lévi-Strauss. Genau jenen Platz, an dem sich in herrschaftlich verfassten Gesellschaften ein Befehlshaber oder Souverän befindet, nimmt in einer großen Gesamtheit von Gesellschaften in Süd-, Mittel- und Nordamerika eine Instanz ein, dem die Befugnis, Befehle zu erteilen, demonstrativ verwehrt wird. Die hervorgehobene, mit besonderen Pflichten verbundene Rolle des Häuptlings besetzt den zentralen symbolischen Ort, von dem Herrschaft ausgeht, gerade deswegen, um ihren Einzug in die Gemeinschaft zu verhindern – so lässt sich die von Clastres formulierte Theorie des Häuptlingstums interpretieren.[31]

Da jedoch bei Weitem nicht alle egalitären Gesellschaften überhaupt über solche Häuptlinge verfügen, liegt die Vermutung nahe, dass die symbolisch hervorgehobene Position eine Art Gegenentwurf darstellte zu einer Herrschaftsinstitution, die man bereits kannte. Vielleicht hatte ein unglücklich verlaufender Kontakt mit einem Staat in den davon schockierten Angehörigen einer Gesellschaft, in der eine auf die Gemeinschaft bezogene Individualität viel bedeutete, der fraglose Gehorsam gegenüber Autoritäten jedoch verpönt war, den Reflex ausgelöst, sich auch symbolisch gegen das Aufkommen von hierarchischen Zwangsstrukturen in den eigenen Reihen zu wappnen. »Die Menschen kamen herum. Deshalb ist es unwahrscheinlich, sie hätten schlicht gar keine Ahnung von der Entwicklung in den benachbarten Teilen des Kontinents gehabt.«[32] Auch in Amazonien, so interpretieren Graeber und Wengrow jüngere Forschungsergebnisse, hätten in früher Zeit große Staaten existiert. »Vielleicht«, vermuten sie, »waren die staatenlosen Amazonas-Bewohner Kinder von Rebellen, die aus diesen alten Königreichen geflohen waren oder sogar ihre Könige gestürzt hatten«.[33] Sie machen zudem den Gedanken stark, die Menschen könnten schon in der Frühzeit angefangen haben, mit unterschiedlichen politischen Organisationsformen geradezu zu experimentieren. Darauf deutete der saisonale Wechsel zwischen egalitären und hierarchischen Formen bei Indianern der nordamerikanischen Plains – heute sprechen viele Mitglieder dieser indigenen Gruppen bevorzugt von Nationen, um ihren fortwährenden Anspruch auf Selbstregierung zu betonen. Während sie die meiste Zeit des Jahres über in kleinen Gruppen von Familien umherzogen, versammelten sie sich zur Zeit der großen Bisonjagd im Sommer und führten zu dieser Zeit jeweils eine Schar junger Männer zu einer hierarchisch organisierten Ordner- oder Polizeieinheit zusammen, der es erlaubt war, die für diese Aktivitäten notwendige Disziplin notfalls auch mit Gewalt durchzusetzen. Ein ähnlicher Wechsel zwischen unterschiedlichen Modi der Konzentration von Macht und Autorität, so Graeber und Wengrow, ist für Gesellschaften in Zentralbrasilien dokumentiert. Hier verhielt es sich jedoch umgekehrt. Denn während des Zusammenlebens im Dorf schwand die politische Autorität, die einzelne Anführer genossen, wenn sie sich zum Jagen und Sammeln in kleine Gruppen aufteilten. Wieder anders gestaltete sich die Aufteilung in der Polarregion Nordamerikas. »Bei den Inuit herrschten im Sommer die Väter; aber bei ihren winterlichen Zusammenkünften wurden die patriarchalische

Autorität und sogar die Normen sexuellen Anstands in Frage gestellt, untergraben oder einfach aufgelöst.«[34] Durch das kollektiv erfahrene »Muster saisonaler Sammlung und Zerstreuung«,[35] das die Archäologie schon für »Phasen monumentaler Bauarbeiten und allgemeiner Zerstreuung auf das weite Land« in der britischen Jungsteinzeit entdeckte,[36] so Graeber und Wengrow, entwickelten die Menschen ein Verständnis der Risiken und der Vorteile autoritärer Macht, ohne dass sie dafür mit einem dauerhaften staatlichen Gebilde hätten in Berührung kommen müssen. Außerdem begriffen sie dadurch, dass politische Ordnungen nicht einfach gegeben und unveränderlich waren, sondern durch menschliches Eingreifen verändert werden konnten.

Zudem sollte auf gar keinen Fall unterschätzt werden, wie viel Wissen in vielen der von der Ethnologie untersuchten Gesellschaften über die Psychodynamik unbewussten Begehrens vorhanden war, »was auch den Wunsch zu dominieren, diesen zu verwirklichen und zu kontrollieren, einschloss«.[37] Zu therapeutischen Zwecken hatten die Haudenosaunee Praktiken der Traumdeutung entwickelt, Jahrhunderte bevor Sigmund Freud in Wien seine Praxis eröffnete. Im Unterschied zu psychoanalytischen Verfahren blieb es allerdings nicht bei der individuellen Assoziation zum Trauminhalt, sondern es wurde versucht, die mithilfe von Spezialisten diagnostizierten Triebwünsche der erkrankten Mitglieder der Gemeinschaft realiter oder durch symbolische Handlungen auch zu erfüllen.[38] Daher ist es auch nicht zufällig, dass im Gründungsmythos der Haudenosaunee ausgerechnet jene Gestalt als symbolisches Zentrum der Konföderation bestimmt wird, die zuvor als über alle Maßen machtgierig geschildert worden war. Als sich die fünf im Kriegszustand befindlichen irokesischen

Nationen in einem langwierigen Verhandlungsprozess darauf verständigen, sich zu einem Bund zusammenzuschließen, verweigert sich Tadodaho, ein mächtiger Zauberer und Kannibale, der die Nation der Onondaga anführt, zunächst hartnäckig der gemeinsamen Friedensordnung. Am Ende gelingt jedoch seine Zähmung. Man bietet ihm an, der Sprecher der zu einer Konföderation vereinten Nationen zu werden. Das kommt seinem enormen Geltungsbedürfnis entgegen und so willigt er ein. Zwar hat er in seinem neuen Amt keinerlei Befehlsgewalt, aber er weiß die in einem Bund vereinten Nationen, die Haudenosaunee, hinter sich. Als ihr Sprecher kann er sich als bedeutender und mächtiger empfinden denn als noch so furchteinflößender Häuptling der Onondaga. Er verköpert eine Bundesmacht, die allerdings nur dann zur Geltung kommt, wenn sich alle einig sind.[39] Die Aufgabe des Tadodaho besteht nun darin, die Sitzungen des Häuptlingsrates zu moderieren, die der Herstellung eines solchen Konsenses dienen.[40] Auf sehr ähnliche Weise schildert der Gründungsmythos der Osage, ein Volk aus der Sioux-Sprachfamilie, die Einbindung eines mächtigen Häuptlings in den neu entstehenden politischen Bund. Auch hier wird ein todbringende Macht missbrauchender Zauberer gebändigt, »indem man ihm eine zentrale Stellung in einem neuen Bündnissystem zuweist«.[41]

Das psychologische Wissen um das individuelle Begehren nach Macht, die Kenntnis von repressiven Regierungsformen, die ihnen bei anderen Gruppen begegneten oder aber die Flucht aus oder vor den repressiven Strukturen eines herrschaftsförmigen politischen Gebildes – alle diese Aspekte können die Ursache dafür sein, dass die Mitglieder indianischer Gemeinwesen die Herausbildung dauerhafter autoritärer und hierarchischer Institutionen aktiv verhinderten.

Was die oben bereits erwähnte Gründungserzählung der Osage betrifft, so bezeichnen Graeber und Wengrow die erwähnte Zähmung des Zauberers als »eine übliche Geschichte unter den Nachkommen von Gruppen, die früher unter dem Einfluss der Mississippi-Zivilisation gestanden hatten«.[42] Letztere zeichnete sich, darauf deuten die archäologischen Daten hin, durch eine Häufung zentralisierter städtischer Strukturen aus. »Welche Faktoren auch immer zusammenspielten und die Kulturen zerfallen ließen, jedenfalls kam es um 1350 oder 1400 n. Chr. zu einer Massenflucht. War die Metropole Cahokia durch die Fähigkeit ihrer Herrscher entstanden, verschiedene Bevölkerungsgruppen zusammenzubringen, die oft aus großen Entfernungen stammten, so ging sie nun unter, weil die Nachkommen jener Menschen einfach weggingen. […] Wie kam es dazu? Bei den Nachfahren der cahokianischen Untertanen ist Migration oft damit verbunden, eine ganze Gesellschaftsordnung umzustrukturieren, die unsere drei Grundfreiheiten zu einem einzigen Emanzipationsprojekt zusammenfasst: wegziehen, ungehorsam sein und neue soziale Welten aufbauen.«[43] Für die Osage, die Graeber und Wengrow zu diesen Nachfahren zählen, und die im südlichen Ohio lebten, bevor sie in die Great Plains zogen, sei der »Ausdruck ›in ein neues Land ziehen‹ gleichbedeutend mit einer Verfassungsänderung«.[44]

## Revolutionäre Selbstbefreiung

Die Flucht vor repressiver Herrschaft ist ein Phänomen, das im Zusammenhang mit der Geschichte politischer Ideen bislang wenig diskutiert wurde. Als Widerstandsform wird sie im Vergleich zu Protestbewegungen, Revolten und

Revolutionen nicht selten unterschätzt. In der Regel wird angenommen, dass Menschen, die Reißaus nehmen, statt sich zusammenzutun, um den Kampf gegen ein Regime aufzunehmen, im Hinblick auf die Durchsetzung besserer, demokratischerer Verhältnisse nicht viel bewirken können. Als politisches Phänomen scheint die Flucht auf den ersten Blick kaum »weiterführende Aspekte«[45] aufzuweisen und wird entsprechend unterschätzt. In der kolonialen Nomenklatur der politischen Theorie der Neuzeit bleibt Flucht als riskante Selbstbefreiungstat ausgespart: »Wer flieht«, fasst Iris Därmann die entsprechende Auffassung zusammen, »der tritt den Rückzug vor einer übermächtig erscheinenden Realität an, anstatt auf Augenhöhe und mit offenem Visier für die eigene Sache einzustehen. Flucht bedeutet, so scheint es zumindest, sich der Verantwortung zu entziehen, eingegangenen Verpflichtungen genauso wie schuldigem Gehorsam«.[46]

Die Kulturwissenschaftlerin hat verschiedene historische Fluchtbewegungen als »eminent politische Praktiken revolutionärer Selbstbefreiung« herausgestellt.[47] Ihr Hauptaugenmerk liegt auf den Gewalträumen der Sklaverei, die mit der sich auf verschiedene Kontinente erstreckenden Landnahme durch die europäischen Kolonien im 17., 18. und 19. Jahrhundert verknüpft ist. Sie stellt heraus, dass die Absetzungsbewegung aus diesen Extremzonen repressiver Herrschaft »neue, emergente, und eigenständige Lebensformen hervor[brachte], die weder reduzierbar waren auf gemeinsame Herkunft noch auf das *Fighting back*«.[48] An diese Feststellung knüpfe ich darüber hinaus eine ideen- und eine strukturgeschichtliche These. Zum einen hinterließen die in den Metropolen verbreiteten Bilder von der vermeintlich unzivilisierten Lebensweise der in die Wildnis Geflüchteten

Spuren in der Geschichte der politischen Ideen, die in den herkömmlichen Darstellungen zu wenig gewürdigt werden. Zum anderen hatten sie einen bislang deutlich unterschätzten Anteil an der demokratischen Zivilisierung des Staates. Die Absicht hinter den nun folgenden Skizzen ist nicht mehr und nicht weniger, als diesen Gedanken eines Einflusses historischer Fluchtbewegungen auf die Entfaltung demokratischer Ideen plausibel zu machen.

# 2.
# Ganz weit draußen. Zu Besuch in Sointula

Das Erste, was der Besucher zu Gesicht bekommt, wenn er die kleine Fähre verlässt und den Boden der Insel betritt, ist der 1909 gegründete und durch die Lettern über seinem Eingang schon von Weitem zu erkennende Cooperative Store. Hier kaufen die Bewohner der den winzigen Hafen umschließenden Ortschaft seit eh und je ein, was sie nicht jagen, fischen oder im eigenen Garten ernten können. Der Name des Städtchens ist Glück verheißend: Sointula. Der Ausdruck stammt aus dem Finnischen und bedeutet so viel wie »harmonischer Ort«. Er lässt den Idealismus erahnen, der die finnischen Siedler, Frauen und Männer, unter Führung des Journalisten Matti Kurrikka im Jahr 1901 hierhergeführt hatte.

Fernab von der Zivilisation wollten sie auf Malcolm Island – so der offizielle Name des abgeschiedenen Fleckchens Erde an der kanadischen Pazifikküste – ihre Vorstellung von einem selbstbestimmten Leben ohne Ausbeutung und staatliche Gängelung verwirklichen. Die an der Erschließung der labyrinthischen Inselwelt British Columbias interessierten Behörden hatten ihnen das Land überlassen. Das war ein akzeptabler Deal für die Zivilisationsflüchtlinge. Zwar wurde den Siedlern abverlangt, die britischen Gesetze anzuerkennen, doch häufige behördliche Kontrollen waren in der abgelegenen Gegend kaum zu erwarten. Schriftsteller waren unter den Pionieren, Bergleute, aber auch Bauern und Handwerker. Idealismus war im Übermaß vorhanden. Gebraucht hätte es hingegen mehr Menschen, die darüber hinaus gewusst hätten, wie man mit Fischernetzen umgeht und Land- oder Forstwirtschaft betreibt. Zudem mangelte es den enthusiastischen Siedlern an dem notwendigen Eigenkapital für die Grundfinanzierung ihres Projekts. Als das gerade errichtete Versammlungshaus im Jahr 1903 niederbrannte, brach die Gemeinschaft auseinander.

Zur Zeit meines kurzen Aufenthalts im Sommer 1996 waren Spuren der ursprünglichen Siedler noch deutlich zu erkennen. Beidseits der kaum von Autos befahrenen Hauptstraße standen kleine Holzhäuser. Auf manchen Grundstücken, die von hüfthohen Zäunen begrenzt waren, grasten Pferde. Und hier und da verriet noch eine kleine Saunahütte die Herkunft der Nutzerfamilien. In einem alten Schulgebäude befand sich das Museum der Ortschaft. In einem einzigen winzigen Raum waren die Überbleibsel von fast 100 Jahren Siedlungsgeschichte zu besichtigen: Werkzeuge, Fotos, Haushaltsgegenstände, Plakate, Musikinstrumente und Zeitungsartikel, die von weit zurückliegenden Ereignissen in der kleinen Gemeinde berichten.

## Lenin im Gemeindesaal

Nicht alle Inselbewohner gaben ihre sozialistischen Überzeugungen nach dem Scheitern des utopischen Projekts auf. »Im Gemeindesaal«, erzählte Frank, »hängen noch heute Hammer und Sichel sowie ein Lenin-Porträt.« Erst vor ein paar Tagen war der studierte Sinologe, der bis zu seiner Pensionierung als Verwaltungsangestellter einer Universität in Kalifornien gearbeitet hatte, mit seinem Kajak wie aus dem Nichts am Strand vor dem kleinen Hostel der Nachbarinsel aufgetaucht, das in einer ehemaligen Kirche untergebracht ist. Ich und mein zeitweiliger Reisebegleiter Fritz hielten mal wieder vergeblich nach den Rückenflossen einer Familie von nomadisierenden Schwertwalen Ausschau, die nach Auskunft der Ortskundigen jedes Jahr um diese Zeit hier Zwischenstation auf ihrer Wanderung machten und sich dem Ufer von Alert Bay auf Steinwurfentfernung näherten. Nun statteten wir Frank also einen Gegenbesuch ab.

Wir zelteten im Garten des Hauses, das er für sich und seine chinesische Frau auf einem Waldgrundstück in Sointula gebaut hatte. Frank wusste viel zu erzählen, von dem manches noch nachhallte, als mich die unvertraut lauten Geräusche der Nacht lange Zeit nicht einschlafen ließen – von der Jagd auf Hirsche mit Pfeil und Bogen, von den bemitleidenswerten jungen Adlern, die sich mit ihren scharfen Krallen immer wieder in allzu große Fische verhakten, von diesen nicht mehr loskamen und schließlich ans Ufer der Insel gespült wurden, von den in der Region verbreiteten Schwarzbären und von den Buckelwalen, die keineswegs ungefährlich waren, wenn man ihrer mächtigen Schwanzflosse mit dem Kajak zu nahe kam. Einer seiner Freunde habe das schmerzlich erfahren müssen, als er beim Paddeln mitten in eine Gruppe der majestätischen Tiere hineingeriet. Ein einziger Hieb genügte, um dem unvorsichtigen Ausflügler die Rippen zu brechen. Unser Gastgeber warnte uns auch vor den Pumas, die hin und wieder Kinder angriffen und erst neulich einen Mountainbiker mit Jagdbeute verwechselt hatten: eine Begegnung, die für den Radfahrer tödlich endete. Frank erzählte von den Einsiedlern, die unbehelligt von den Behörden vom

Fischen und Wildern lebten und nur selten hergepaddelt kamen, um sich auf dem letzten Vorposten der Zivilisation mit Vorräten einzudecken. Und nicht zuletzt berichtete er von den Hippies, die sich in den 1960er- und 1970er-Jahren auf einem abgelegenen Teil der Insel niedergelassen hatten, kaum Kontakt zur übrigen Bevölkerung pflegten und dort noch immer ungestört Marihuana anbauten.

Für Aussteiger war die zwischen Vancouver Island und den Gletschern des Festlands gelegene Inselwelt ein ideales Terrain. Hier hatten die durch die Studien des Ethnologen Franz Boas bekannt gewordenen Kwakwaka'wakw (früher: Kwakiutl) ihre 1884 verbotenen Potlatschfeiern fast 70 Jahre lang im Untergrund praktiziert. Stein des Anstoßes war vor allem das in die Festivitäten eingebundene rituelle Schenken. Man wollte ordentliche Staatsbürger aus den »Wilden« machen, die Steuern zahlten, Betriebe gründeten oder sich als Arbeiter in der Holz- oder Fischkonservenindustrie verdingten. Letzteres taten sie auch, aber nur um ihren Clanhäuptlingen die Ausrichtung verschwenderischer Feiern zu ermöglichen, bei denen die in einer Saison angehäuften Reichtümer mit einem Mal komplett konsumiert oder vernichtet wurden. Während diese Potlatsch-Zeremonien für Generationen von Sozialwissenschaftlern – von Marcel Mauss bis Georges Batailles – ein Faszinosum darstellten, vertrat der kanadische Staat – wahrscheinlich zu Recht – die Ansicht, dass sie sich nicht gut mit den Erwerbsnormen einer kapitalistischen Gesellschaft vertrugen. Kirchenvertreter, denen es zudem um die Missionierung der Heiden ging, war der im Rahmen der Zeremonien praktizierte rituelle Kannibalismus ein Dorn im Auge, auch wenn er – vergleichbar der Wandlung im christlichen Gottesdienst – nur in symbolischer Form auftrat. Jedenfalls setzte sich die

Auffassung durch, dass der Potlatsch dem gewünschten Ziel der Assimilation vermeintlich rückständiger Indianer an die moderne Gesellschaft entgegenstand. Also wurden den Kwakwaka'wakw behördlicherseits alle Veranstaltungen untersagt, in denen Reden gehalten und Geschenke verteilt wurden. Erst im Jahr 1951 wurde die Verordnung ersatzlos gestrichen.

Ob all die staatsflüchtigen Aussteiger, die Hippies und Utopisten, die in den vergangenen 100 Jahren in dieser abgeschiedenen Gegend angekommen waren, um hier ihren Traum von einem freien Leben zu verwirklichen, wussten, dass sie nur ein paar weitere Steinchen in ein Mosaik fügten, das ihre Vorgänger bereits vor Jahrtausenden zu legen begonnen hatten?

## Aussteiger der Frühgeschichte

Seit die ersten Staaten im vierten Jahrtausend v. u. Z. in Mesopotamien entstanden, zeichnete sich überall auf dem Globus das folgende Muster ab: Menschen, denen das Leben als Untertan unter der Knute der frühen Herrscher mehr als Fluch denn als Segen erschien, nahmen, wo sich ihnen die Möglichkeit dazu bot, die Beine in die Hand und suchten ihr Heil in der Flucht. Die ganz frühen Aussteiger und ihre Nachfolger zogen sich in Gebiete zurück, die unübersichtlich, unwegsam, für die intensive Bodenbearbeitung ungeeignet und daher vor Soldaten, Sklavenjägern und Steuereintreibern – aber auch vor den in größeren Siedlungen und Städten grassierenden Seuchen[1] – recht gut geschützt waren: undurchdringliche Wälder, schwer zugängliche Gebirge, Sümpfe und Moore, trockene Steppen, abgelegene Inseln, lebensfeindliche Wüsten und zuweilen sogar das offene Meer.[2]

Viele Gruppen von Amazonasindianern, darunter die Yanonami, gaben beispielsweise im 17. und im 18. Jahrhundert ihre Bauerndörfer auf, »in denen sie den Krankheiten und dem Sklavenhandel der Europäer wehrlos ausgeliefert waren. Sie versteckten sich im Wald und zogen von Ort zu Ort, um ihre Freiheit zu bewahren«.[3] Sie gründeten eigene Gemeinwesen und erprobten in ihnen nicht selten neue Formen des Zusammenlebens, die sich ganz bewusst gegen die von ihnen am eigenen Leib erfahrene Unterdrückung richteten. Dabei legten sie in der Regel viel Wert auf Gleichheit und vermieden Institutionen, die auf ausgeprägten Hierarchien sowie dem Prinzip von Befehl und Gehorsam gründeten.

Da die Gemeinwesen der Staatsflüchtigen deutlich egalitärer waren, als es den Interessen der Herrscher dienlich schien, attestierten ihnen die Schreiber, Chronisten, Philosophen und Geschichtsschreiber, die für ein geordnetes Zusammenleben notwendigen zivilisatorischen Errungenschaften nicht oder noch nicht in dem erforderlichen Umfang entwickelt zu haben. Sie erschienen diesen in der Regel als das, was man selbst nicht sein bzw. den zu harter Arbeit verpflichteten Untertanen vorenthalten wollte: als Gemeinschaften der Freien und Gleichen, in denen Armut ebenso wenig Platz hatte wie übermäßiger Reichtum. Und zwar selbst dann, wenn es in ihnen Schriftkundige gab und technische Fertigkeiten vorhanden waren sowie ein Brauchtum gepflegt wurde, das sich vom eigenen nicht allzu sehr unterschied, und sie sich zuweilen militärisch als überlegen erwiesen.[4] Man verortete sie auf einer niedrigeren Entwicklungsstufe der Gattung, die mit stabilen hierarchischen Strukturen nicht zu vereinbaren war – ein krasses Fehlurteil: In Wirklichkeit waren Herrscher hier einfach unerwünscht.

Bei der Abwesenheit des Staates handelt es sich keineswegs um ein Unvermögen, entsprechende Strukturen herauszubilden, sondern »um den bewussten, institutionell bewehrten Verzicht« auf die »Ausbildung von Zentralinstanzen«.[5] Häufig bekamen diese Gesellschaften das Etikett »vorstaatlich« aufgeklebt. Diese Bezeichnung ist jedoch irreführend. Denn wie ein Staat funktionierte, war ihren Mitgliedern ja bekannt. Sie hatten seine repressiven Seiten auf unangenehme Weise häufig am eigenen Leib zu spüren bekommen, sich von ihm abgewandt und erprobten als Reaktion auf diese Erfahrung neue, weniger hierarchische Formen des Zusammenlebens. Das trifft auf viele indigene Gesellschaften zu, die in der einschlägigen Literatur als Überbleibsel einer herrschaftslosen Urzeit oder – in der marxistischen Tradition – als Beispiele eines »Urkommunismus« angesehen, zumeist als »Ur«- oder »Naturvölker« bezeichnet wurden. Für sie wäre der weniger gebräuchliche Ausdruck »nachstaatlich« im Grunde deutlich passender. In jedem Fall handelt sich aber um »Gesellschaften gegen den Staat«,[6] die in seiner unmittelbaren Nachbarschaft eine Alternative zum nach innen repressiven und nach außen expansiven Zwangsregime etablierten.

## Institutionen gegen den Staat

Die Angehörigen dieser Gemeinwesen waren die Nachfahren jener Deserteure des Staates, die vor Ausbeutung, Unterdrückung und Ungleichheit geflüchtet waren und nicht noch einmal in die Fänge repressiver Zwangsanstalten geraten wollten. Sie schufen institutionelle Vorkehrungen, um der gefürchteten Wiederkehr der Ungleichheit in ihren Gemeinschaften einen Riegel vorzuschieben. Individuen, die dadurch auffielen, dass sie Herrschaftsambitionen entwickelten, wurde eine rigorose Abfuhr erteilt. Das Leben richtete sich nach Gleichheitsnormen aus, die in Erzählungen, Musik, Spielen, Körperschmuck und Architektur auch symbolisch zum Ausdruck gebracht und auf rituelle Weise auf Dauer gestellt wurden. Die Großmütter der Ache[7] erzählten ihren Enkeln Geschichten, in denen »der Geizige, der sich weigert, mit seinen Gefährten beispielsweise das Fleisch des Wildschweins zu teilen, keines mehr erwischen wird, denn die Tiere werden sich verteidigen«.[8] Wer sich dem Teilzwang verweigerte, wurde geächtet.

Typischerweise wurden kollektive Entscheidungen in diesen Gemeinwesen unter Beteiligung aller Betroffenen nach dem Konsensprinzip getroffen.[9] Man kann sie als politische Projekte von Flüchtlingen verstehen, die auf die fortschreitende Herrschaftsverdichtung in den frühen Staaten in der Weise reagierten, dass sie nach Regeln lebten, die sich von den dort geltenden deutlich unterschieden, ja, diesen – was die Verteilung von Reichtum und politischer Macht betraf – geradezu entgegengesetzt waren. Ihr Nicht-Einverstanden-Sein mit den vom 16. bis 19. Jahrhundert existierenden Königtümern der Küstenregionen demonstrierten die Angehörigen einer im hügeligen Hinterland des nordwestlichen Teils der Insel Madagaskar angesiedelten Ethnie beispielsweise dadurch, dass sie sich – in Abgrenzung zum obligatorischen Trauerritual – die Haare nicht schneiden ließen, wenn einer der herrschenden Potentaten verstarb. Die widerständige Haltung spiegelt sich auch in ihrem Namen wieder: Tsimihety, »[j]ene, die sich die Haare nicht schneiden«.[10] Den privilegierten Eliten in den Herrschaftszentren, für die eine gute Ordnung nur mithilfe staatlicher Gewalt realisierbar schien, muss das wie eine verkehrte Welt vorgekommen sein. Für jene Teile der Oberschicht wiederum, die mit den herrschenden Zuständen unzufrieden waren und vor allem für jene Angehörigen der unteren Klassen, die nicht mehr zu verlieren hatten als ihre Ketten, konnten Berichte über herrschaftslose Gesellschaften an den Rändern der bekannten Welt durchaus verheißungsvoll klingen. Sie waren dazu geeignet, eine Projektionsfläche für den eigenen Wunsch nach Befreiung zu werden.

# 3. Getrennte Wege gehen. Die Verhinderung von Herrschaft

Die Yanonami[1] hatten einmal einen Häuptling, der vom Krieg führen nicht lassen konnte. Während seine Mitstreiter des Kämpfens irgendwann müde wurden, war er von dem Drang getrieben, ständig neu zu beweisen, dass sein durch viele Heldentaten erworbener Ruhm als Anführer nach wie vor berechtigt war. Doch irgendwann wollte ihm niemand mehr folgen. »Es blieb ihm nichts anderes übrig als diesen Krieg allein zu führen, und er starb von Pfeilen durchbohrt.«[2] Sein Schicksal, das Pierre Clastres als das typische »Unglück des wilden Kriegers«[3] bezeichnete, ist die dramatische Variante einer Erfahrung, die viele Anführer in herrschaftslosen Gemeinschaften machten, wenn sie ihre zeitweiligen Gefolgsleute nicht überzeugen konnten und diesen stattdessen ihren Willen aufzuzwingen versuchten. Denn dazu fehlte es ihnen schlicht und einfach an den nötigen Machtmitteln. Reichten ihr persönliches Charisma und ihre Argumente nicht hin, um eine Anhängerschaft hinter sich zu scharen, mussten sie ihre Pläne aufgeben. »Autorität wurde aus freien Stücken verliehen bzw. übertragen, sie konnte aber auch wieder entzogen bzw. zurückgenommen werden; dauerhafte und auf Zwang sich stützende Macht gab es nicht.«[4] Dem Häuptling, der – umgangssprachlich gesagt – versuchte, den großen Macker heraushängen zu lassen, ging man aus dem Weg und ließ ihn das, was er zu tun nicht lassen konnte, eben alleine tun. Wurde der Konflikt so groß, dass ein einigermaßen harmonisches Zusammenleben nicht mehr möglich schien, trennte man sich dauerhaft. Denn niemand durfte für sich in Anspruch nehmen, dass das eigene Wort mehr ins Gewicht fällt als das der anderen. Freiheit und Gleichheit waren Leitprinzipien, nach denen sich die institutionelle Ausgestaltung des sozialen und politischen Lebens ausrichtete.

## Primärer Sinn für Fairness

Der Ursprung des Gleichheitsbewusstseins reicht nach heutigen evolutionsbiologischen Erkenntnissen tief in die Phase der Menschwerdung zurück. Bei Menschenaffen gibt es so ein Verhalten nicht. Die evolutionäre Anthropologie geht davon aus, dass schon die Frühmenschen, wenn sie sich zusammentaten, um Nahrungsmittel zu beschaffen, in ihrer Interaktion ein gemeinsames Hintergrundverständnis davon entwickelten, wie eine faire Verteilung auszusehen hatte – nämlich gleich.

Die Fähigkeit, Interessenkonflikte auf der Grundlage von etwas anderem als Gewalt und Dominanz zu lösen, entwickelte sich beim Frühmenschen (bis 150 000 v. u. Z.) zunächst in rudimentärer Form. Zwei Individuen handelten zusammen, um ein gemeinsames Ziel zu erreichen, und dabei bildeten sich gegenseitige Erwartungen heraus – darunter die, vom Gegenüber als gleichwertig behandelt zu werden.[5] Ihr situativer »Sinn für Gleichheit«[6] unterschied die Frühmenschen von Menschenaffen, die versuchen, so viel bei der Verteilung der Beute herauszuschlagen, wie es ihre jeweilige individuelle Stärke erlaubte. Die Grundlage für diese Aussage sind Analogieschlüsse auf der Basis von Experimenten, die mit Schimpansen einerseits und zwei- bis dreijährigen Kindern andererseits gemacht wurden. Jedes Mal ging es darum, dass zwei Individuen ein Brett mit einem Futterhaufen in der Mitte zu sich heranholen. Bei den Schimpansen setzte sich das jeweils stärkere Tier durch, was das untergeordnete akzeptierte. Bei dreijährigen Kindern war es anders: Dasjenige Kind, welches versuchte, alle Süßigkeiten für sich zu beanspruchen, erntete deutlichen Protest und gab danach fast immer nach.[7] Während Schimpansen und andere hoch entwickelte Primaten allenfalls dann so etwas wie Mitgefühl für hilfsbedürftige Artgenossen haben, wenn es keine Konkurrenz um Nahrung gibt und die Kosten daher gering sind,[8] verhielten sich Frühmenschen vermutlich bereits auf eine rudimentäre Weise moralisch, allerdings noch ohne sich dabei auf allgemeine kulturelle Normen zu beziehen.[9] Deshalb mischten sie sich auch noch nicht in die sozialen Interaktionen von Dritten ein.[10]

Das änderte sich spätestens dann, als etwa vor 150 000 Jahren mit dem Homo sapiens sapiens der moderne Mensch die Bühne des blauen Planeten betrat und sich auszubreiten begann. Dabei entwickelten sich Kulturpraktiken, Normen und Institutionen, die jeweils an die unterschiedlichen lokalen Bedingungen angepasst waren. Die Individuen lernten, sich nach den Praktiken dieser kulturellen Welt zu richten.[11] Sie fühlten sich nun solidarisch nicht nur mit Kooperationspartnern, mit denen sie direkt verbunden waren, was ja bereits bei den Frühmenschen der Fall war, sondern auch mit Gruppenmitgliedern, die ihnen in Verhalten und Erscheinungsbild ähnelten.[12] Das Prinzip der Gleichheit bildete die Grundlage für die Ausrichtung der Erziehung und die Ordnungsstrukturen innerhalb der Bezugsgruppen. »Die Grundprinzipien des Zusammenlebens sind Gegenseitigkeit und die horizontale Vernetzung gleichberechtigter Personen.«[13] Wie egalitäre Gesellschaften ohne Staat funktionieren, hat die Ethnologie am Beispiel zahlreicher afrikanischer Gesellschaften (z. B. Nuer, Amba, Tiv oder Tallensi) untersucht, die zuweilen mehrere Hunderttausend Mitglieder umfassten. Diese Gesellschaften waren zum Gegenstand der ethnologischen Forschung, der britischen *social anthropology*, geworden, weil sie sich den europäischen Kolonialherrschaften ausdauernder widersetzten als jene Gesellschaften, die selbst über zentralisierte staatliche Unterordnungsstrukturen verfügten. Während es bei diesen in der Regel genügte, die politische Führung bzw. die Oberschicht zu vereinnahmen, um sie zu unterwerfen, gelang es einer Reihe von herrschaftslosen Gesellschaften, ihre egalitären politischen Institutionen bis heute zu bewahren[14] oder sie nach dem Ende der Kolonialherrschaft wieder zu etablieren.[15]

## Das Weite suchen

Schon früh setzte beim Homo sapiens sapiens eine »soziale Selektion gegen Tyrannen, Nahrungsmonopolisierer und andere dominante Individuen« ein.[16] Wer über ein bestimmtes Maß hinaus erfolgreich war und sich über andere Mitglieder seiner Gruppe erhob, wurde misstrauisch beäugt, gemieden, geächtet oder auf andere Weise kollektiv bestraft. Die Angehörigen von Wildbeutergruppen in Afrika, Südamerika und Südostasien verfügen über eine ganze Reihe von Maßnahmen, die sich gegen autoritäre Ambitionen von Individuen richteten, »unter anderem Lächerlichmachen, Beschämung, Ächtung und (bei unverbesserlichen Soziopathen) auch Mord – allesamt Strategien ohne Parallelen unter anderen Primaten. Gorillas machen einander nicht lächerlich, wenn sie sich auf die Brust schlagen, Menschen aber tun dies regelmäßig. Noch erstaunlicher ist, dass das Einschüchterungsverhalten sehr wohl instinktiv sein kann, die Gegenmaßnahmen jedoch nicht«.[17] Die Mitglieder solcher Gemeinschaften handeln so, als ob sie wüssten, dass ein gegebener sozialer Zustand nicht alternativlos ist, und sie scheinen eine Vorstellung davon zu haben, »wie ihre Gesellschaft aussehen würde, wenn sie anders handelten«.[18] Das heißt, wenn sie keine Vorkehrungen gegen die Entstehung von Ungleichheit träfen, »wenn geschickte Jäger *nicht* systematisch herabgesetzt würden oder wenn das Fleisch eines erlegten Elefanten *nicht* von einer zufällig bestimmten Person (statt derjenigen, die das Tier getötet hat) an die Gruppe ausgeteilt würde«.[19] Man kann hierin, wie Graeber und Wengrow dies tun, einen wichtigen Beleg dafür sehen, dass auch die Mitglieder von Wildbeutergruppen sich in politischem Sinne betätigen,[20] und es braucht nicht viel Fantasie, um sich vorzustellen, dass unsere Vorfahren diese Fähigkeit zu entwickeln begannen, als der Mensch einen evolutionären Weg einschlug, der sich von dem der übrigen Primaten unterschied. Jedenfalls zeigte er sich schon lange vor der Entwicklung der zweifellos bewunderungswürdigen Verfahren der Machtteilung, Debatte und Abstimmung in der attischen Demokratie – man denke nur an die Automaten, die für die so wichtigen Losverfahren entwickelt wurden[21] – überall auf dem Globus als das von Aristoteles in seiner *Politeia* beschriebene politische Tier (*zoon politikon*). Er verfügte über ein Grundverständnis von Freiheit und Zwang, Gleichheit oder Unterordnung und war in der Lage, je nach Erfordernis zwischen verschiedenen Formen der Organisation zu wählen.

Die Fähigkeit zum Vergleich politischer Systeme ist im Rahmen von Schriftkulturen noch einmal enorm gesteigert worden – vorhanden war sie wohl von Anfang an. So etablierte sich das Fortgehen schon früh als ein probates Mittel, um die Zuspitzung unlösbar scheinender Konflikte zu vermeiden und die Herausbildung von Beziehungen dauerhafter Unterordnung zu verhindern. Die Gemeinschaften splitterten sich in Kleingruppen auf, um in anderer Zusammensetzung wieder neu zusammenzukommen.[22] Die von dem Evolutionsbiologen Michael Tomasello angestellten Thesen über frühgeschichtliche Gesellschaften ohne Staat entsprechen dem, was ethnologische Untersuchungen zum Konfliktlösungsverhalten indigener Gruppen in Nord- und Südamerika herausgefunden haben. Wurde eine Siedlung so groß, dass die Spannungen unter den Bewohnern ein erträgliches Maß überstiegen, ging man einfach seiner Wege.[23] Wer bei den Cheyennes oder den Paiute, Gesellschaften der nordamerikanischen Plains, mit den Plänen der Häuptlinge nicht einverstanden war oder sich mit den anderen Gruppenmitgliedern nicht mehr vertrug, verließ das gemeinsame Camp, um sich einer anderen Gemeinschaft innerhalb des die meiste Zeit des Jahres in viele kleine Gruppen aufgesplitterten Stammesverbandes anzuschließen.[24] Als die Navajo im Jahr 1858 in einer großen Versammlung beschlossen, einen Krieg zu beginnen, zeigte der bedeutende Medizinmann Nataleeth seinen Unwillen, indem er sein Pferd nahm und einfach wegritt.[25] In Jäger- und Sammlergesellschaften zeigte sich die Autonomie, über die Frauen wie Männer verfügten, typischerweise darin,[26] dass sie sich aussuchten, mit wem sie sich zusammentaten und wann sie sich wieder voneinander trennten.[27] Im Konfliktfall war das nicht selten begleitet von Tratsch, der die Reputation der für den Normverstoß verantwortlich gemachten Person schädigen sollte.[28] Spannungen, die zu streitbaren Auseinandersetzungen hätten führen können, erledigten sich bei den im tropischen Regenwald des nordöstlichen Kongo lebenden Gruppen der Mbuti häufig dadurch, dass einer der Beteiligten das Weite suchte »oder zu Verwandten einer anderen Horde« ging.[29]

## Hierarchien unerwünscht

Menschen sind soziale Wesen, die von Geburt an aufeinander angewiesen sind. Nur wenn Heranwachsende mit Artgenossen interagieren und kommunizieren, können sie eine Persönlichkeit herausbilden, deren wachsende Autonomie immer auf die mit den anderen gemachten Erfahrungen bezogen bleibt. »Dies schließt jedoch nicht aus, dass zwischen Ego und Gemeinschaftsbezogenheit ein Spannungsverhältnis besteht. Kooperation, Hilfeleistung und Anpassung sowie Egoismus, Dominanzstreben und Expansion stehen sich als Pole gesellschaftlicher Beziehungen gegenüber.«[30]

Man darf davon ausgehen, dass es auch vor dem Erscheinen des Staates auf der Bühne der Weltgeschichte immer wieder Versuche von Einzelnen oder kleinen Gruppen gegeben hat, die Regeln der Gesellschaft zu umgehen oder sie auszuschalten, um einen persönlichen Vorteil zu erlangen und die Durchsetzungschancen für eigene Interessen zu vergrößern. Wenn Menschen sich dem Machtwillen eines Individuums oder einer Gruppe dadurch entziehen konnten, dass sie sich entfernten und eine neue soziale Heimat suchten, dann trugen sie jedoch dazu bei, dass den Möglichkeiten einer Zentralisierung der Macht und dem Ausbau eines Herrschaftsapparats enge Grenzen gesetzt waren. »Die Zersplitterung in lokale Gruppen«, betont Clastres, »ist dazu geeignet, die Bildung von soziopolitischen Gesamtheiten zu verhindern, welche die lokalen Gruppen integrieren, und darüber hinaus ein Mittel, das Auftauchen des Staats zu verbieten, der seinem Wesen nach einend ist«.[31]

Hier ist nicht der Ort, um aufzuzeigen, auf welche Weise sich Herrschaftsgebilde dann doch dauerhaft haben etablieren können. Wichtig ist in diesem Zusammenhang nur, dass das Weggehen auch unter den Bedingungen eines fest installierten Gewaltapparats ein Mittel bleibt, um Zwangsverhältnissen zu entgehen. Aus der unspektakulären Trennung wird dann der radikale Bruch: die Flucht vor dem Staat. Wem diese gelingt, der bewegt sich – wie ein Deserteur – nun nicht mehr innerhalb, sondern außerhalb einer Ordnung, die auf eine hierarchische Spitze hin ausgerichtet ist. Dort, wo er zum ersten Mal auftaucht, schafft sich der Staat sogleich seinen ärgsten Feind, einen aus seiner Sicht bösen Zwilling, dem er jedoch eng verbunden bleibt.

# 4.
# Ungleiche Geschwister. Die Geburt von Staat und Staatsfeinden

Soviel wir wissen, begannen die Menschen vor etwa 12 000 Jahren damit, in größerem Umfang sesshaft zu werden. Sie experimentierten mit dem Anbau von Kulturpflanzen und machten Erfahrungen mit den verschiedensten Formen der politischen Organisation. Doch bis im mesopotamischen Schwemmland zwischen Euphrat und Tigris die ersten, noch sehr überschaubaren (Stadt-)Staaten entstanden, sollte es noch bis ca. 3500 v. u. Z. dauern. Der Weg zu repressiver staatlicher Herrschaft und sozialer Ungleichheit war weit und mit der Sesshaftwerdung keineswegs vorprogrammiert. Viele Städte und Kultstätten, die man ausgegraben hat, lassen keinerlei Rückschlüsse auf vorhandene Klassenstrukturen zu. Wo die Archäologie Paläste vermutete, fand sie stattdessen Versammlungshäuser, die eher auf demokratische Verhältnisse deuten. Die Frage, wie der Staat entstanden ist, haben zahlreiche kluge Köpfe zu beantworten versucht. Mal wurde er auf die Unterwerfung friedlicher Bauern durch kriegerische Hirtennomaden zurückgeführt, mal auf die Notwendigkeit einer zentralen Regulierung der mesopotamischen Bewässerungswirtschaft oder auf das Bedürfnis, das im Zuge der neolithischen Revolution, also der Entwicklung landwirtschaftlicher Produktion, neu entstandene Privateigentum zu schützen. Einer anderen

Theorie nach hatten sich verändernde ökologische Bedingungen den Effekt, dass Menschen dazu gezwungen wurden, eng aufeinander zu hocken, und eine Ordnungsinstanz brauchten, weil sie Konflikten nun nicht mehr ausweichen konnten. Hier ist nicht der Ort, um auf die längst nicht abgeschlossene Diskussion einzugehen. An dieser Stelle bleibt lediglich festzuhalten: Sobald die ersten dauerhaften Zwangsregime am historischen Horizont aufgetaucht waren, veränderten sich die Lebensumstände der Menschen auf dramatische Weise.

## Die Herrschaft des Korns

Für die Schicht der einfachen Bauern, also den überwiegenden Teil der Bevölkerung, war das Leben im frühen Staat zumeist alles andere als ein Zuckerschlecken. Die in unmittelbarer Nachbarschaft der städtischen Zentren auf einem ertragreichen Boden betriebene Getreidewirtschaft vermochte einen Überschuss zu produzieren, der deutlich über die Ernährungsbedürfnisse der Bauern hinausging. Sie schuf damit die Grundlage für die dauerhafte Konzentration vieler Menschen auf engem Raum[1] und erleichterte die Erhebung von Steuern. Man konnte die Bodenqualität begutachten, den Durchschnittsertrag eines bestimmten Getreides ermitteln und auf dieser Grundlage die Höhe der anfallenden Steuer veranschlagen. Dann musste man nur noch abwarten, bis die Ernte gedroschen und eingelagert war, um schließlich den Anteil des Inhalts eines Kornspeichers zu konfiszieren, den der Staat für sich beanspruchte.[2] Da Bohnen oder Erbsen nicht zu einem bestimmten Zeitpunkt geerntet werden mussten, sondern über einen längeren Zeitraum fortwährend Früchte trugen, gestaltete sich die Erfassung des Ertrags schwieriger und auch ein Überblick über den Viehbestand beweglicher Herden der in den Randzonen des Ackerbaus entstandenen Weidewirtschaft war für die Steuereintreiber nur schwer zu erlangen.[3] Insofern ist der Gedanke plausibel, die Wahl der Subsistenzpraktiken auch als eine politische Wahl zu betrachten, als »eine Entscheidung über die Einnahme einer Position gegenüber dem Staat«.[4] Der Staat, so leuchtet jedenfalls ein, bevorzugte aus den genannten Gründen den Anbau von Getreide in großem Maßstab.

Die starke Abhängigkeit von einer einzigen Nutzpflanze bestimmte die Arbeitsroutinen und die Organisationsformen eines großen Teils der Bevölkerung. Jeder beteiligte Haushalt pflanzte und erntete dasselbe Getreide zur gleichen Zeit und auf die gleiche Art und Weise. Die Koordination der Bewässerung verlangte dabei ein Mindestmaß an institutionalisierter Kooperation. Die Gleichförmigkeit der Produktion zog eine Ähnlichkeit der Rituale nach sich, die mit der Ernte und der Kontrolle des Wassers in Verbindung standen. Auch die Ernährungsweise, die Nutztiere, Werkzeuge, die Gestalt der Häuser und Dörfer, die Eigentumsformen und sozialen Klassen ähnelten sich.[5] Zum Nachteil gereichte die neue Lebensweise vor allem denen, die dazu gezwungen waren, auf den Feldern zu schuften oder schlecht entlohnte Dienstleistungen für die Wohlhabenden zu verrichten. Aufgrund der einseitigen Getreidekost waren sie nun einem größeren Risiko ausgesetzt, unter Mangelernährung zu leiden. Die Ansiedlung größerer Mengen von Menschen und Tieren, die am selben Ort auf engem Raum zusammenlebten, begünstigte den Ausbruch tödlicher Epidemien. Da »viele epidemische Krankheiten keine offensichtlichen Signaturen an den Skeletten hinterließen«,[6] lassen sich über das Ausmaß der von ihnen ausgehenden Verheerungen allerdings nur Mutmaßungen anstellen.

Die Menschen jedenfalls werden das getan haben, was sie in solchen Fällen auch später immer wieder taten: Sie schränkten ihre Kontakte ein und kehrten – insofern sich ihnen die Möglichkeit dafür bot – den Zentren der Stadtstaaten den Rücken zu. Aus Inschriften des späten 10. und des frühen 9. Jahrhunderts v. u. Z. erfahren wir, dass die Assyrerherrscher Assur-dān II. (934–912), Adad-nērārī II. (911–891) sowie Tukulti-Ninurta II. (890–884) eigens Feldzüge befahlen, um Untertanen ihres Reiches zurückzuführen, »die vor Hunger und Seuchen, den Begleiterscheinungen langer Kriege, geflohen waren«.[7]

## Im Joch der Zivilisation

Kriege dienten damals zunächst weniger dazu, Territorien zu erobern, als dazu, flüchtige Arbeitskräfte wieder einzufangen[8] sowie Gefangene zu machen, die umgesiedelt und als Arbeitskräfte auf den Feldern oder im Rahmen von Großbauprojekten ausgebeutet werden konnten. Um Herrenhäuser, Paläste, Tempel, Festungsbauten, Straßen sowie Bewässerungskanäle zu bauen und die infolge von Kriegen sich lichtenden Reihen der Armee immer wieder mit neuen Kämpfern aufzufüllen, hatten die herrschenden Eliten in einem Zeitalter, das nur einfache Maschinen kannte, einen enormen Bedarf an Menschen, die an einem Ort konzentriert und dort auch ernährt werden mussten. Die Durchführung der in Angriff genommenen Großbauprojekte erforderte mehr Manpower als die Untertanen assyrischer, urartäischer und später die der spätbabylonischen Könige zu stellen in der Lage waren.[9] Man kann davon ausgehen, dass Epidemien, Missernten, Hochwasser, die Versalzung der Böden, erdrückende Steuern, Kriege und die mit ihnen einhergehende Zwangsrekrutierung von Soldaten in den frühen Staaten Mesopotamiens eine stetige Abwanderung der Arbeitskräfte entweder in die konkurrierenden Nachbarstaaten oder in die noch staatsfreien Zonen zur Folge hatten.[10] Unfreie sowie verschuldete Bauern, aber auch in Ungnade gefallene oder mit dem jeweils herrschenden Regime auf Kriegsfuß stehende Angehörige der höheren Schichten hatten bereits vor dem 2. Jahrtausend v. u. Z. begonnen, sich der Ausbeutung und der Willkür der Herrscher durch Flucht zu entziehen. In der frühen altbabylonischen Periode gewann sie als Ausdruck sozialen Protestes an Bedeutung und sie sollte während des ganzen Jahrtausends in Babylonien sowie anderen Zentren Vorderasiens eine Rolle spielen.[11]

Waren die Vorzüge der Zivilisation – Handel und Kultur – nicht attraktiv genug, um die Menschen in ihrem Kerngebiet festzuhalten, so drohte ein Verlust demografischer und militärischer Stärke und somit der Herrschaft selbst. Und so war die frühe Staatskunst vorrangig daran interessiert, Menschen einzusammeln, sie an einem Ort zu konzentrieren und mit mehr oder weniger großem Zwang zur Arbeit zu bewegen.[12] Die Herrscher waren darum bemüht, die eigene Bevölkerung an der Abwanderung zu hindern – etwa durch Befestigungsanlagen, wie sie der sumerische König Šulgi um 2000 v. u. Z. zwischen Euphrat und Tigris errichten ließ. Die von ihm in Auftrag gegebene Landbefestigung war 250 Kilometer lang und hatte zwei

Funktionen: den Schutz des Staatsterritoriums vor Angriffen der Amurriter und das Festhalten steuerpflichtiger südmesopotamischer Ackerbauern auf diesem Territorium.[13] Mit der Verlagerung der Herrschaft vom Stadt- zum Territorialstaat zu Beginn des 2. Jahrtausends v. u. Z. nahm der Arbeitskräftebedarf noch zu. Massendeportationen, die allein dem Zweck dienten, Großbauprojekte zu ermöglichen, sind schon für die Zeit Ḫammurabis von Babylon (1728–1686) belegt.[14] Von einem Feldzug nach Nordsyrien soll der Herrscher Salmanasar (1273–1244) die stolze Zahl von 14 400 geblendeten und dafür bestimmten Gefangenen nach Assyrien mitgebracht haben.[15] Im Neuassyrischen Reich wurde die Bevölkerung ganzer Landstriche systematisch von den Randzonen in die Nähe des Zentrums zwangsumgesiedelt.[16] Bei dem im 8. Jahrhundert v. u. Z. herrschenden König Argište I. schwanken die in den Annalen festgehaltenen Zahlen der bei Feldzügen gemachten Gefangenen zwischen 3270 und 52 675, bei Sardure II., der im selben Jahrhundert regierte, zwischen 7150 und 37 800. Allerdings ist nicht klar, wie viele von ihnen deportiert und wie viele stattdessen getötet wurden. Die Aufzeichnungen enthalten den Zusatz: »Die einen erschlug ich, die andern führte ich lebend weg«.[17]

## Barbarische Freiheit

Wenn die aus dem Gebiet des heutigen Syrien ins mittlere und südliche Mesopotamien einwandernden Beduinengruppen der MAR.TU in sumerischen Schriftdokumenten aus der Zeit der 3. Dynastie von Ur (2065–1955 v. u. Z.) als »Wilde aus dem Hochland« bezeichnet werden, die weder Städte noch Getreide kannten und »das Knie nicht zu beugen« wussten,[18] dann war das zweifellos herabsetzend gemeint. Das ist auch nicht verwunderlich, denn es handelt sich um »Verwaltungsvorgänge oder Triumphalakten«,[19] die staatslose Völker als »Behinderungen eines größeren Konzepts von Ordnung und Effizienz«[20] in den Blick nahmen. Doch auf diejenigen Menschen, die zwar im Zentrum dieses frühen Staates lebten, aber unter seinem Zwangsregime litten oder sich aus anderen Gründen nach einer Alternative zur dort erfahrenen Herrschaft sehnten, dürften Berichte vom freien und ungebundenen Leben »wilder« Völkern eine gewisse Anziehung gehabt haben. Deren Stilisierung als das ganz Andere lenkt davon ab, dass man mit einigen von ihnen mehr oder weniger kontinuierlich in Kontakt stand. So war der Hirtennomadismus in größerem Umfang überhaupt erst am Rande urbanisierter Zonen entstanden.[21] Aufgrund ihrer extremen ökonomischen Spezialisierung waren die Hirten nämlich auf Güter angewiesen, die von der sesshaften Bevölkerung produziert wurden.[22] Umgekehrt gierten schon frühe Stadtstaaten wie Ur und Uruk nach Naturprodukten, die aus der näheren Umgebung (Fleisch, Milch und weitere tierische Produkte) oder aus der Ferne aus höher gelegenen Regionen herangeschafft werden mussten, die von Gesellschaften ohne Staat kontrolliert wurden: Nutzhölzer, Gesteine, Edelsteine, Metalle und Edelmetalle wurden auf Flößen flussabwärts transportiert. Hirtennomaden und Städter waren in einer »Komplementär-Situation«[23] auf eine latent konfliktreiche Weise miteinander verbunden. Ihre jeweiligen Produktionsweisen bildeten keineswegs aufeinanderfolgende Stufen eines linearen Fortschrittsprozesses, wie sie im Anschluss an Lewis Henry Morgans 1877 in seinem Buch *Ancient*

*Society*[24] geschilderter Abfolge von »Wildheit«, »Barbarei« und »Zivilisation« im Alltagsdenken und in Theorien sozialer Evolution bis heute tief verankert sind, sondern waren miteinander verbunden.[25] Im Austausch für »Textilien, Getreide, Eisen- und Kupferwaren, Keramik und handwerkliche Luxusgegenstände«[26] lieferten Hirtennomaden den mesopotamischen Stadtstaaten lebende Güter wie Rinder und Schafe, aber auch Sklaven.[27] Der Umstand, dass sie sich selbst nicht unterordnen wollten, hat sie zuweilen nicht daran gehindert, selbst Schwächere auszubeuten, Sklaven für den Tausch zu jagen und zumindest einen Teil ihres Erwerbs durch Räubern, Plündern oder das Eintreiben von Tributforderungen zu bestreiten. In diesem Fall gerieten sie mit der Herrenschicht der Staaten zuweilen sogar in eine Art von Ausbeutungskonkurrenz gegenüber der sesshaften Bauernbevölkerung.[28] Nicht selten wurden militärische Allianzen zu beiderseitigem Vorteil geschlossen – mal gegen andere »Barbaren«, dann wieder gegen konkurrierende Staaten. Das Zusammenspiel von gegenseitiger Abhängigkeit und gegensätzlicher Lebensweise von Städtern und Nomaden steht auch im Zentrum der von Abu Said Ibn Kaldûn, einem arabischen Historiker des späten Mittelalters, geschriebenen Universalgeschichte, die allerdings die historisch deutlich späteren Entwicklungen in Nordafrika im Blick hat.[29]

Durch den andauernden Kontakt mit Gruppen, die man als Handels- und Bündnispartner schätzte und als Räuber oder Wegelagerer zugleich fürchtete, war es unvermeidlich, dass sich die aus der Sicht des Staates auf skandalöse Weise ungebundene Lebensweise herumsprach und Bilder einer wilden Freiheit nährte. Es gibt, schienen diese zu sagen, zum herrschenden System eine reale Alternative – ganz gleich ob diese von den Verfassern und den Rezipienten antiker Schriftdokumente verdammt oder romantisch überhöht und herbeigesehnt wurde. »In der ägyptischen Literatur erscheint Wüste erstmals als Fluchtort. Denn sie bietet relative Sicherheit – vor den Mitmenschen. Ihre unermessliche Weite, ihre Gefahren, die Scheu, dem Flüchtling dorthin zu folgen, machen sie zum geeigneten Raum für jeden, der Gründe hat, das jeweilige ›Innerhalb‹, seine Heimat, zu verlassen.«[30] Man kann von einer regelrechten »Fahnenflucht zu den Barbaren«[31] sprechen, die zur Folge hatte, dass es sich bei einem Großteil der in den Randzonen der frühen Staaten lebenden Bevölkerung um die Nachfahren von Menschen handelte, die dorthin aus politischen oder wirtschaftlichen Gründen geflüchtet oder vertrieben worden waren. Dass beispielsweise die nomadisierenden Hebräer des Alten Testaments von Städtern abstammen, verrate, so der Schriftsteller Chaim Noll, schon die Metaphorik ihrer Sprache. »Oft wird in den mosaischen Büchern das Wort ›Tor‹, hebräisch *sha'ar*, als Metapher für ›Wohnort‹ verwendet (5 Mose 16,18 u. a.), als wäre es selbstverständlich, dass ein menschlicher Aufenthaltsort über Tore verfügt, also befestigt und ummauert ist.«[32] Manchmal sind es auch Angehörige der Elite, die ihr Heil in der Flucht suchen. Auch Abraham, der im Alten Testament beschriebene Stammvater der Hebräer, kehrt der Zivilisation, in diesem Fall der fest ummauerten Stadt Ur im Zweistromland, den Rücken, um an der Seite seines Vaters Terach mit seinem Gefolge in den Hügeln Kanaans sein Glück zu finden. »Er wandte sich ab von der Sklavenhalterei und den Schreckensgöttern in Mesopotamien, stattdessen fand er sein Ziel in einem unentwickelten Stück Hügelland in Kanaan, wo er das Joch des Staates abschütteln konnte.«[33] Auch wenn die Angehörigen des begüterten Abraham-Clans wohl selbst nicht unter Fronarbeit gelitten haben und die Überlieferung keine Angaben zu den Fluchtgründen macht: Hier klingt ein Motiv an, dass in der Exodus-Erzählung, die uns im sechsten Kapitel noch eingehend beschäftigen wird, seine politisch wirkmächtigste Gestalt erhält: Die kollektive Flucht vor dem Staat und die Neugründung eines von Herrschaft befreiten Gemeinwesens.

# 5.
# Zu nah an der Sonne. Ikarus in Südostasien

Bei Staatslenkern stehen Volkszählungen seit jeher hoch im Kurs. Sie sind ein nützliches Instrument, um festzustellen, wer zur Zahlung von Steuern herangezogen und zu Arbeits- oder Kriegsdiensten verpflichtet werden kann. Das war auch im Südostasien des 13. Jahrhunderts so, wo ein Anführer des im südlichen Teil der chinesischen Provinz Yunnan sowie in Teilen von Laos, Myanmar und Thailand siedelnden Bergvolkes der Akha eine entsprechende Erhebung durchführen wollte. Dzjawbang war zwar kein richtiger König, aber er wollte sehr gerne einer werden. Doch der Versuch seinem Volk, dem heute etwa 2,5 Millionen Menschen angehören, so etwas wie staatliche Verwaltungsstrukturen überzustülpen, sollte ihm nicht gut bekommen. Der Grund ist einfach zu benennen: Die eine tibetisch-burmesische Sprache sprechenden Bergbewohner hielten herzlich wenig davon, bürokratisch erfasst und kontrolliert zu werden. Also taten sie das, was rebellische Untertanen hin und wieder tun: Sie ermordeten den Möchtegern-Tyrannen,[1] was seinen Sohn, einen Mann namens Bang Dzjui, allerdings offenbar nur wenig beeindruckte. Jedenfalls trat dieser schon bald in die Fußstapfen seines gewaltsam zu Tode gekommenen Ahnen und strebte ebenfalls ganz weit nach oben – und zwar buchstäblich. Er setzte sich auf ein geflügeltes Schamanenpferd und hob mit diesem ab, um aus luftiger Höhe auf die Normalsterblichen herabzublicken. Das erwies sich bald als Fehler, denn als er sich der Sonne näherte, schmolz das Bienenwachs, mit dem die Schwingen seines Reittiers zusammengehalten wurden, und es folgte das Unvermeidliche: Wie Ikarus aus dem griechischen Mythos stürzte Bang Dzjui herab und erlitt in der Folge das gleiche Schicksal wie sein machthungriger Vater.[2] Es braucht nicht viel Fantasie, um die politische Botschaft hinter diesen Erzählungen zu erkennen. Sie lautet: Wer sich zu weit über seine Mitmenschen erhebt und sie zu beherrschen versucht, muss mit drastischen Konsequenzen rechnen. Ganz gleich, ob es die eigenen Leute sind, aus deren Hand die Strafe erfolgt, oder die Natur selbst – hier in Gestalt der Sonne – das Fehlverhalten sanktioniert.[3]

Geschichten wie diese werden bei zeremoniellen Anlässen von den Phima vorgetragen, einer Kaste von Lehrern und Rezitatoren, die sich der mündlichen Überlieferung wichtiger Ereignisse in der Stammesgeschichte, der Abstammungslinien und des Gewohnheitsrechts gewidmet haben.[4] Wenn diese Barden der Akha die allseits bekannten Mythen des Stammes auf ihre unverwechselbar blumige Art zu Gehör bringen, bekräftigen sie immer wieder aufs Neue, dass Machtambitionen im kulturellen Gedächtnis ihres Volkes sehr gering geschätzt werden – jedenfalls seit jener Zeit, als ihre Urahnen vor dem Militär des expandierenden Tai-Staats in jenes Gebirge flüchteten, aus dem ihre Vorfahren vor noch gar nicht so langer Zeit hinabgestiegen waren, um in den Tälern Nassreis anzubauen. Jener Teil ihrer Vorfahren, dem die Flucht in schwer zugängliche Bergregionen gelang, vermischte sich dort mit anderen Flüchtlingen: Han-Chinesen, Tai sowie Angehörigen von Bergvölkern wie den Lahu, Palaung, Khamu und Wu. Auf diese Weise bildeten sich neue Gemeinschaften, deren kollektives Gedächtnis durch die Furcht geprägt war, einer Sklavenjagd zum Opfer zu fallen oder sich auf anderer Weise einem Staat unterwerfen zu müssen.[5]

## Zuflucht in Zomia

Die Hochlandgebiete Südostasiens, für die der Politik- und Agrarwissenschaftler James C. Scott im Anschluss an eine Wortprägung des niederländischen Historikers Willem van Schendel den Begriff Zomia verwendet, wurden im Laufe der vergangenen 2000 Jahre zum Rückzugsgebiet für Rebellen, geschlagene Armeen und religiöse Sekten. Jedes Mal, wenn sich in den Flusstälern ein Staat herausbildete und schließlich immer größere Teile seiner Umgebung zu kontrollieren versuchte, wich ein Teil der Bevölkerung vor dem wachsenden Herrschaftsdruck ins schwer zugängliche Gebirge aus, das heute von 80 bis 100 Millionen Angehörigen von Bergvölkern bewohnt wird. Die religiösen Kulte, auch die des Buddhismus, nahmen hier vielgestaltige Formen an, während sie in den Staaten – wie die übrige Kultur: Kleidung, Sprache, Rituale – eine Tendenz zur Vereinheitlichung zeigten und gleichförmiger waren.[6]

Bei nicht wenigen jener dort lebenden Ethnien, die von Reisenden und Forschern häufig als vermeintliche Ur- oder Naturvölker beschrieben worden waren, handelte es sich um die Nachfahren von Gemeinschaften, deren Angehörige die Vorzüge und Nachteile der Zivilisation selbst erfahren hatten, bevor sie vor ihr das Weite suchten. Auf der Flucht, heißt es in der mündlichen Überlieferung der Akha, seien sie dazu gezwungen gewesen, ihre aus Büffelleder gefertigten Bücher aufzuessen.[7] Sie gaben die Schrift, über die sie einst verfügten, wieder auf. Die Vorstellung, dass ein Volk, das einst eine Schrift besaß, diese wieder verliert, ist im südostasiatischen Hochland weitverbreitet. Zahlreiche Geschichten erzählen davon, wie Schriften »von Schafen gefressen, von Geistern verschlungen, von Hunden zerfetzt, von Rindern verschluckt, im Wasser aufgeweicht und beim Trocknen lädiert, vom Winde erfasst und in Seen verstreut, aus Hunger verspeist, im Schlafe geraubt, im Wettkampf verloren oder aus Ärger verbrannt«[8] wurden. Der Ethnologe Michael Opitz kommt nach einer Untersuchung von über 100 dieser Geschichten zu dem Schluss, dass in ihnen das Trauma einer nie aufgehobenen Benachteiligung zur Sprache komme, die ihnen von mächtigen Staaten »mit Schwert, Verführung und Schrift dauerhaft aufgezwungen wurde«.[9] Ich halte eine andere Deutung für mindestens ebenso plausibel: Die Erzählung von der verloren gegangenen Schrift bietet eine Möglichkeit, sich gegenüber den in vielerlei Hinsicht mächtigeren Staaten in der Nachbarschaft, deren Schriftkunde man bewundert,[10] nicht als weniger befähigt, sondern als gleichwertig zu empfinden. Im Prozess fortgesetzter Staatsflucht bildeten sich neue Ethnien heraus, die die Entstehung von so etwas wie einem Staat in den eigenen Gemeinschaften blockierten. Sie teilten die Früchte von Jagd oder dem mit Brandrodung verbundenen Wanderfeldbau, etablierten kollektive Eigentumsformen und splitterten sich in kleine Gruppen auf, die nicht fest an einen Ort gebunden waren und sich über ein Gebiet weit zerstreuten, was sie für die Behörden schwer greifbar machte. Die Menschen, die sich in den Bergen und Hochplateaus zusammentaten, bildeten also eine herrschaftsfeindliche Widerstandskultur aus, die sich auch auf ein Gebiet erstreckte, das in politikwissenschaftlichen Erörterungen bisweilen stark unterschätzt wird: die Produktion von Nahrungsmitteln.[11]

## Widerständige Knollengewächse

Dort, wo sich in Südostasien Staaten bildeten, gründeten sie in ökonomischer Hinsicht in erheblichem Maße auf dem Nassreisanbau. Es handelte sich um die Wahlverwandtschaft zwischen einer bestimmten Form der Landwirtschaft und der Art und Weise, wie sich die Menschen politisch organisierten.[12] Ganz ähnlich dem Getreide in Mesopotamien erleichterte der Reis nämlich die Abschöpfung des Ernteertrags durch die Steuerbehörden. Im Unterschied dazu betätigten sich die Angehörigen der Bergvölker Südostasiens als Jäger und Sammler oder betrieben Wanderfeldbau. Bis zu 60 verschiedene Nutzpflanzen gleichzeitig bauten sie auf immer wieder neu angelegten und teils weit verstreut liegenden Feldern an, was die Erfassung und die Konfiszierung der Ernte ebenso erschwerte wie der Umstand, dass die kultivierten Wurzeln und Knollen – darunter Yams, Süßkartoffeln, Kartoffeln und Maniok – im Boden gelagert wurden, nachdem sie gereift waren. Ein paralleler Vorgang lässt sich im südamerikanischen Hochland beobachten, wo der Anbau von Kartoffeln den Kleinbauern half, im unaufhörlichem Kampf gegen die wirtschaftlichen und politischen Eliten zu bestehen. »Eine mit Weizen, Roggen oder Gerste gefüllte Scheune war ein begehrtes Ziel für gierige Grundbesitzer und marodierende Heere, während die im Boden vergrabenen Kartoffeln nicht so leicht geraubt werden konnten.«[13]

Die ausgesprochene Staatsfeindschaft der Bergbewohner war aber keineswegs nur nach außen gerichtet. Man kann von einem generellen Misstrauen gegen Personen sprechen, die – wie in der eingangs wiedergegebenen Erzählung vom Möchtegern-König der Akha – nach Macht und Einfluss strebten. In der europäischen Kolonialzeit wurden viele »Häuptlinge« nur deswegen auf eine herausgehobene Position gehievt, weil man sich dadurch handfeste materielle Vorteile im Austausch mit den Behörden versprach. Denn immer dann, wenn Vertreter eines Staates mit den Bergvölkern in Kontakt traten, suchten sie nach Autoritäten, mit denen sie verhandeln und verbindliche Vereinbarungen treffen konnten. Behörden neigten dazu, Häuptlinge und Herrschaftsinstitutionen auch dort zu sehen, wo gar keine vorhanden waren, und wenn sie tatsächlich auf welche trafen, schrieben sie ihnen mehr Macht zu, als diese tatsächlich verfügten.[14]

Um zu verhindern, dass die Personen, die man dem Staat als Kontaktpersonen und vermeintliche Häuptlinge anbot, ihre Vermittlerposition dazu nutzten, um ihren Einfluss zulasten der anderen Angehörigen der Gemeinschaft tatsächlich zu vergrößern, wählte man dafür häufig Individuen aus, deren Geltungsdrang nur schwach ausgeprägt war. Bei den im nördlichen Thailand beheimateten Lisu hatten wohlhabende, besonders erfahrene oder fähige Männer jedenfalls nur eine äußerst geringe Chance, jemals in ein solches Amt zu kommen.[15]

## Die linke Seite der Feuerstelle

Die starke Tendenz zu Gleichheit und individueller Autonomie, die viele Bergstämme Südostasiens zeigten, könnte sich in einem noch ungeklärten Umfang auch auf das Verhältnis zwischen den Geschlechtern erstreckt haben. In James C. Scotts einschlägigem Buch über diese Völker heißt es jedenfalls, dass die Frauen bei ihnen einen höheren Status genossen als bei jenem Teil der Bevölkerung, der in den Tälern in das Joch des Staates eingespannt worden war.[16] Allerdings wird die Aussagekraft seiner Hypothese dadurch geschwächt, dass er versäumt, sie mit hinreichend überzeugenden Beispielen auch zu belegen. Was wiederum den Verdacht nährt, dass systematische Untersuchungen zu diesem Thema bislang fehlen. Diese Lücke zu schließen, muss anderen Untersuchungen vorbehalten bleiben.

Am Beispiel indigener Gesellschaften Nordamerikas haben Autorinnen wie Eleanor Leacock oder Alice Schlegel seit den 1950er-Jahren gezeigt, wie erkenntnisfördernd es sein kann, bereits vorliegende Studien mit einem für die Variabilität von Geschlechterverhältnissen sensibilisierten Blick noch einmal unter die Lupe zu nehmen. So stellte sich heraus, dass die Handlungsautonomie der Frauen in Gesellschaften, die allgemein als egalitär galten, im Rahmen der fast ausschließlich von Männern durchgeführten klassischen ethnologischen Studien systematisch unterschätzt wurde. Sie fanden aber auch heraus, dass es keine hinreichenden Belege für matriarchale Geschlechterordnungen gibt, in denen die Frauen über die Männer geherrscht hätten.[17] Stattdessen beschrieben sie Gemeinwesen, in denen eine Machtbalance zwischen Frauen und Männern institutionalisiert war, die es rechtfertigt, diese als »geschlechtssymmetrisch« zu bezeichnen. Der Begriff der Geschlechtersymmetrie wurde von Ilse Lenz und Ute Luig in die ethnologische und in die feministische Debatte eingeführt.[18] Frauen und Männer haben entweder den gleichen Zugang zu den jeweils relevanten Machtfeldern (Haushalt, Ratsversammlungen, spirituelle und militärische Organisationen usw.) oder kontrollieren unterschiedliche Machtfelder, die von den Geschlechtergruppen aber so gegeneinander ausgespielt werden, dass es im Ergebnis zu einer ausgeglichenen Machtbalance kommt.

Was Südostasien betrifft, können beispielsweise die in der Bergwelt Südchinas beheimateten Mosuo in diesem Sinne als »geschlechtssymmetrisch« bezeichnet werden. Vor rund 2000 Jahren wich die Volksgruppe infolge verschiedener bewaffneter Auseinandersetzungen mit dem chinesischen Staat in jene abgelegene Region aus, in der heute die Grenzen von Tibet, Yunnan und Sichuan aufeinandertreffen. »Die Überfälle und Kriege verschiedener Dynastien, gegen die sie sich meist erfolgreich zur Wehr setzten, endeten schließlich mit einem Arrangement zwischen ihnen und einer der Han-Dynastien.«[19]

Rund um den im Hochtal von Yongning gelegenen Lugu-See betreiben die heute rund 36 000 Angehörigen der Ethnie in ihren Dörfern seit jeher Acker- und Gartenbau, Fischerei und Viehzucht. In der Vergangenheit verdingten sie sich auch als Karawanenführer. Heute finden sie Jobs in der in China mit seinem wachsendem Wohlstand florierenden Touristikbranche.[20] Die Angehörigen der Mosuo leiten ihre Herkunft von der Mutterlinie ab. Der Fachausdruck dafür ist Matrilinearität. Ehemänner, männliche Erzeuger und Großväter sind weder Teil des Haushalts noch der Familie. Zu dieser gehören nur Blutsverwandte, also die männlichen und weiblichen Nachfahren einer Frau. Zum Haushalt werden dann ihre Kinder, ihre Geschwister, die Kinder der Schwestern und die Enkel gezählt. Die Männer leben im Haushalt ihrer Mutter und besuchen ihre Geliebte in der Regel während der Nacht. Nur wenn es weder Brüder noch Cousins gibt, die auf dem Hof die schwere körperliche Arbeit machen können, kommt es vor, dass ein nicht blutsverwandter Mann mit in den Haushalt seiner Geliebten einzieht. Dabei bestimmen allein die Frauen, wer für sie als Sexualpartner infrage kommt.

Wer der Erzeuger der während einer solchen Besuchsbeziehung gezeugten Kinder ist, spielt in der Welt der Mosuo keine Rolle. Sie kennen kein eigenes Wort für Vaterschaft. Im Falle einer Trennung sagen die Männer: »Eine Türe schließt sich, zehn Türen öffnen sich.« Die Frauen wiederum: »Geht ein Mann, so kommt dafür ein anderer.«[21] Die Frauen tragen den Löwenanteil der Arbeit auf dem Feld und im Haushalt, genießen dafür aber einen höheren Status als die Männer. Sie sitzen auf der höher bewerteten linken Seite des Feuers und im Unterschied zu den jungen Männern, die meist im Heu nächtigen oder auswärts schlafen müssen, verfügen sie – neben den alten Männern – über einen eigenen festen Wohn- und Schlafplatz im Haus. Der Haushalt wird von einem weiblichen Oberhaupt (»dabu«) geleitet, das Besitz und Geld verwaltet. »Nur wenn keine geeignete Frau zur Verfügung steht, kann ein Mann die Position innehaben.«[22] Wer die Position einer *dabu* ausfüllt, muss mit anderen Menschen gut auskommen und strikte Unparteilichkeit gegenüber allen Familienmitgliedern wahren. Wichtige Entscheidungen werden im Familienrat gefällt. »In ihm gilt das Konsensprinzip: Es soll so lange diskutiert werden, bis ein für alle akzeptabler Entschluss fällt.«[23]

# 6.
# Aufbruch ins gelobte Land. Exodus und Befreiung

Das Auszug der Israeliten aus Ägypten ist eine der bekanntesten Geschichten, die uns die Bibel überliefert. Ihr Inhalt, der auch außerhalb des religiösen Kontextes unzählige Male als politische Befreiungserzählung gelesen wurde, lässt sich wie folgt zusammenfassen: Das zur Verrichtung von unfreier Arbeit auf die Felder Ägyptens gezwungene Volk der Israeliten wird von Mose, der als Findelkind am Hofe des Pharao aufgezogen worden war, auf Geheiß und unter Mitwirkung Gottes aus dem Land des Pharao herausgeführt. Ein ägyptisches Heer, das die Flüchtenden verfolgt, versinkt in den Wogen des über die Soldaten hereinbrechenden Schilfmeeres. Nach einer langen und entbehrungsreichen Wanderung durch die Wüste schließen die der Knechtschaft Entronnenen einen Bund mit ihrem Befreiergott. Sie erobern nach mancherlei Versuchung sowie diversen Irrungen und Wirrungen das ihnen verheißene Land Kanaan von den dort herrschenden Stadtstaaten und versuchen fortan nach einem Gesetz zu leben, das die Sklaverei verbietet und in Abgrenzung von der hinter ihnen liegenden Tyrannei ein gerechtes Gemeinwesen ermöglichen soll.

Ganz offensichtlich haben wir es mit einer Erzählung zu tun, die auf literarische Weise von dem berichtet, worum es in diesem Essay geht: Das immer wieder zu beobachtende historische Phänomen der Flucht einer unterdrückten oder versklavten Bevölkerung aus den Fängen oder dem Einflussbereich eines repressiven Staates und die darauffolgende Gründung eines Gemeinwesens, das den Entflohenen eine Alternative zur erlebten Knechtschaft bietet. Aber wie ist es mit der Verankerung der Erzählung in der Welt der historischen Tatsachen bestellt? Inwieweit knüpft das Bekenntnis zu Gott, der sein Volk aus Ägypten heraus in die Freiheit führte, an ein konkretes historisches Ereignis an? Gibt es so etwas wie einen geschichtlichen Kern der Exodus-Erzählung, der sich in Raum und Zeit festmachen lässt? Die Quellenlage gibt Raum für Spekulationen, denn »die biblischen Erzählungen sind in sich widersprüchlich und außerbiblische Quellen und Spuren haben sich kaum finden lassen«.[1]

Die in der Forschung eine Zeit lang kursierende Annahme, der biblische Mose habe eine Entsprechung in der historischen Wirklichkeit, ist jedenfalls »in nichts zerfallen und ein Auszugsgeschehen lässt sich aus den Erzählungen nicht rekonstruieren«.[2] Sicher ist, dass die fragliche Region zwischen 1500 und 1100 v. u. Z. unter ägyptischer Vorherrschaft stand und rund 400 Jahre Kolonialisierung nicht ohne die Verschleppung von Arbeitskräften in die staatlichen Zentren vonstattenging. Die Bevölkerung in den Randzonen der Herrschaft wurde unterdrückt, es kam gelegentlich zu Aufstandsversuchen. Die Kolonialverwaltung stützte sich auf Garnisonsstädte wie Gaza und Beth Schean, die an strategisch wichtigen Verkehrswegen gelegen waren[3] und Einfluss auf die lokale Kultur nahmen. Sie zeigten den Grundriss ägyptischer Städte und trugen den Herrschaftsanspruch der Pharaonen in Tempeln und monumentalen Stelen weithin sichtbar zur Schau.[4] In den Werkstätten dieser Garnisonsstädte wurde ägyptische Keramik noch hergestellt, als die Besatzungstruppen längst abgezogen waren.[5] Inwieweit archäologische Artefakte auf eine erhöhte Präsenz ägyptischen Militärs in der Spätbronzezeit zurückzuführen sind oder ob sie vielmehr auf das Bemühen lokaler Eliten zurückgehen, sich aus Prestigegründen an der Kultur der Ägypter zu orientieren, ist umstritten und aufgrund der unzureichenden archäologischen Beweislage auch nur schwer zu klären.[6] Als gesichert gilt, dass sich in den letzten Jahren des 13. Jahrhunderts größere Teile der Bevölkerung aus den urbanen Zentren der Ebene in das Bergland absetzten. Sie taten dies zum einen, um den in die Küstenregionen vordringenden Philistern auszuweichen, einem der sogenannten Seevölker, deren Wanderungen gegen Ende des 2. Jahrtausends die östliche Mittelmeerwelt erschütterten; zum anderen, um sich dem Zugriff der unter ägyptischer Kontrolle stehenden spätbronzezeitlichen Stadtkultur mit ihren Steuereintreibern und Soldaten zu entziehen. Die Erfahrung ägyptischer Knechtschaft, an die in der Exodus-Erzählung erinnert wird, war für viele Bewohner der Region also keine, die sie erst an den Ufern des Nils hätten machen müssen. Die Knute des Staates erreichte sie bereits in ihrer angestammten Heimat. Im 12. und im 11. Jahrhundert v. u. Z. entstanden auf diese Weise mehrere Hundert dörfliche Siedlungen im samarisch-ephraimitischen Bergland,[7] die von halbnomadischen Gruppen von Kleintierzüchtern und Kleinbauern geprägt wurden. Zu ihnen stießen Enteignete, Ausgestoßene, Angehörige der unteren Schichten der Städte Kanaans und möglicherweise auch Gruppen, die der ägyptischen Zwangsarbeit hatten entrinnen können. Eine neuere Darstellung der Geschichte Israels in der Antike legt den Gedanken nahe, dass eine kleine Gruppe von Kriegsgefangenen zur Zeit der ramessidischen

Pharaonen (19. bis 20. Dynastie) nach Ägypten gelangt sein könnte.[8] Wie dem auch sei: Diese Fluchtgemeinschaften bildeten allmählich neue, nach familiären Abstammungsprinzipien organisierte politische Verbände, in denen es keine Zentralgewalt und keine Klassen mehr geben sollte. Diese lose verbundenen Stämme teilten bestimmte egalitäre Prinzipien und kämpften gemeinsam, wenn es darum ging, das Ausgreifen einer fremden Macht auf ihr Gebiet zu verhindern.

In der Bibel firmiert dieses Bündnis gegen den Staat als das Israel der »Richterzeit«. Bevor sich mit König David um 1000 v. u. Z. die Monarchie etablierte, hatte sich am Schnittpunkt der Großmächte Assyrien und Ägypten ein Bündnis von Stämmen etabliert, das bis zu 200 Jahre lang existierte, ohne eine zentrale Herrschaft herauszubilden. Kontakte zu den Städten, die mal die Gestalt eines friedlichen Tauschhandels, mal die eines Raubzugs annehmen konnten, gab es jedoch weiterhin. Dafür sorgte schon die Begehrlichkeit nach Luxusgütern, die in den Städten produziert wurden.

## Zeit der starken Frauen

Gemeinhin wird angenommen, dass das vorherrschende Bewusstsein politischer Gleichheit in der altisraelitischen Gesellschaft eines ist, dass sich auf das Verhältnis der Männer untereinander beschränkte. Darüber hinaus »ist von Egalität nicht zu reden – weder der Geschlechter, noch der Generationen.«[9] Allerdings wurde auch vermutet, dass der Status der Frauen in der herrschaftsfreien Epoche der Richterzeit »vor allem aufgrund ihrer Rolle als Expertinnen für Symbolizität [...], die sich aus der häuslichen Erziehungsfunktion […] ebenso ergibt wie etwa aus ihren ›öffentlichen‹ Gesangsdarbietungen«, günstiger gewesen sein könnte als nach der Etablierung der Monarchie.[10]

An dieser Stelle empfiehlt es sich aufgrund der vergleichsweise schlechten Quellenlage erneut einen vergleichenden Blick darauf zu werfen, was die ethnologische Forschung über die Machtverteilung zwischen Frauen und Männern in Gesellschaften ohne Staat herausgefunden hat. Sehr häufig organisierten sich diese Gesellschaften mithilfe von teils fiktiven Abstammungslinien, die entweder eine männliche (patrilineare) oder eine weibliche (matrilineare) Ahnenreihe umfassten. Während eine ganze Reihe von matrilinear organisierten Gesellschaften bekannt ist, in denen eine Machtbalance zwischen den Geschlechtern institutionalisiert war[11] – vom Begriff der »geschlechtssymmetrischen Gesellschaft« war oben bereits die Rede –, ist eine männliche Abstammungsreihe, wie sie auch für die Israeliten überliefert ist, in der Regel mit einer mehr oder weniger ausgeprägten Dominanz des männlichen Geschlechts verbunden.

Während sich die israelitischen Männer, zumindest die Familienvorstände, untereinander als Gleiche ansahen, scheint das für die Frauen über weite Strecken der Geschichte nicht gegolten zu haben. Allerdings erlauben die biblischen Erzählungen von Prophetinnen, die Erwähnung von Hexen, Totenbeschwörerinnen und Zauberinnen sowie von tanzenden und mit Pauken musizierenden Mädchen bei Festprozessionen Spekulationen darüber, dass Frauen und Männer in der Frühzeit Israels »einen annähernd gleichberechtigten und eher nach Funktionen denn nach einer Rangordnung unterschiedenen Anteil an den religiösen Handlungen des gesellschaftlichen Lebens hatten.«[12]

Darüber hinaus begegnen uns in den Texten auch Frauengestalten, die wichtige gesellschaftliche Positionen besetzten, sich durch ein hohes Maß an Selbstbestimmung auszeichneten und einen großen Einfluss auf den Verlauf der altisraelitischen Geschichte nahmen. Noch bevor Moses erwähnt wird, erzählt die Exodus-Geschichte beispielsweise von zwei namentlich genannten Frauen, die sich dem Befehl des Pharao widersetzen, die Söhne der Israeliten bei der Geburt zu ermorden. »Zu den hebräischen Hebammen – die eine hieß Schifra, die andere Pua – sagte der König von Ägypten: Wenn ihr den Hebräerinnen Geburtshilfe leistet, dann achtet auf das Geschlecht! Ist es ein Knabe, so lasst ihn sterben! Ist es ein Mädchen, dann kann es am Leben bleiben. Die Hebammen aber fürchteten Gott und taten nicht, was ihnen der König von Ägypten gesagt hatte, sondern ließen die Kinder am Leben« (Exodus 1,15-1,17).

Für den Philosophen Laurin Mackowitz handelt es sich dabei um einen beispielgebenden Akt des Widerstands gegen den Staat. Die Frauen »verkörpern einen der ältesten Versuche, Ungehorsam durch die Berufung auf eine höhere Autorität zu begründen. Die Gehorsamsverweigerung der Hebammen steht damit am Anfang einer Tradition der Korrektur unrechtmäßiger Herrschaft.«[13]

Zu den wirkmächtigen Frauen der Bibel gehören außerdem die Richterin Debora und die Hirtennomadin Jaël, die uns im Deboralied und der Deborageschichte begegnen. Mit dem Ausdruck »Richter« wurden einerseits charismatische Anführer bezeichnet, die immer dann in Erscheinung traten, wenn es galt, die vereinten Stämme Israels gegen eine äußere Bedrohung in den Kampf zu führen. Andererseits handelte es sich offenbar um herausragende Personen, die im Falle von Auseinandersetzungen innerhalb und zwischen den Verwandtschaftsgruppen als schlichtende Instanzen geschätzt wurden. Im Fall Deboras geht es um den Kampf gegen den König des kanaanäischen Stadtstaates Hazor und seinen Heerführer Sisera. Die Richterin, die zugleich als eine Prophetin agiert, übermittelt dem israelitischen Heerführer Barak den ihr von Gott erteilten Auftrag, sich den Truppen König Jabins mit 10 000 Mann entgegenzustellen. Der Feind wird besiegt. Als sich der kanaanäische Feldheer Sisera nach verlorener Schlacht im Zelt des mit ihm verbündeten Nomaden Heber und seiner Frau Jaël vor seinen Verfolgern versteckt, wird er von seiner Gastgeberin umgebracht, indem sie dem in einen Teppich eingewickelten Heerführer mit dem Hammer hinterrücks einen Zeltpflock durch die Schläfe treibt. Damit verschafft sie den Israeliten eine 40 Jahre währende Zeit des Friedens und der Ruhe vor kolonialer Gewalt. Der von einer Nomadenfrau vollendete Sieg der Israeliten über König Jabin von Hazor ist zugleich die Niederlage eines Staates im Kampf gegen einen Bund egalitärer Stämme.

Große Teile des aus der Sicht der Frauen erzählten Deboralieds (Richter 5) könnten bereits aus dem 11. Jahrhundert v. u. Z. stammen, also der vorstaatlichen Zeit Israels.[14] Die beiden im Lied erwähnten Frauen Debora und Jaël, so die Theologin Renate Jost, »arbeiten Hand in Hand, wobei Debora Jaëls Tat besingt. Damit demonstrieren sie, feministisch formuliert, die Macht schwesterlicher Solidarität. [...] Das Lied ist einer der wichtigsten Texte der hebräischen Bibel, in dem Frauen in einer mächtigen Rolle dargestellt werden«.[15] Dabei kämpft Debora nicht nur für die Bewohner der unbesiegten Dörfer, »sondern für die Gesamtheit der Hirten- und Bauernbevölkerung des zentralpalästinensischen Berglandes außerhalb der Stadtgebiete«.[16]

Die um Debora rankenden Texte wenden sich, so Jost, einerseits gegen die Frauen im Krieg zugefügte sexuelle Gewalt. Darauf lässt jedenfalls die Art und Weise schließen, mit der ein mächtiger Krieger wie Sisera von der Nomadin Jaël in ihrem Zelt mit einem phallischen Gegenstand vom Leben zum Tode befördert wird. Die phallische Symbolik, die in der Tötungsszene verwendet wird, deutet sehr stark darauf hin, dass hier ein Rollentausch vorgenommen wurde, die den Krieger als potenziellen Vergewaltiger in jene Position bringt, die in vielen Kriegen und gewaltsamen Konflikten gewöhnlich die unbewaffneten, nicht für den Kampf gerüsteten und daher wehrlosen Frauen und Heranwachsenden einnehmen müssen. Andererseits richten sie sich »gegen die mit der Entstehung des Staates verbundene stratifizierte Gesellschaft«[17] – also gegen die Aufspaltung des Volkes Israel in eine herrschende und eine beherrschte Klasse. Auch die Geschichte von Rahel, die als initiativ und eigenständig handelnde Frau vorgestellt wird, ist mit der biblischen Idee der Befreiung aus der Knechtschaft unmittelbar verknüpft. Gemeinsam mit ihrem Mann Jakob, der sich um ihretwillen für 14 Jahre in die Knechtschaft seines Schwiegervaters Laban begeben hatte, nutzt sie die kurzzeitige Abwesenheit des Vaters zur Flucht und stiehlt bei dieser Gelegenheit dessen Hausgott.[18] Die in wenigen Strichen skizzierte Erzählung von der Flucht aus einem unfreien Arbeitsverhältnis wiederholt sowohl den Inhalt als auch die Form des in der Exodus-Erzählung erzählten Befreiungsgeschehens: »Eine Situation der Knechtschaft oder Abhängigkeit wird verlassen, woraufhin eine Wanderschaft mit offenem Ende beginnt.«[19]

Im Licht eines Großteils der heutigen Forschung erscheint das richterzeitliche Israel als eine freie Stämmegesellschaft, die »bewusst gegen die Stadtstaatengesellschaft Kanaans entworfen« worden war.[20] Womöglich handelt es sich bei der Selbstbezeichnung Hebräer um die positive Umdeutung einer abwertend gemeinten Fremdbezeichnung durch ihre staatlichen Opponenten. Demnach machten sie sich das in ägyptischen, babylonischen und kanaanäischen Schriftquellen des 14. bis 12. Jahrhunderts gebräuchliche Schimpfwort *'apiru* oder *'abiru* für »wanderndes Volk«, »Landstreicher«, »Banditen« und »outlaws« in der hebräischen Selbstbezeichnung *'ibrim* zu eigen.[21]

Das Bild, das sich weite Teile der Forschung von dieser Periode der israelitischen Geschichte machen, fußt auf einer historischen Rekonstruktion, die sich auf Analogien zu beobachtbaren staatslosen Gesellschaften stützt, über die die Ethnologie grundlegende Erkenntnisse zusammengetragen hat. Um die Funktionsweise der frühisraelitischen Gesellschaft zu verstehen und zu beschreiben, greifen Bibelwissenschaftler und Historiker[22] auf das Modell der »Gesellschaft gegen den Staat« zurück, von dem in diesem Essay schon die Rede war. Ein großer Teil der Forschung geht heute davon aus, dass das vormonarchische Israel in seinen Grundzügen diesen Gesellschaften geähnelt hat – inklusive der ausgesprochenen Abneigung gegenüber Zentralinstanzen und einem symbolisch herausgestellten Gleichheitsbewusstsein. Nach einer anderen Interpretation stammen die Geschichten, die in der Richterzeit spielen, allerdings aus einem späteren historischen Stadium. Sie spiegeln, so die Annahme, dann eine Situation wider, die sich nach der

Zerstörung Jerusalems durch das babylonische Militär im Jahr 587 v. u. Z. einstellte. Damals wurde die Monarchie beseitigt, der Großteil der städtischen Elite und der Großgrundbesitzer ins Zweistromland deportiert und das brachliegende Land vom Militärgouverneur der Besatzungstruppen unter den armen Bauern verteilt. Es handelte sich um ein Provisorium, das die Produktion so lange aufrechterhalten sollte, bis eine loyale Oberschicht aus einem anderen Teil des Reiches angesiedelt worden wäre. Da die babylonische Herrschaft aber bald damit beschäftigt war, sich der Perser und anderer äußerer Mächte zu erwehren,[23] überließ man die neuen Landbesitzer entgegen des ursprünglichen Vorhabens sich selbst. Diese erarbeiteten sich nun eine Rechtsordnung, die ohne die Herrschaft eines Königs auskam und insofern republikanische Züge trug (allerdings wäre die Einrichtung einer starken Zentralinstanz von den Regierungen in Mesopotamien und Persien wohl auch nicht zugelassen worden).[24]

Nun gab es ehrenamtliche Richter und der Krieg war die Angelegenheit von Milizen, eines Volksheeres, das nur dann zusammengerufen werden konnte, wenn es als dringend notwendig erschien. Abgaben zugunsten armer und schwacher Gruppen, die keine eigenen Verfügungsrechte über Boden hatten (Waisen, Witwen, Leviten), waren in geringem Umfang zu leisten. Die Verteilung wurde von den Betroffenen selbst übernommen. Im Zuge dieser Selbsthilfe seien fiktive Erzählungen über die Vergangenheit entstanden, welche »die monarchische Periode streng nach den Maßstäben der im 6. Jahrhundert Gestalt annehmenden egalitären Gesellschaftsordnung« beurteilten.[25] Welche Interpretation zutrifft, ist schwer zu entscheiden. Vielleicht besteht die Wahrheit in einer Kombination aus beiden. Es ist jedenfalls nicht ausgeschlossen, dass die biblischen Erzählungen eine Reaktion auf die geschilderte Abwesenheit der Eliten und politische Neugründung nach der babylonischen Eroberung waren und zugleich ältere Schichten von Erzählungen aus der vormonarchischen Richterzeit integrierten. Was fest steht, ist die ausgesprochene Staatsfeindschaft, die den religiösen Kult um den einen Gott Jahwe und das ihn begründende Erzählwerk kennzeichnet. Es ist daher nicht abwegig, den Monotheismus der Israeliten im Kern und vom Ursprung her politisch zu deuten.

An die Stelle der in den Staaten des Alten Orients üblichen Unterwerfung des Volks unter einen König tritt die Vorstellung, dass Gott anstelle der Menschen und ohne Vermittler oder Stellvertreter herrschen möge. Der jüdische Religionsphilosoph Jacob Taubes befand daher: »Die Theokratie ist auf dem anarchischen Seelengrund Israels errichtet.«[26] Die unmittelbare Theokratie resultiert aus einem Bund der Israeliten mit Gott, der als Befreier aus dem Sklavenhaus gefeiert wird.[27] Folgen wir der Auslegung des Theologen Ton Veerkamp, dann ist diese Befreiungstat mit dem israelitischen Gott praktisch identisch. Er gebraucht den Ausdruck »Gott« als einen politischen Funktionsbegriff, der für Gesellschaftsordnungen ganz verschiedenen Typs stehen kann. Er steht dann nicht für ein metaphysisches Prinzip, sondern für die besondere Grundordnung, die eine Gesellschaft sich gibt. Diese ist zwar von Menschen gemacht, erscheint aber als unverfügbar, da sie sich nur mit sehr viel Mühe ändern lässt.[28] Statt darüber zu grübeln, ob »Gott« existiert, ist in dieser Perspektive die Frage angebracht, »welcher« Gott es ist, der die Grundzüge einer Gesellschaft bestimmt: Es macht eben einen Unterschied, ob es die Finanzmärkte sind, der neutestamentliche »Mammon«

oder eben jener Gott der Bibel, von dem es heißt, er habe die Israeliten aus der ägyptischen Knechtschaft befreit. Da er die Überwindung von Ungleichheit und die Befreiung von Herrschaft verkörpert, erscheint es auch nicht mehr als Anmaßung, dass er keine anderen Götter neben sich verehrt sehen will. Denn diese stehen ja für die repressive Form der Ordnung, wie sie für die damals bekannten Klassengesellschaften mit ihrer selbstverständlichen Unterscheidung von Herren und Sklaven typisch ist. Das uns scheinbar wohlvertraute Wort Gott, dass wir mit »Herr« assoziieren, hat in Veerkamps Sicht einen jeder Herrschaft entgegengesetzten Inhalt, der da lautet: »Zu dienen hast du nur dem, das dich aus dem Sklavenhaus wegführt. Das, und nur das, sei dein ›Gott‹«.[29] Die drei Zeilen, die den Zehn Geboten vorangestellt werden und die Grundordnung Israels bestimmen, übersetzt Veerkamp wie folgt, Ex 20.2: »Ich, der NAME, bin es, dein Gott, / der (weil) ich dich führte aus dem Land Ägypten, / aus dem Haus des Sklaventums.« Es geht hier nicht um eine weitere Form der Herrschaft, sondern um eine neue politische Ordnung der Freien und Gleichen, die ohne Ausbeutung auskommt.

In einer Reihe von biblischen Erzählungen, das ist schwer zu übersehen, steht »alle ›Herrschaft von Menschen über Menschen‹ unter einem grundsätzlichen Vorbehalt«,[30] so der Ägyptologe Jan Assmann: Es geht darum, »*vom Prinzip Staat loszukommen* und eine antistaatliche *Gegengesellschaft* zu gründen.«[31] Der russische Philosoph Nikolai Berdyaev kommt daher zu dem Schluss: »Das Reich Gottes ist die Anarchie.«[32] Der in der Exodus-Erzählung zum Ausdruck kommende Gründungsmythos von der Befreiung aus dem ägyptischen Sklavenhaus stützte die Idee einer freien Gesellschaft. Er kann die Erfahrungen und politischen Ideale geflohener Untertanen kanaanäischer Könige ebenso symbolisch zum Ausdruck bringen wie die von Nomaden im Übergang zu Sesshaftigkeit und möglicherweise tatsächlich der ägyptischen Fronarbeit Entronnener.[33] Er könnte »umso mehr an Durchsetzungskraft gewonnen haben, als sich die kolonialistische Unterdrückung ab Mitte des 8. Jahrhunderts unter den Assyrern und später den Babyloniern wiederholte, bis hin zu den Persern, Seleukiden und Römern«.[34]

## Biblische Herrschaftskritik

Während die Israeliten der egalitären Richterzeit gegen die Stadtstaaten Kanaans kämpften, sahen sich das Davidsreich und seine Nachfolgegebilde nach der Etablierung des Königtums mit einem antimonarchischen Widerstand konfrontiert. Die Forschung spricht von einer »zu Beginn und während der gesamten Königszeit latent vorhandenen Abneigung gegen diese Staatsform, ja gegen jedwede Art von Herrschaft«.[35] Bereits König David sah sich gezwungen, »auf die Ressourcen des Landes zurückzugreifen und damit in die Strukturen der Stämme, der Sippen und Familien einzugreifen. Hier entzündete sich auch rasch erheblicher Unwille, wie es sich in Pamphleten dokumentiert, die das Alte Testament bewahrt hat«.[36] Zwei dieser Texte sollen an dieser Stelle kurz vorgestellt werden. Der erste erzählt, wie die aus einem Kampf siegreich hervorgegangenen Israeliten ihren temporären Kriegsführer Gideon zu einem ständigen Herrscher machen wollen. Dieser verweigert sich dem Ansinnen auf deutliche Weise. Das Buch Richter gibt seine Worte wie folgt wieder (Ri, 8): »Nicht ich will über euch walten, / nicht mein Sohn soll über euch walten, / ER soll über euch walten.«[37] Nur Gott allein erscheint ihm als der rechtmäßige »Herrscher«.

Mit einer spöttischen Abwertung des Königtums haben wir es in der Jotamfabel zu tun, die ebenfalls aus dem Buch Richter (Ri 9,8–15a) stammt. Ausgerechnet dem Dornbusch und damit einem Gewächs, das in der gesamten altorientalischen Fabelliteratur als negative Kontrastfigur fungiert, wird am Ende die zweifelhafte Ehre zuteil, zum Herrscher gekürt zu werden.

Einst gingen die Bäume, gingen,
über sich einen König zu salben.
Sie sprachen zur Olive:
Sei König über uns.
Die Olive sprach zu ihnen:
Stockt mir denn mein Fett,
mit dem man Götter und Menschen ehrt,
dass ich gehen sollte,
über den Bäumen zu schwanken?
Die Bäume sprachen zur Feige:
Geh du, sei König über uns.
Die Feige sprach zu ihnen:
Stockt mir denn meine Süße,
mein gutes Gedeihn,
dass ich gehen sollte,
über den Bäumen zu schwanken?
Die Bäume sprachen zur Rebe:
Geh du, sei König über uns.
Die Rebe sprach zu ihnen:
Stockt mir denn mein Most, der Götter und
Menschen erfreut,

dass ich gehen sollte,
über den Bäumen zu schwanken?
Die Bäume sprachen alle zum Wegdorn:
Geh du, sei König über uns.
Der Wegdorn sprach zu den Bäumen:
Wollt in Treuen ihr mich zum König über euch salben,
kommt,
duckt euch in meinen Schatten!
sonst aber:
ausfahre Feuer vom Wegdorn
und fresse die Libanonzedern!

Die Botschaft ist überdeutlich: Nur ein offensichtlicher Nichtsnutz, wie der Dornbusch einer ist, hält sich dafür geeignet, zum König gemacht zu werden.

Die Exodus-Erzählung und die biblische Botschaft vom Befreiergott haben die Herausbildung radikaler demokratischer Ideen und Bewegungen in der Vergangenheit nicht nur im christlichen Abendland immer wieder befördert. »Mit Moses«, davon ist Ernst Bloch überzeugt, »geschah ein Sprung im religiösen Bewusstsein, und er ward durch ein Ereignis vorbereitet, das den bisherigen Religionen [...] das entgegengesetzteste ist: durch Rebellion, durch den Auszug aus Ägypten.«[38] Für die frühen Christen, so der marxistische Philosoph, war das Reich Gottes »kein Jenseits nach dem Tod, wo die Engel singen, sondern das ebenso irdische wie über-irdische Liebesreich, wozu die Urgemeinde bereits eine Enklave darstellen sollte«.[39] Im Römischen Reich wurde das immer mehr Zuspruch bei den Massen findende Christentum zunächst unterdrückt, während der Herrschaft Kaiser Konstantins (306–337) dann privilegiert und von seinen Nachfolgern zum Staatskult gemacht.[40] Die Papstkirche konservierte das imperiale Erbe nach dem Untergang des Reiches und drängte die herrschaftskritischen Lesarten der biblischen Texte an den Rand, ohne sie jedoch ganz ausschalten zu können. Allein schon durch die Kanonisierung und Überlieferung des Textkorpus stellte die Kirche ganz ohne Absicht sicher, dass kritische Geister die darin eingelassene Botschaft immer wieder neu entdecken und sich auf dieser Weise mit besonders scharfer ideologischer Munition gegen Rom positionieren konnten. Neben den staatstragenden Interpretationen blieb ein subversiver Strang erhalten.

Im Rahmen dieses Essays muss die Art und Weise, wie autoritäres Denken – beispielsweise in Gestalt der politischen Theorie des Staatsrechtlers Carl Schmitts – an die christliche Tradition anknüpft, ausgeklammert bleiben. Schmitts Gott ist der einer unbeschränkten und unfehlbaren imperialen Gewalt. Die Hierarchie mit dem Papst an der Spitze lobte er in seinem 1923 veröffentlichten Buch *Römischer Katholizismus und politische Form* als notwendiges Bollwerk gegen die »fanatische Wildheit eines zügellosen Prophetentums«.[41] Rechtsintellektuelle wie er teilten mit nicht wenigen katholischen Kirchenführern und Theologen die Hoffnung, den in ihren Augen verderblichen Gleichheitsideen der Sozialisten und Kommunisten durch eine Weltdiktatur der Kirche Einhalt gebieten zu können. Charles Maurras (1868–1952), der Begründer der für die Geschichte der französischen radikalen Rechten bedeutenden Action Française, war der Ansicht, dass das antike Rom die abendländische Zivilisation geschaffen und das zweite, katholische Rom sie vor ihrer jüdisch-christlichen Zersetzung bewahrt habe. Als besonders gefährlich galten stets jene Kirchenkritiker, die »Gottes Wort« gegen die Amtshierarchie im Munde zu führen verstanden.

In rund 2000 Jahren Kirchengeschichte haben sich so viele subversive Bewegungen von der biblischen Botschaft inspirieren lassen, dass an dieser Stelle nur einige wenige stichwortartig genannt werden können. Im Mittelalter stellten zahlreiche Reform- und Ketzerbewegungen die Herrschaftsordnung grundsätzlich infrage. Das Reich Gottes war für Thomas Müntzer, dem Kopf der Bauernerhebung von 1525, ein »Gesellschaftszustand, in dem es keine Klassenunterschiede, kein Privateigentum und keine den Gesellschaftsmitgliedern gegenüber selbständige, fremde Staatsgewalt mehr« gab.[42] Auf einem Pamphlet der von dem frühneuzeitlichen englischen Revolutionär Gerrard Winstanley angeführten frühkommunistischen Bewegung der Diggers heißt es im England des Jahres 1649, am Anfang der Schöpfung sei nicht die Rede davon gewesen, »dass ein Teil der Menschheit über den anderen zu bestimmen hätte«.[43] Immer wieder bezieht Winstanley sich auf die Bibel, um seine Argumentation zu bekräftigen. »Man nannte es einst die Sünde Israels, dass die Menschen dort dem Herrn abtrünnig wurden und sich mit Saul einen der ihren zum König erwählten, obwohl sie doch den nämlichen Geist der Vernunft und der Herrschaft in sich trugen wie er, wenn sie sich nur von ihm hätten leiten lassen wollen. Und Israel wird der Knechtschaft erst entraten, wenn es sich von allen fremden Lehrmeistern und Herrschern abwendet, um nur noch dem Herrn zu dienen und sich völlig der Lehre und der Herrschaft dieses gerechten Gottes hinzugeben, der da nach der Prophezeiung Jeremias in dem neuen Himmel und der neuen Erde herrschen wird, so die Zeit kommt.«[44]

Die für die Entwicklung des modernen politischen Denkens so wichtigen Entwürfe von Gesellschafts- und Regierungsverträgen des 16. und 17. Jahrhunderts wiederum stehen stark unter dem Einfluss der Idee, dass das aus Ägypten geflohene Volk Israel mit Gott einen Bund geschlossen hat. Hier wird »zum ersten Mal die Idee vorgebracht [...], dass Untertanenpflicht und -treue in der Zustimmung individueller Männer und Frauen verwurzelt« sind.[45] Der Mayflower-Vertrag, der Volksvertrag der puritanischen Armee sowie die amerikanischen Verfassungen der 1780er-Jahre sind Beispiele dafür. »Sie alle sind echte Bünde, deren Kraft von der Zustimmung eines freien (gerade erst freien!) Volkes abhängt, und sie alle wenden sich, aus größerer oder geringerer Ferne, jenem Moment am Berg Sinai zu, da die Israeliten ja, ja sagten.«[46]

Noch im 20. Jahrhundert beflügelt die Vorstellung, dass die Errichtung einer herrschaftsfreien Gesellschaft das Gebot Gottes sei, nicht wenige Intellektuelle. »Ich dachte, dass die Organisation der Gesellschaft unter der Maßgabe absoluter Freiheit ein göttlicher Auftrag sei«,[47] erinnerte sich der Historiker Gershom Scholem an die Ideale seiner Jugend. Der jüdische Religionsphilosoph Martin Buber, ein Anhänger und Fürsprecher der sozialistischen Kibbuz-Bewegung,[48] gründete seinen biblischen Anarchismus nicht zuletzt auf die Zurückweisung des menschlichen Königtums im richterzeitlichen Israel. Für Bubers utopisches Denken, in das viele Ideen des mit ihm befreundeten anarchistischen Theoretikers und Politikers Gustav Landauer einflossen,[49] kann man jedenfalls sagen, dass Bibelexegese und anarchistisches Gesellschaftsideal sich wechselseitig inspiriert haben.[50] Der Sozialismus, so sah es der von Buber geschätzte evangelische Schweizer Theologe Leonard Ragaz im Jahr 1933, hat, »freilich größtenteils ohne es zu wollen und zu wissen, der Welt wieder Gott und Christus in Erinnerung gebracht und den Glauben an das Reich Gottes für die Erde wieder lebendig gemacht«.[51]

Im selben Jahr gründeten Dorothy Day und Tom Cornell in den USA die anarchistisch orientierte Catholic-Workers-Bewegung.[52] Ein weiterer Autor, der einem biblischen Anarchismus anhing, ist der französische Philosoph Jacques Ellul.[53] Die seit den 1960er-Jahren in brasilianischen Basisgemeinden tätigen Befreiungstheologen begründen ihre Forderungen nach politischen Veränderungen zugunsten der Armen und Benachteiligten mit der Idee des Gottesreiches und »berufen sich weitgehend auf den Bericht des Exodus«,[54] heißt es in einer Instruktion der Kongregation für die Glaubenslehre vom 6. August 1984.

Auch in absehbarer Zukunft muss mit der politischen Wirksamkeit einer Erzählung gerechnet werden, die mit »der Übernahme einer nomadischen statt einer sesshaften Lebensweise«[55] eine gänzliche neue Ordnung ohne Staat realisieren wollte. »Wir – oder viele von uns –«, schreibt der Philosoph Michael Walzer in seinem bereits selbst zum Klassiker der Ideengeschichte avancierten Essay *Exodus und Revolution* mit der Emphase des selbst politisch Engagierten, »glauben immer noch an das, was der Exodus uns zuerst über Sinn und Möglichkeit von Politik und über ihre angemessene Gestalt lehrt (oder was er uns nach allgemeiner Annahme lehrt): erstens, dass wo immer man lebt, wahrscheinlich Ägypten ist; zweitens, dass es einen besseren Ort, eine reizvollere Welt, ein Gelobtes Land gibt; und drittens, dass ›der Weg zu dem Land durch die Wüste führt‹. Wir können von hieraus nur dorthin gelangen; wenn wir uns zusammenschließen und marschieren.«[56]

# 7. Lob des einfachen Lebens: Daoistische Staatsferne

Zwischen der Mitte und dem Ende des 4. vorchristlichen Jahrhunderts entstand in China der Korpus einer der wichtigsten Textsammlungen des Daoismus: das dem legendären Philosophen Laozi zugeschriebene *Daodejing*, der Klassiker vom »Weg« und der »Tugend«. Man findet verschiedene Ausgaben der Schrift in jeder esoterischen Buchhandlung – in der Regel ganz in der Nähe der mannigfachen Äußerungen des Dalai Lama, dem neuesten Engel-Ratgeber oder anderer spiritueller Lebenshilfeangebote. Deutlich weniger sichtbar ist eine andere, politische Rezeptionslinie der Textsammlung.

Anhänger und Verfechterinnen der Idee einer herrschaftsfreien Gesellschaft sehen im *Daodejing* einen anarchistischen Klassiker und auch die Einleitung der DDR-Ausgabe hebt hervor, dass die frühen Daoisten in ihrer Soziallehre »eine betont antifeudalistische, antihierarchische Haltung« einnahmen. »Sie träumten«, so heißt es darin weiter, »von der Wiederherstellung der ursprünglichen Gleichheit unter den Menschen.«[1] Die Einschätzung, wonach es sich um eine egalitäre Strömung des chinesischen Denkens handelt, der ein »ausgesprochen autoritätsfeindlicher, antistaatlicher, ja anarchischer Zug«[2] zu eigen sei, wird vom Urteil namhafter Sinologen unterstützt. Sie bescheinigen dem Daoismus, »demokratisch und politisch revolutionär«[3] zu sein und dem Zwang der politischen Organisation das Ideal eines »autonomen, natürlichen, freien und freudigen Lebens entgegen[zustellen]«.[4]

Tatsächlich kennt die ideale Welt des frühen Daoismus weder Herrscher noch Untertanen.

Das Buch *Zhuangzi* enthält »die Anekdote vom heiligen Kaiser Yao, der sich bei den verschiedensten Einsiedlern mit seinem Ansinnen, ihnen das Reich zu vererben, nichts als entsetzte Absagen einhandelte«.[5] In einer weiteren Geschichte erzählt ein daoistischer Philosoph aus dem Königshaus von Ch'u dem Herzog Lu von einem fernen Wunderland, das er »Land der errichteten Tugend« nennt. Die Menschen seien schlichten Gemüts, verfügten nur über wenig Privatbesitz und kaum irgendwelche Wünsche. Sie arbeiteten, sparten aber nicht. Sie seien freigiebig, forderten aber keine Dankbarkeit. Sie wüssten nichts vom Recht oder Ritual. Ihr Benehmen sei das von Wilden und Verrückten, und doch folgten sie bestimmten Regeln. »Solange sie leben, verstehen sie es, [einander] zu erfreuen, wenn sie tot sind, verstehen sie es [einander] zu begraben. Ich wünschte, Ihr verließet Euren Staat, gäbet auf Eure Sitten und wandeltet im Einklang mit dem ›Wege‹ […].«[6]

In diesem Text werden also die Gebräuche jener Menschen, die als »Wilde« ihr Leben außerhalb der Zivilisation führen, als vorbildlich gelobt. Während der nach konfuzianischen und legalistischen Prinzipien ausgerichtete frühe chinesische Staat »die einfachen Leute als Werkzeuge«[7] betrachtet, finden wir im darauf reagierenden Daoismus eine »tiefempfundene Sympathie für primitive Lebensweisen«.[8] Seine Anhänger »sahen den einfachen Gemeinschaftsgeist der Vergangenheit als ihre Leitidee an«.[9] Das Stammessystem, das der chinesische Staat längst hinter sich gelassen zu haben glaubte, wurde dabei ausgesprochen idealisiert.

## Rebellen in der Wildnis

Dabei sollte das daoistische Bild einer von der Zivilisation noch unverdorbenen Gesellschaft nicht als bloß ausgedachtes Wunschgemälde betrachtet werden. Denn die chinesische Geschichte ist ganz lange Zeit immer wieder eine der wechselvollen Beziehungen zunächst der Fürstenhöfe und später der kaiserlichen Zentralregierung mit staatslosen Gesellschaften gewesen, die an den Rändern des Reiches und in schwer zugänglichen Enklaven innerhalb seiner Grenzen über mehrere Tausend Jahre präsent waren. Diese Konstellation fand ihren Niederschlag in der literarischen und philosophischen Überlieferung.

Die chinesischen Klassiker wussten, dass es sich bei der Anarchie um eine prinzipiell realisierbare Form des gesellschaftlichen Zusammenlebens handelte, »die zumindest in zwei Sphären verwirklicht war: im frühesten Altertum und in den Barbarenländern, die China umgaben«.[10] Vor der Reichseinigung unter der Ch'in-Dynastie (221–207) und der ihr folgenden Han-Dynastie (206 v. u. Z. bis 220 n. u. Z), das war zugleich die Zeit, als die wichtigsten philosophischen Schulen entstanden, hatten die nach Ausweitung ihres Einflussbereichs strebenden Fürsten mit dem Problem zu kämpfen, dass die bäuerliche Bevölkerung vor ihrem strengen Regime, der kargen Ernährung und den in dicht besiedelten Gebieten immer wieder grassierenden Epidemien in die nahe gelegenen Berge, Sümpfe oder Steppen auszuweichen drohte.

Die – aus Sicht der kaiserlichen Administration – Inseln der Zivilisation waren zu dieser Zeit umgeben von einem Meer der Wildnis. In der Administration scheint es ein Bewusstsein dafür gegeben zu haben, dass die dort anzutreffenden staatslosen Gemeinwesen wenigstens zum Teil aus den Nachfahren von Menschen bestanden, die dem Staat irgendwann den Rücken zugekehrt hatten. Schon in der Mitte des 1. Jahrtausends v. u. Z. gab es jedenfalls eine Theorie, »nach der die Barbaren an den äußeren Rändern ursprünglich chinesische Rebellen gewesen waren, die man wegen irgendeines Fehlverhaltens an die vier Ecken der Erde verbannt hatte«.[11] Noch im 9. Jahrhundert unserer Zeitrechnung hielten chinesische Beamte das im Südwesten Chinas lebende Volk der Shang für Abkömmlinge von Han-Chinesen, die sich im Laufe der Zeit mit »westlichen Barbaren« vermischt hätten.[12] Aufgrund der vermeintlich gleichen Herkunft vermutete man am Hofe und in den Schreibstuben der Beamten, dass sie sich schließlich vollständig würden zivilisieren lassen.[13] Noch unter den Kaisern der späteren Han-Dynastie war es üblich, die Bewohner peripherer Zonen als die Nachfahren des einen oder anderen Urrebellen zu bezeichnen.

Diese Menschen galt es wieder in den Einzugsbereich des Staates hineinzuziehen, da man sie als Arbeitskräfte und Soldaten benötigte. Die Diskussionen an den Fürstenhöfen waren »voller Überlegungen, wie man fremdes Volk anlocken oder wenigstens das bereits im Lande lebende vom Auswandern abhalten könnte«.[14] Gelang dies nicht, griffen die staatlichen Akteure zu Zwang und Gewalt. Die Hauptstadt der kurzlebigen Ch'in- sowie der auf sie folgenden frühen Han-Dynastie »war voller Kriegsgefangener, die vom Staat, von Generälen oder einzelnen Soldaten ergriffen worden waren. […] Die wichtigste Technik, möglichst viele Untertanen zu konzentrieren, war jedoch die Zwangsumsiedlung der Gesamtbevölkerung – besonders jedoch der Frauen und Kinder – eroberter Territorien.«[15]

Vor dem Hintergrund dieser Praxis extremer Gewalt nimmt es nicht wunder, dass die Berater der nach immer mehr Macht strebenden Feudalherrscher dazu neigten, die Angehörigen staatsloser Gemeinschaften als in chaotischen Zuständen verharrende »Wilde« abzuwerten. »Östlich von Fei-pin (in Korea), … südlich der Flüsse Yang und Han …, westlich des Li-Flusses … und nördlich des Wildganstores«, heißt es in der zwischen 265 und 235 v. u. Z. entstandenen Textsammlung *Frühling und Herbst des Lü Pu-wei*, »gab es viele Völker ohne Fürsten. Bei diesen fürstenlosen Stämmen in den vier Himmelsgegenden lebten die Menschen wie die wilden Tiere: die Jungen befahlen den Alten, die Alten fürchteten die, die in der Blüte ihrer Jahre standen«.[16] Das spiegelte die Auffassung der als Regierungsberater tätigen Konfuzianer, Mohisten und Legalisten wider, denen der Gedanke ziemlich abwegig vorgekommen wäre, der etablierten Ordnung durch Flucht in die Wildnis den Rücken zuzukehren.[17]

Seit dem 3. Jahrhundert vor unser Zeitrechnung, als sich der Einheitsstaat des Kaisertums durchsetzte, etablierte sich zugleich eine imperialistische Doktrin, nach der die Ausbreitung des chinesischen Herrschaftsbereichs auf die herrschaftslosen »Barbarenländer« am Rande des Reichs als eine Ausbreitung der Ordnung schlechthin und damit als eine Art Weiterentwicklung der Schöpfung aufzufassen sei. Aus der Sicht des Kaiserreichs waren die an den Rändern der Zivilisation lebenden Völker dazu auserkoren, nach und nach assimiliert zu werden. Wurden sie sesshaft und in das Steuerregister eingetragen, bezeichnete man sie in der Ming-Dynastie als jene, die »auf der Landkarte auftauchten«.[18] Die Han-Chinesen betrachteten sie als das Rohe, dass es zu kochen galt. Die Entwicklung kann diesem Bild zufolge nur in eine Richtung gehen. Das Gekochte, das war die Essenz dieses Narrativs, kann nicht wieder roh werden.[19]

Das Verhältnis von »Zivilisation« und »Wildnis« begann sich in dieser Zeit umzukehren. Die staatlich beherrschten Zonen weiteten sich aus. Nun war es nicht mehr die Zivilisation, die über nur wenige Stationen in der Wildnis verfügte, sondern umgekehrt schrumpfte diese Wildnis auf eine Vielzahl von Inseln in der Zivilisation. »Vor allem in Süd- und Südwestchina gab es Hunderte von Stämmen als ganz und teilweise unabhängige ethnische Gruppen neben dauerhaften chinesischen Verwaltungen«.[20]

Dabei handelte es sich um Enklaven von herrschaftslosen Gemeinschaften, die nun innerhalb des vom Staat beanspruchten Territoriums lebten. »Die vielbesungenen ›Berge und Marschen‹ wurden zu Rückzugsgebieten, zu Reservationen all derer, die sich der Zivilisation nicht anpassen wollten – der ehemals bedrohlichen Ureinwohner ebenso wie der daoistischen [im Original: taoistischen, TW] Einsiedler. Gleichzeitig aber wanderten die Gedanken all dieser in der Kultur wie in einer Schlinge gefangenen Menschen an die nun freilich ja doch noch vorhandenen, nur eben weiter in die Ferne gerückten Grenzen dieser Kultur, die sie früher nach außen so leicht hatten überschreiten können, wenn sie Ruhe vor dem Zwang der Gesellschaft zu finden suchten.«[21]

Zum Ausdruck gebracht und für die Nachwelt konserviert wurde diese Art der Sehnsucht nach einem anderen Leben jenseits der Zwänge der Zivilisation in den zum Anfang dieses Kapitels bereits zitierten Schriften der Daoisten. In Kapitel 32 des *Daodejing* heißt es: »wenn nur die fürsten und herren das unverdorbene wahrten / willig strömt ihnen zu die vielfalt der dinge / glücklich verbänden sich himmel und erde / herabzusenden segenbringenden tau / zwanglos kehrte zurück das menschengeschlecht / zur gleichheit / als man aber mit namen begann zu trennen die dinge / wurden selbstherrlich die namen«.[22]

An dieser Stelle geht es offenbar um eine Kritik an der bürokratischen Praxis der Erfassung, Katalogisierung und Einordnung durch die Verwaltungsorgane eines frühen Staates.[23] Die Benennung von Dingen, die bis dahin unbenannt, deren Gestalt verschwommen, flüssig und schwer zu erfassen war, gehörte zu deren wichtigsten Aufgaben. Das betraf die Grenzen von Dörfern und Bezirken, verwandtschaftliche Abstammungslinien, die Unterscheidung von Volksgruppen und Stämmen, die Erfassung von Häuptlingen, die als Ansprechpersonen für die Administration infrage kamen, sowie die Registrierung der Felder. Listen, in denen verlässliche Daten über die Größe, die Zusammensetzung der Bevölkerung und das Vermögen der Haushalte festgehalten wurden, bildeten die Grundlage für eine regelmäßige Besteuerung, die Erfassung der Wehrpflichtigen und die Rekrutierung von Zwangsarbeitern. Die vom frühen Staat eingesetzte Technik diente einer kleinen städtischen Elite überwiegend dazu, die große Mehrheit der Bevölkerung zu kontrollieren und ihre Arbeitskraft für die eigenen Zwecke auszunutzen. Landwirtschaftliche Werkzeuge und Maschinen, Schrift und Kriegswaffen wurden so eingesetzt, dass sie das Schalten und Walten der Mächtigen erleichterten. Mit einem Wort: Es handelt sich um Herrschaftstechnologie. *Als solche* wurde sie von den frühen Daoisten abgelehnt. In ihrer Sicht dienten technische Innovationen nicht dazu, die Plackerei der einfachen Leute zu erleichtern, sondern als »ein Mittel der Versklavung der Menschen durch die Feudalherren«.[24] Die Technikkritik wandte sich nicht gegen Maschinen als solche, sondern gegen das in sie eingeschriebene Verhältnis von Herren und Knechten. Sie richtete sich gegen Kaufleute und Großgrundbesitzer, deren Macht »zum Teil auf der Kontrolle bestimmter Handwerkszweige wie Bronzeherstellung und Bewässerungstechnik«[25] beruhte.

Eine Geschichte aus dem *Zhuangzi* illustriert diese Sichtweise. Ein gewisser Tzu-Kung sieht, wie ein Bauer das Wasser wie eh und je mit dem Eimer aus einem Brunnen schöpft. Er glaubt, einen Mann vor sich zu haben, der die technische Entwicklung offenbar verschlafen hat. Es gebe, erläutert er dem vermeintlich hinter dem Mond lebenden Bauern, für das, was er gerade tut, mittlerweile eine Maschine, die ihm viel Mühe und Arbeit ersparen würde: einen Wasserschöpfer mit Gegengewicht. Den vermeintlich Zurückgebliebenen beeindruckt die Belehrung allerdings nicht. Er gibt seinem Gegenüber lachend zu verstehen, dass er von der Erfindung durchaus erfahren habe. Sich zu Nutze machen wolle er sie sich aber nicht. Er antwortet: »Ich habe meinen Lehrer sagen hören: Wenn einer Maschinen benützt, so betreibt er all seine Geschäfte maschinenmäßig; wer seine Geschäfte maschinenmäßig betreibt, der bekommt ein Maschinenherz. Wenn einer aber ein

Maschinenherz in der Brust hat, dem geht die reine Einfalt verloren. Bei wem die reine Einfalt hin ist, der wird ungewiss in den Regungen seines Geistes. Ungewissheit in den Regungen des Geistes ist etwas, das sich mit dem Wahren nicht verträgt. Nicht dass ich solche Dinge nicht kennte: ich schäme mich, sie anzuwenden.«[26]

Die nur scheinbar neutrale Technik hat, daran lässt der Text keinen Zweifel, eine dunkle Seite. Sie verschleiert, dass sie einer Schicht dient, die dazu neigt, das Gemeinwohl dem Interesse der Herrschenden unterzuordnen. Die daoistischen Erzählungen nehmen die Kritik an einer vom Individuum verinnerlichten Herrschaft in einer verwalteten Welt vorweg, die Max Horkheimer sehr viel später mit dem Ausdruck »instrumentelle Vernunft« auf den Begriff brachte.[27]

## Füße binden verboten

Eine größere politische Wirksamkeit erlangten daoistische Ideen zunächst in den großen Volksaufständen der Fünf Reisscheffel und der Gelben Turbane, zweier messianischer Bewegungen, die zum Ende des 2. Jahrhunderts unserer Zeitrechnung in Erscheinung traten. Sie inspirierten aber auch den blutigen und lang dauernden Taiping-Aufstand (1850–1864), der egalitäre Reformen im Staatswesen durchsetzen wollte und gegen die brutalen Restriktionen vorging, die der Neokonfuzianismus dem weiblichen Geschlecht auferlegt hatte. Schließlich wurden sie zu Anfang des 20. Jahrhunderts von einer kleinen Gruppe chinesischer Studenten übernommen, die sich in Tokio um den später hingerichteten japanischen Anarchisten Kōtoku Shūsui (1871–1911) scharte.[28]

Das Bild der selbstständigen, gebildeten und zuweilen auch zu Pferde kämpfenden Frau, das bis zum 11. Jahrhundert einen Platz in der chinesischen Dichtung hatte, wurde in den mittleren und höheren Schichten der Gesellschaft durch das repressive Ideal der mit verkrüppelten Füßen an das Haus ihres Gatten gebundenen Ehefrau und der »keuschen Witwe« ersetzt.[29] Die Taiping hielten dagegen, vielleicht auch deswegen, weil die Familie des von einem Missionar mit christlichem Gedankengut bekannt gemachten Gründers und Anführers der Bewegung, Hung Hsiu-ch'üan, zu der im 5. Jahrhundert vom Norden her eingewanderten Volksgruppe der Hakka gehörte, welche die Praxis des Fußbindens bei den Frauen rigoros ablehnte.[30] Der Gedanke, dass Frauen gegenüber den Männern nicht benachteiligt werden dürften, zieht sich jedenfalls »wie ein roter Faden durch die Ideologie der Taiping und wurde oft auch tatsächlich in die Tat umgesetzt, zumindest anfangs: Das Binden der Füße wurde strengstens verboten, die Frauen durften an den Staatsexamina teilnehmen, die nach einem neuen Prüfungskanon durchgeführt wurden [...], und sogar in die Armee eintreten, wo sie eigene Truppenverbände bildeten«.[31] In diesem Zusammenhang machte eine junge Frau namens Hsiao San-niang von sich Reden, die im Alter von 20 Jahren eine solche nur aus Kämpferinnen bestehende Abteilung der Rebellenarmee kommandierte. Zu Pferde und mit Pfeil und Bogen erstürmte sie wie eine Nomadenkriegerin an der Spitze mehrerer Hundert Frauen die Mauern der Stadt Chen-chiang.[32]

# 8. Platon und die Amazonen

Etwa im selben Zeitraum, in dem die Gründungstexte des chinesischen Denkens entstanden, also ab etwa 500 v. u. Z., betraten die Klassiker der griechischen Philosophie und Geschichtsschreibung die Bühne der Geistesgeschichte – und mit ihnen Berichte über unbesiegbar scheinende Reiternomaden. »Muss nicht ein Volk unüberwindlich und unnahbar sein, dass weder Städte noch Burgen baut, seine Häuser mit sich führt, Pfeile vom Pferde herab schießt, nicht vom Ackerbau, sondern von der Viehzucht lebt und auf Wagen wohnt?«,[1] zeigt sich etwa der Historiker Herodot von Halikarnass[2] beeindruckt von der Schlagkraft, welche die Skythen in den Jahren 513/12 im Feldzug gegen den Perserkönig Dareios bewiesen. Die spezifische Weisheit[3] der Reiterkrieger erkennt er darin, »dass keiner, den sie verfolgen, ihnen entkommt und keiner sie einholen kann, wenn sie sich nicht einholen lassen wollen.« Im Kontext der griechischen Antike tritt in Herodots Geschichtswerk zum ersten Mal an prominenter Stelle eine unverhohlen geäußerte Bewunderung nomadischer Freiheit zutage, die bald darauf auch in den Berichten über Völker berittener Kriegerinnen durchscheint: den Amazonen.

»Ihre Frauen reiten, schießen mit dem Bogen und schleudern Wurfspieße vom Pferde herab«, teilt uns Hippokrates von Kos (ca. 460–370 v. u. Z.) in seiner Schrift *Über Winde, Wasser und Ortslagen* über das am Mäothischen Meer[4] beheimatete Volk der Sauromaten mit.[5] Ihren jungen

Frauen sei das Heiraten nicht eher erlaubt, bis sie drei Feinde getötet hätten. Doch nach der Hochzeit beenden sie ihre kriegerische Tätigkeit und greifen »nur im Falle eines großen, alle Kräfte beanspruchenden Feldzuges zu den Waffen«.[6] Während es hier so scheint, als wenn es sich bei der geschlechtlichen Gleichberechtigung um ein beschränktes Phänomen handelt, behauptet ein um 350 v. u. Z. erschienener Text, die Sauromaten am Pontos würden »von Frauen regiert«.[7] Die Vorstellung, dass es Gesellschaften gab, in denen die Frauen über die Männer herrschten oder ihnen zumindest gleichgestellt waren, war den Verfassern und Lesern dieser Texte nicht unbekannt. »Die Weiber sollen bei ihnen gleiche Rechte haben wie die Männer«, berichtete beispielsweise auch Herodot von der zentralasiatischen Volksgruppe der Issedonen.[8]

»Schon beim Anhören der alten Mythen«, lässt Platon (428/427 bis 348/347) einen der drei Protagonisten seines späten Dialoges *Die Gesetze* – den namenlos bleibenden Athener – sagen, »bin ich davon überzeugt worden, und von der Gegenwart weiß ich so gut wie sicher, dass es rings um das Schwarze Meer zahllose Scharen von Frauen gibt – ich meine die sogenannten Sauromatinnen –, denen es vorgeschrieben ist, nicht nur mit Pferden, sondern auch mit Bogen und anderen Waffen umzugehen und sich gleich wie die Männer darin zu üben«.[9] Seinen beiden Gesprächspartnern, dem Spartaner Megillos sowie dem aus Knossos stammenden und mit der Gründung einer neuen Kolonie beauftragten Kleinesias verdeutlicht er, warum er den Ausschluss der Mädchen und Frauen von den militärischen Übungen und sportlichen Wettkämpfen der Polis für ausgesprochen unvernünftig hält: »Denn so ist beinahe jede Stadt nur eine halbe Stadt oder wird zu einer solchen, während sie doch doppelt so stark sein könnte, und dies bei gleichen Steuerleistungen und Anstrengungen.« Mit dem doppelten Verweis auf die Amazonen des Mythos *und* die real existierenden Kriegerinnen einer Gesellschaft von Reiternomaden an der Schwarzmeerküste macht Platon deutlich, dass es zum Istzustand in den griechischen Stadtstaaten eine prinzipiell gangbare Alternative gab.

Das Gespräch zwischen den drei Männern ist ein früher Beleg für einen Vorgang, der in der Geistesgeschichte immer wieder dokumentiert ist: Die Anregung des politischen Denkens in den Metropolen durch die Begegnung mit egalitären Gebräuchen oder Institutionen in den Randzonen der ihren Macht- und Einflussbereich nach außen hin ausweitenden Staaten. In Platons Vorstellung von einem idealen Gemeinwesen, die er bereits einige Jahre zuvor in *Der Staat* ausgeführt hatte, haben Männer und Frauen die gleichen Aufgaben als bewaffnete Wächter und erfahren die nämliche Ausbildung in Körperertüchtigung und dem Umgang mit Waffen. »Der heutige entgegengesetzte Zustand«, lässt er seinen Lehrer Sokrates sagen, »ist augenscheinlich widernatürlich«.[10]

Auch wenn der Vorschlag, es in Sachen militärischer Ausbildung der Frauen den nomadischen Sauromaten gleichzutun, weder auf eine generelle Gleichstellung des weiblichen Geschlechts zielt, das auch Platon als das tendenziell »schwächere« betrachtet, noch in die umfassende Vision einer Gesellschaft der Freien und Gleichen eingebunden war, beinhaltet er doch eine partielle Aufhebung der äußerst rigiden patriarchalischen Ordnung der griechischen Stadtstaaten. Die freie athenische Frau stand in einer Abhängigkeitsbeziehung zu einer männlichen Person: dem Vater, dem ältesten Bruder oder dem Ehemann. Sie war nicht erbberechtigt, blieb von der Teilnahme an politischen Entscheidungen sowie dem Besuch von Theatern ausgeschlossen.[11] Der Philosoph mag bereits aus prinzipiellen Erwägungen zu dem Schluss gekommen sein, dass Frauen zum Militärdienst herangezogen und zur Körperertüchtigung angehalten werden sollten, doch sieht er sein Argument durch Mythen und Berichte über kämpfende und jagende Frauen bei benachbarten Völkern von Reiternomaden bestätigt.

## Sie ritten zusammen

Mit seinem Interesse an kämpfenden Frauen stand Platon nicht alleine da. Die griechische Antike war fasziniert von Erzählungen über starke Frauen an den Rändern der bekannten Welt, die den Männern ebenbürtig waren. In den Mythen erscheinen sie als Amazonen, die ihre Kräfte mit den größten griechischen Helden maßen. Herakles tötet die Amazonenkönigin Hippolyte, um ihren Kriegsgürtel zu erbeuten. Theseus entführt ihre Schwester Antiope und macht aus der Kämpferin eine brave griechische Ehefrau, deren Wirkungsbereich auf den Haushalt beschränkt war. Die Abenteuergeschichten, die sich um die Amazonen drehen, wurden seit dem 6. Jahrhundert v. u. Z. auf vielen Vasen und anderen Kunstwerken dargestellt, fanden im 5. und 4. Jahrhundert eine große Verbreitung und waren bekannt bei Jung und Alt.

Vielen Althistorikern galten die mit zweifellos fantastischen Details ausgestatteten Geschichten über Amazonen lange Zeit als reine Erfindungen einer in hohem Maße patriarchalischen Gesellschaft, die ihren Mitgliedern vor Augen hielt, was sich für eine Person weiblichen Geschlechts einfach nicht geziemte: ein männliches Verhalten. Die Amazone symbolisierte in dieser Sichtweise eine noch ungezähmte weibliche Sexualität oder die Furcht der Männer vor einer Rebellion der Frauen.[12] Doch auch wenn die Amazonen-Mythen dazu gedacht waren, die Herrschaft der Männer zu stützen, geht ihre Funktion darin nicht auf. Denn ihre bloße Existenz hielt die Möglichkeit einer anderen Geschlechterordnung im Bereich des Vorstellbaren. Wenn diese Geschichten Männer und Frauen als einander im Kampf ebenbürtig darstellten, konnte das von der patriarchalen Norm abweichende Ideen beflügeln. Bei Platon, so haben wir gesehen, ist dies – wenn auch eingeschränkt für den Bereich des Militärwesens und der mit diesem verbundenen Körperertüchtigung – so geschehen. In seiner doppelten Bezugnahme auf kämpfende Frauen – zum einen die Amazonen der mythischen Erzählungen und zum anderen die von ihm als Fakt angesehenen Reiterkriegerinnen der Schwarzmeerküste – kommt zum Ausdruck, dass in der Gesellschaft, in der er lebte, fiktive und reale Vorstellungen über kämpfende Frauen vorhanden waren. Auf den Darstellungen, die auf mehr als 1000 erhalten gebliebenen griechischen Vasen[13] zu sehen sind, flossen sie zu einem Bild zusammen – nämlich immer dann, wenn die abgebildeten Amazonen wie die zeitgenössischen Steppenkriegerinnen Reiterhosen tragen.

Ein anderes Beispiel für die breite Verankerung der Vorstellung eines Kollektivs weiblicher Krieger in der griechischen Vorstellungswelt soll an dieser Stelle etwas genauer beleuchtet werden. Es handelt sich um die von Herodot wiedergegebene Geschichte der folgenreichen Begegnung der Amazonen mit skythischen Jünglingen. Nach ihrem siegreichen Kampf gegen die Amazonen nahmen die Griechen eine Reihe von Gefangenen, die sie auf drei Schiffen in die Heimat transportierten. Unterwegs aber probten die Kriegerinnen den Aufstand, brachten die Männer um und ließen sich, da sie mit Steuer, Segeln und Rudern nicht umzugehen verstanden, an das nächstgelegene Ufer treiben. Hier, im Lande der Skythen, fanden sie Pferde und begannen alsbald auf deren Rücken, die Gegend zu plündern. Die Skythen, die zunächst dachten, es handle sich um Männer, griffen die marodierende Bande an. Nach dem Kampf fielen ihnen einige Tote in die Hände und sie erkannten ihren Irrtum. Nun änderten sie ihre Strategie. Sie wollten die Plünderer nun nicht mehr töten, sondern sie dazu bringen, mit ihren jungen Männern Kinder zu zeugen. Zu diesem Zweck schickten sie ihnen eine Gruppe von Kriegern hinterher, welche sich den Amazonen nähern, diese aber nicht angreifen sollten. Tatsächlich kam es zu erotischen Begegnungen und schließlich lebten die Amazonen und die Skythen gemeinsam in einem Lager. Während es den Männern nicht gelang, die Sprache ihrer neu gewonnenen Gefährtinnen zu erlernen, waren die Frauen erfolgreicher. Als die Skythen darauf drängten, die Amazonen als Ehefrauen in ihre Familien einzuführen, stießen sie auf Widerstand. »Wir werden wohl«, gaben sie ihren Liebsten zu verstehen, »mit euren Weibern nicht auskommen können; denn wir haben andere Gewohnheiten als sie. Wir sind gewohnt, mit dem Bogen zu schießen, Speere zu werfen und zu Pferde zu sitzen, verstehen uns aber nicht auf weibliche Arbeiten. Nicht so eure Weiber, die sich auf ihren Wagen mit weiblichen Arbeiten beschäftigen und nicht auf die Jagd gehen, sondern hübsch zu Hause bleiben. Mit ihnen also werden wir uns nicht vertragen können. Wollt ihr uns zu Frauen haben und beweisen, dass ihr es ehrlich mit uns meint, so geht zu euren Eltern und lasst euch euer Erbteil herausgeben, und dann kommt wieder und lasst uns für uns allein leben«.[14]

Die Männer waren einverstanden. Als sie zurückgekehrt waren, stellten die Amazonen eine weitere Forderung: »Wir denken mit Furcht und Schrecken daran, dass wir hier in diesem Lande leben sollen, nicht nur, weil wir euch eurer Väter beraubt, sondern auch weil wir in eurem Lande so arg gehaust haben. Da ihr uns aber nun einmal zu Frauen haben wollt, so lasst uns zusammen von hier wegziehen und uns jenseits des Tanais ansiedeln.«[15] Wieder taten die Männer das, was die Amazonen von ihnen verlangten. Sie gingen gemeinsam fort, ließen sich drei Tagesreisen entfernt nieder und begründeten das Volk der Sauromaten (Sarmaten). Sie sprachen, erfahren wir von Herodot, ein schlechtes Skythisch, weil die Amazonen es nicht richtig erlernt hatten. Die Frauen behielten ihre alten Gewohnheiten bei. Nach wie vor kleideten sie sich wie die Männer, ritten mit ihnen gemeinsam oder allein auf die Jagd oder zogen in den Krieg. »Bei ihnen heiratet kein Mädchen, bevor es nicht einen Feind erschlagen hat, und manche bleiben ihr Leben lang unvermählt, weil sie dies Gesetz nicht erfüllen konnten.«[16]

Ungewöhnlich an dieser Geschichte ist, dass sie so gar nicht den Verlauf nimmt, den griechische Erzählungen über das Zusammentreffen von männlichen Kriegern mit Amazonen sonst nehmen. Statt dass es zu einem Kampf kommt, in dem – wie in den Geschichten um die Amazonenköniginnen Hippolyte, Antiope und Penthesilea – die männliche Seite das Kräftemessen gewinnt,[17] einigen sich die beiden Gruppen als gleichberechtigte Verhandlungspartner darauf, künftig miteinander zu leben, ohne dass die Frauen ihre Autonomie aufgeben. Keine der beiden Seiten unterwirft oder zähmt die andere. Die untypische Wendung ist vermutlich darauf zurückzuführen, dass der Historiker hier nicht eine originär griechische Geschichte, sondern den Gründungsmythos der Sauromaten wiedergibt.

## Die Quellen des Mythos

In der althistorischen Forschung gewinnt mittlerweile die Auffassung an Raum, dass es sich bei den legendären Amazonen, von denen in den Sagen des klassischen Altertums die Rede ist, keineswegs ausschließlich um Fantasieprodukte handelt, sondern dass sich in den einschlägigen Schilderungen – so fantastisch sie im Detail auch sein mögen – doch so etwas wie ein Realitätskern ausmachen lässt. Wir haben es mit einem ähnlichen Fall zu tun wie bei der im Zeitalter der Aufklärung beliebt werdenden Figur des edlen Wilden. Die Tatsache, dass es jeweils um mehr oder weniger stark ausgeprägte literarische Stilisierungen des kulturell Anderen geht, bedeutet nicht notwendigerweise, dass es sich um reine Erfindungen handelt. Alles andere als abwegig ist die Vermutung, dass im klassischen Bild der Amazonen einige Züge aufgehoben sind, die auf ganz realen Begegnungen mit wirklichen Nomadenkriegerinnen beruhen. Dass es solche zu jener Zeit in der Region gab, wird von archäologischen Untersuchungen in den Steppen Eurasiens zwischen Bulgarien und der Mongolei bestätigt.[18] War man lange Zeit irrtümlicherweise davon ausgegangen, dass es sich bei Kriegern, die mit ihren Waffen und Pferden bestattet worden waren, aufgrund der Grabbeigaben um Angehörige des männlichen Geschlechts handelte, haben DNA-Analysen des Knochenmaterials das Bild in den vergangenen Jahrzehnten deutlich verändert.[19] Bei 37 Prozent der rund tausend untersuchten Gräber handelt es sich um die Skelette von Frauen, die mitsamt ihrer Waffen und Pferde begraben wurden.[20]

Manche Wissenschaftler vermuteten, es handle sich um rituelle Beigaben, die keineswegs auf eine Kriegstätigkeit hindeuten, sondern lediglich den Zweck verfolgten, die Verstorbene im Jenseits zu beschützen. Aber wenn sie im Gebrauch der Waffen ungeübt gewesen wäre, hätte es dann nicht viel mehr Sinn gemacht, ihr Begleiter an die Seite zu stellen, die das Kriegshandwerk verstanden? Gegen die Hypothese spricht zudem die Tatsache, dass die ausgegrabenen Knochen häufig deutliche Spuren von Kampfverletzungen zeigen – zum Beispiel von Streitäxten und Pfeilspitzen. Sie zeugen zudem von einem Leben, das zum großen Teil auf dem Rücken der Pferde verbracht worden war.

Berichte über weit im Norden lebende Völker hörten die frühen Griechen von Reisenden, Händlern, Entdeckern – möglicherweise auch von Haushaltssklaven aus der Schwarzmeerregion – sowie von den nomadischen Volksgruppen aus dem Gebirge des Kaukasus und der zentralasiatischen Steppe, denen sie auf ihren Handelsposten auf dem Territorium zwischen dem Schwarzen und dem Kaspischen Meer begegneten.[21] Hin und wieder mögen sie auf eine Schar bewaffneter Frauen getroffen sein, die gemeinsam auf die Jagd gingen oder an einem Kriegszug teilnahmen,[22] wie das auch bei den Jägernomaden der nordamerikanischen Plains vorkam.[23]

Berichte über kämpfende Frauen bei zentralasiatischen Hirtenvölkern finden sich noch im Mittelalter und in der

Frühen Neuzeit. Ein italienischer Dominikaner erwähnt gegen Ende des 13. Jahrhunderts das Beispiel der mongolischen Tartaren, die ihre Bogen schießenden Frauen mit ins Feldlager nehmen.[24] Und in der Mitte des 17. Jahrhunderts erzählt ein Missionar von einem Nomadenüberfall auf ein westgeorgisches Dorf, dass unter den Toten, die von den letztendlich zurückgeschlagenen Angreifern auf dem Kampfplatz zurückgelassen werden mussten, Frauen in der Blüte ihres Lebens gewesen seien.[25]

Offenbar hat die reiternomadische Lebensweise die im Vergleich zu den Verhältnissen in angrenzenden Staaten bemerkenswerte Gleichheit zwischen Geschlechtern bei südosteuropäischen und zentralasiatischen Hirtenvölkern begünstigt. Jungen und Mädchen wuchsen auf dem Rücken der Tiere auf, trugen die gleiche Kleidung und lernten dieselben Überlebenstechniken. Frauen vermochten zu reiten, Pferde zu zähmen, Herden über die Steppe zu führen, mit Pfeil und Bogen zu jagen und im Kampf gegen die Männer zu bestehen, auch wenn sie ihnen an reiner Körperkraft im Durchschnitt unterlegen gewesen sein mochten.[26] Bei den Mongolen bekamen Jungen und Mädchen im Alter von vier bis fünf Jahren ihr erstes eigenes Reitpferd. Die Acht- bis Zehnjährigen hüteten die Schafe und ritten die Pferde ein.[27] Das Verhältnis der Ehepartner zueinander wird als ausgeglichen beschrieben. »In wichtigen Fragen wurde die Frau von ihrem Mann um Rat gefragt, nicht zuletzt auch deshalb, weil in der Regel die Frau älter als der Mann war und daher mitunter über größere Erfahrung verfügte. […] Die verwitwete Mutter konnte bei den Mongolen nicht nur ihre Kinder bevormunden, sondern auch in alle Machtbereiche und Rechte des verstorbenen Mannes eintreten.«[28]

Kinder, die beim vorehelichen Geschlechtsverkehr gezeugt wurden, brachten den jungen Frauen keine Schande ein, sondern wurden von ihren Familien als Bereicherung betrachtet.[29] »Das Leben der ledigen Mütter veränderte sich wenig. Sie verrichteten dieselben Tätigkeiten wie früher, trugen dieselbe Kleidung, allerdings zeigte die Haartracht, dass sie ihre Jungfräulichkeit verloren hatten; sie trugen wie verheiratete Frauen zwei geflochtene Zöpfe. Ihre Heiratschancen verschlechterten sich dadurch nicht.«[30] Dass den Frauen in manchen Reiseberichten über nomadische Hirtenvölker eine nachgeordnete Stellung zugeschrieben wird, ist womöglich darauf zurückzuführen, dass sie nicht selten von Begegnungen mit – im Unterschied zu den weiter östlich lebenden Mongolen – bereits islamisierten Reiternomaden in den westlichen Steppenregionen erzählten, in denen sich die Situation der Frauen verschlechtert hatte.[31] Bei westlichen Hirtenvölkern wie den Kasachen, Kirgisen und Usbeken wurde die gesellschaftliche Stellung der Frau im Zuge der Islamisierung geschwächt, während sie sich bei den östlichen Steppennomaden, die diese Religion nicht annahmen, bis in die jüngere Vergangenheit nicht wesentlich änderte.

## Emanzipation zu Pferde

Das Leben auf dem Rücken der Pferde verschaffte den Frauen eine große Beweglichkeit und Autonomie. Sowohl in der realen Geschichte als auch in der Heldendichtung der Mongolen gab es Kriegerinnen, die an der Stelle oder gemeinsam mit ihrem Vater, Bruder oder Ehemann in den Kampf zogen.[32] Viele Erzählungen der Nomaden berichten von Frauen, die junge Männer zu Ringkämpfen auffordern. In Aserbaidschan erzählen die *ashugs* genannten Barden noch heute die Geschichte, wie die Frau von Dirse Khan, einem Häuptling des Oghuz-Stammes, eine Schar von 40 berittenen Kriegerinnen anführte. In einer anderen Erzählung erklärt der Oghuz-Prinz Beyrek, eine Frau heiraten zu wollen, die schneller als er reiten und ihm den Kopf seines Feindes bringen kann, bevor er selbst dazu in der Lage ist. Er sucht keine ihm untergeordnete gewöhnliche Ehefrau, sondern eine gleichwertige Kameradin.[33] Ähnliche Geschichten gibt es aus dem gesamten Gebiet, in dem die Kultur der berittenen Steppenvölker blühte: Zentralasien, der Nahe Osten und der nördliche Teil Chinas. Persische Erzählungen über die starken Frauen der Saka, deren Ursprünge bis in die vorislamische Zeit zurückreichen, ähneln den griechischen Amazonen-Geschichten – nur, dass die Männer, mit denen es die Heldinnen im Krieg und in der Liebe zu tun bekommen, keine Griechen, sondern Perser sind. Noch heute erzählt man sich in Usbekistan die Geschichte des rebellischen Nomadenmädchens Gulaim, das sich im Alter von 15 Jahren der Heirat verweigert, stattdessen beschließt, eine Kriegerin zu werden, und eine Gruppe von 40 bewaffneten Reiterinnen um sich schart.[34]

Schaut man sich das vorliegende Quellenmaterial an, dann begegnen uns Frauenkriegerinnen in drei Varianten. Erstens gibt es die tatsächlichen nomadischen Kämpferinnen zu Pferde, über deren Existenz wir von archäologischen Ausgrabungen, ethnologischen Studien und historischen Quellen einiges wissen. Hinzu treten zweitens Amazonenköniginnen wie Hippolyte, Antiope und Penthesilea aus der klassischen Mythologie und drittens Geschichten über Kriegerinnen zu Pferde, die sich die Völker Persiens,

Zentralasiens, des Kaukasus oder Chinas erzählten. Geschichten über Kriegerinnen, die den Männern ebenbürtig oder überlegen sind – sei es nun temporär oder dauerhaft –, haben immer wieder Impulse für die Forderung nach weiblicher Autonomie oder konkrete gesellschaftliche Reformen gegeben. Das zeigt schon der von Platon im Kontext der griechischen Stadtstaaten vorgenommene Vorstoß. Hierhin gehört aber auch die Aufstellung von weiblichen Kavallerieeinheiten in der – wie wir im nächsten Kapitel sehen werden – gegen verschiedene Konföderationen von Nomaden kämpfenden chinesischen Armee. So verstärkte die Han-Dynastie die kaiserlichen Truppen während der langen kriegerischen Auseinandersetzung mit der unter dem Namen Xiungnu bekannt gewordenen Konföderation verschiedenster Nomadenstämme durch Hosen tragende und berittene Bogenschützen weiblichen Geschlechts. Immer wieder verbündete sich die reguläre chinesische Armee zudem mit nomadischen Kriegern – Männern wie Frauen –, um mit ihrer Hilfe gegen andere Nomaden zu kämpfen.[35] Geschichten von kämpfenden Frauen zu Pferde sind seitdem aus der chinesischen Überlieferung nicht mehr wegzudenken[36] – bis zur Rolle, die Kriegerinnen um die Mitte des 19. Jahrhunderts im blutigen Kampf der Taiping für Geschlechtergerechtigkeit in der chinesischen Gesellschaft spielten. Durch ihre bloße Existenz zeigten Gemeinschaften von Menschen, deren Vorfahren vor dem Staat in die Steppe oder andere schwer zugängliche Gebiete abgedrängt worden oder geflüchtet waren, den benachbarten Untertanen und Herrschern der sich immer weiter in die Peripherie hinein ausdehnenden Staaten, dass es zum Status quo auch im Hinblick auf die Geschlechterverhältnisse eine Alternative gab, und hielten ihnen auf diese Weise den Spiegel vor Augen.

Heutzutage taucht die Bezeichnung Amazone in Produkten der Unterhaltungsindustrie auf: von Xenia, aus der gleichnamigen TV-Serie der 1990er-Jahre über Furiosa aus dem Endzeit-Actionfilm *Mad Max: Fury Road* bis hin zu dem 2021 unter dem Titel *Der Greif* erschienenen 38. Band der Asterix-Comic-Reihe. Gemeinsam mit seinem Freund Obelix findet sich der kleine Held aus dem unbeugsamen gallischen Dorf an der Seite von furchtlosen Kriegerinnen wieder, die den Römern in der östlichen Steppe entgegentreten. Fast 90 Jahre zuvor war der 24-jährigen Katharine Hepburn mit ihrer Darstellung der Amazone Antiope in dem Broadway-Stück *The Warrior's Husband* (1932) der Durchbruch als Schauspielerin gelungen. Die Rolle prägte ihr späteres Image als Darstellerin von Hosen tragenden und schlagfertigen Frauen, die ihrem männlichen Widerpart in zahlreichen Hollywood-Filmen Paroli bieten.[37] In jüngerer Zeit erregte die Frage, ob und inwiefern die von der athletischen Schauspielerin Gal Gadot in der gleichnamigen Blockbuster-Verfilmung von 2017 verkörperte Superheldin Wonderwoman aus dem Universum der DC-Comics den Anforderungen des gegenwärtigen Feminismus gerecht wird, die Gemüter in den entsprechenden Internetforen und den Feuilletons. Offenbar haben Bilder von wehrhaften Frauen auch im 21. Jahrhundert wenig von ihrer Faszinationskraft verloren.

# 9.
# »Das goldene Zeitalter der Barbaren«

Die nomadische Alternative war auch für die in den Grenzregionen lebenden Untertanen des chinesischen Kaiserreichs viele Jahrhunderte lang eine verlockende Option. Nahm der vom Herrschaftszentrum ausgeübte Druck zu, entschlossen sich nicht wenige von ihnen, sich den nicht sesshaften Steppenvölkern als Kämpfer anzuschließen oder sich als bäuerliche Pächter unter ihren Schutz zu begeben. Denn im Zuge der Domestizierung des Pferdes als Reittier hatten die vor dem Zugriff des Staates in die dünn besiedelte Steppe ausgewichenen Viehhirten, die dort ursprünglich eine Mischwirtschaft betrieben,[1] nach und nach eine militärische Stärke entwickelt, die der einer Armee vergleichbar war.

Die größere Mobilität, die das Pferd den Nomaden ermöglichte, schuf die Grundlage für die Bewirtschaftung riesiger Flächen mit großen Herden. Sie erleichterte den Kontakt und die Vernetzung von weit zerstreuten Familiengruppen, die sich zu zeitweiligen Bündnissen zusammenfanden und am Ende fragile, aber dennoch schlagkräftige Konföderationen berittener Bogenschützen bildeten, die unter Namen wie Xiōng-nú (Hsiung-nu), Göktürken oder Mongolen zum Schrecken der Staatenlenker wurden. Für die chinesische Armee waren sie ein kaum zu fassender Gegner,[2] der ebenso schnell wieder in den Weiten der Steppe verschwand, wie er zum Überraschungsangriff angesetzt hatte.

## Staat im Wartezustand

Das Aufkommen der Reiternomaden in der Steppe stellte das Verhältnis von zentralisierten Herrschaftsgebilden und Gesellschaften ohne Staat auf eine neue Stufe. Das betraf den Umfang und die Reichweite des Handels zwischen den Antagonisten, aber auch die militärischen Fähigkeiten der zunächst nur lose verbundenen Stämmekonföderationen sowie das Ausmaß des Reichtums, den die Nomaden zu plündern oder zu erpressen vermochten.[3] »Jäger und Sammler oder Brandrodungsbauern mochten den Staat anknabbern, doch es waren die politisch mobilisierten großen Konföderationen berittener Hirtenvölker, die dem sesshaften Staat wirklich zusetzten.«[4]

Ungefähr 2000 Jahre lang, von der Zeit der Frühen Han-Dynastie bis zur Mitte des 19. Jahrhunderts war die Geschichte Zentralasiens und Chinas geprägt von zwei miteinander verbundenen historischen Zyklen: der Zerstreuung und Vereinigung von Stämmen in der Steppe einerseits sowie der Ausweitung und des Zusammenbruchs dynastischer Reiche in China andererseits.[5]

Konföderationen berittener Hirtenvölker, deren Zusammensetzung sich immer wieder veränderte, machten den etablierten Schichten in China seit der Mitte des 1. Jahrtausends v. u. Z. und noch weit hinein ins zweite Jahrtausend nach dieser den Herrschaftsanspruch streitig. Das »goldene Zeitalter der Barbaren«, wie James C. Scott es nennt, hatte jedoch auch für diese einen Preis. Die zunächst ausgesprochen egalitären Verhältnisse der nomadischen Familiengruppen untereinander waren schon im Zuge der ständigen Kämpfe um knappe Ressourcen wie Wasser, Weideland oder Vieh und die damit verbundene

Bildung von Klientelgefolgschaften um charismatische Führer aufgebrochen worden. Dieser Prozess verstärkte sich, als sie durch die Auseinandersetzungen mit den Chinesen in einen ständigen Kriegszustand versetzt wurden. Die jeweilige Zentralregierung versuchte, die Bündnisse der Nomaden zu destabilisieren, indem sie den Handel verweigerte. Das war ein scharfes Schwert, denn die hoch spezialisierte Viehzüchterökonomie machte die Hirtenvölker abhängig von landwirtschaftlichen Erzeugnissen, handwerklichen Produkten sowie Luxus- und Prestigegütern. Die Nomaden reagierten, indem sie Siedlungen plünderten und Schutzgelder von Karawanen erpressten. Hin und wieder gelang es einer ihrer Konföderationen sogar, sich ein Stück des großen chinesischen Reiches auf Dauer zu unterwerfen.[6]

Während die einstmals herrschaftslosen Hirtenvölker immer mehr die Züge eines »Staats im Wartezustand« annahmen, begünstigte der von den ständig kampfbereiten Nomadenbündnissen ausgehende militärische Druck auf chinesischer Seite die Entwicklung professioneller Armeen, deren Aufbau und Unterhalt wiederum wesentlich dazu beitrug, dass die Zentralgewalt erstarkte.[7]

Und die hatte allerhand damit zu tun, ihre Untertanen in den Grenzregionen davon abzuhalten, die Seite zu wechseln und sich den Nomaden als Pächter zu unterstellen. Besonders bedrohlich wurde es, wenn Offiziere der chinesischen Armee, die in den Grenzgebieten rekrutiert worden waren und als Bollwerk gegen die Nomaden dienen sollten, sich samt der ihnen unterstellten Truppenteile einer der Stämmekonföderationen anschlossen.[8]

Für die Mauern, die chinesische Herrscher an ihren Grenzen errichteten, gilt daher das Gleiche, was für Befestigungsanlagen in Mesopotamien gesagt wurde: Einerseits dienten sie dazu, die Angriffe räuberischer Nomaden abzuhalten. Ebenso wichtig war jedoch eine andere Funktion: Sie sollten die von ihr eingeschlossene Bevölkerung davon abhalten, auf die Seite der »Barbaren« zu wechseln.[9]

In den Fällen, in denen es den Nomaden gelang, größere Gebiete im nördlichen China zu erobern und sich selbst als Herrenschicht über der chinesischen Bevölkerung zu etablieren, setzte sich dieses Muster auf andere Weise fort. Nun war es ein Teil der nomadischen Sieger, der den Weg zurück in die Steppe suchte, weil er sich nicht sinisieren – sprich: den Gepflogenheiten eines ihnen fremden bürokratischen Herrschaftssystems unterordnen wollte.

Das Auseinanderdriften der Eroberer lag in einem Interessenskonflikt begründet, der praktisch in allen von Nomaden in China gegründeten Reichen zu schweren Spannungen innerhalb der Herrenschicht führte. Ein Teil der Eroberer wurde sesshaft. Während die einfachen Krieger in Kasernen untergebracht wurden, bildeten ihre Anführer die neue städtische Elite. Dabei machten sie sich den luxuriösen Lebensstil der chinesischen Oberschicht zu eigen und verbanden sich durch Heirat mehr und mehr mit den angestammten vornehmen chinesischen Familien. Statt die sesshafte Bevölkerung auszuplündern, war man nun daran interessiert, regelmäßige Steuern zu erheben, wozu man auf die bewährten bürokratischen Methoden und die Fachexpertise der Chinesen zurückgriff. Bald setzte eine Entfremdung zu jenem Teil der nomadischen Bevölkerung ein, die in den grenznahen Regionen und der Steppe verblieben war und eine Kriegsreserve bildete.[10] Es kam zu Auseinandersetzungen um die angemessene Verteilung des durch die gewaltsame Landnahme erlangten Mehrprodukts und um den angemessenen Lebensstil. Den in der Steppe verbliebenen Nomaden ging es auch um die Bewahrung ihrer Unabhängigkeit. Deshalb sträubten sie sich gegen den Versuch, die Macht zugunsten des Hofes zu zentralisieren und das gegenüber der chinesischen Bevölkerung ausgeübte Gewaltmonopol auf die aufgrund der Viehwirtschaft hoch mobilen, nach wie vor bewaffneten und kampfbereiten Steppenbewohner auszudehnen.[11]

Im Jahr 682 kam es zu einer Massenabwanderung von Nomaden, die der Konföderation der Göktürken angehörten, aus den eroberten chinesischen Städten. Obwohl sich ihre Aristokratie bereits in die chinesische Kultur eingegliedert hatte, zog es viele der weiterhin auf ihre Autonomie bedachten Clanführer mit ihren Familien und schwer bewaffneten Gefolgschaften zurück »in die Steppe, die nomadische Freiheit.«[12]

Es sollte noch gut 300 Jahre dauern, bis die Führer der fragilen nomadischen Konföderationen eine Methode fanden, um den Zentrifugalkräften, die aus der von oben schwer zu kontrollierenden verwandtschaftlichen Organisationsstruktur der Stämme resultierten, wirksam entgegenzutreten. Sie teilten ihre Truppen nach dem Dezimalprinzip in militärische Einheiten ein, die quer zu den herkömmlichen Familienbanden standen und auf diese Weise die verwandtschaftlichen Loyalitätsbeziehungen zerschnitten. Den Höhepunkt fand diese Entwicklung im 13. Jahrhundert unter dem Mongolenherrscher Dschingis Khan (1206–1227),[13] dem es gelang, die überwiegende Mehrzahl der Steppenvölker unter einer einzigen Befehlsstruktur zu vereinigen und auf diese Weise weite Teile Zentralasiens und Nordchinas zu erobern. »Sein Heer«, schreibt der Historiker William Hardy McNeill, »war gleichfalls nach dem Dezimalsystem gegliedert, auf allen Stufen (Zehner-, Hunderter-, Tausendereinheiten) von Männern geführt, die sich den Anspruch auf ein Kommando durch Erfolge im Feld erworben hatten«.[14]

## Das Filzzelt im Hof

Die Freiheit in der Steppe blieb jedoch eine verlockende Option für all diejenigen, die sich mit dem Leben in der Zivilisation nicht anfreunden konnten und die Möglichkeit hatten, sich in die Wildnis zurückzuziehen – sei es nun physisch, in Gedanken oder in symbolischen Akten. »Der Eunuch Chung-hsing-sho, ein Abtrünniger, der zu den Hsiung-nu übergelaufen war, missbilligte die Kompliziertheit des Stadtlebens, die unnützen Seidengewänder, ausgetüftelten Speisen, prunkvollen Häuser und lästigen gesellschaftliche Verpflichtungen; er stellte all jenem die Einfachheit von Filz und Lederbekleidung, Kameradschaft, Käse und Fleischkost gegenüber.«[15] Das Polospiel, die Jagd sowie das Reiten für Damen galten offenbar als chic.[16] Sie ermöglichten wohlhabenden Chinesen, die sich im Großen und Ganzen mit der bestehenden Ordnung identifizierten, für einen entlastenden Moment die Flucht aus dem Alltag. »Durch die Dichtungen eines berühmten chinesischen Dichters, Po Kü-i, ist bekannt geworden, dass in der T'ang-Zeit die *merkwürdige Sitte* unter den vornehmen Chinesen angenommen wurde, in Winter auf den Höfen *Filzzelte aufzuschlagen* und darin zu überwintern.«[17] Historisch überliefert ist zudem, dass an chinesischen Höfen zuweilen darüber diskutiert wurde, ob nomadische Bräuche übernommen werden sollten oder nicht. »Bemerkenswert sind in diesem Zusammenhang die Gespräche eines Königs der Zhou-Dynastie mit seinen Beratern und Gefolgsleuten, die sich weigerten, hunnische (mandschurische) Kleidung zu tragen und auf Pferden anstatt von Streitwagen aus zu kämpfen.«[18]

Die Frage, ob Versatzstücke des nomadischen Lebens – die zivilisationskritisch gelesen werden konnten – zu tolerieren oder zu ächten wären, beschäftigte nicht nur die Eliten des chinesischen Hofes. Wir wissen von der Spätphase des römischen Imperiums, das die in Mode gekommenen Langhaarfrisuren von den Behörden als Provokation betrachtet wurden, weil man sie als einen Bestandteil der Tracht andrängender Wandervölker sah.[19] In der Regel führten die nomadischen Eroberungen allerdings weniger dazu, dass die Chinesen die freiere Lebensweise der Nomaden übernahmen, als dazu, dass die Eroberer mit der Zeit immer mehr Elemente des hierarchisierten Zentralstaats übernahmen. Doch obwohl die neuen Herrscher wenig Skrupel kannten, die bäuerliche Bevölkerung ihrerseits zu unterdrücken, konnte es unter ihrem Regime gelegentlich zu einer partiellen Ausweitung von Freiheitsrechten für Teile der Untertanen kommen. Unter der Mongolenherrschaft verbesserte sich die Situation für einen Großteil der Bewohnerinnen des Reichs. Vor der Machtübernahme der Nomaden mussten chinesische Frauen der mittleren und gehobenen Schichten in völliger familiärer Isolation leben. Neugeborene Mädchen galten nicht als vollwertige Nachkommen und wurden nach der Geburt häufig ausgesetzt. Von den Kaisern der mongolischen Yüan-Dynastie wurde diese patriarchalische Sitte verabscheut, »strengstens untersagt und verfolgt«.[20]

# 10.
# Die Verheißung indianischer Freiheit

Wir haben bereits gesehen, wie viel Mühe die frühen Herrscher in Mesopotamien und in China aufbrachten, um ihre Untertanen daran zu hindern, vor ihren Zwangsregimen in die Berge, Wälder, Sümpfe oder andere unwegsame Territorien zu flüchten. Als sich englische Handelsgesellschaften zu Anfang des 17. Jahrhunderts in Nordamerika breitzumachen begannen, ließ sich dort ein ganz ähnliches Phänomen beobachten. Die Menschen entflohen scharenweise den von religiösen Fundamentalisten dominierten kolonialen Stützpunkten an der Ostküste in die Wälder.

Der Reiz eines ungebundenen, von den Zwängen harter, fremdbestimmter Arbeit, religiöser Gängelung und rigider Herrschaft befreiten Lebens, das zudem eine im Vergleich zum Moralkodex der Kirchen ausgesprochen freizügige Sexualität versprach, ließ sie dem Lockruf der Wildnis folgen, um bei einer der vielen indigenen Gemeinschaften ein Leben ohne Chef und Staat zu führen. Wem es leicht fiel, sich den Sitten und Gebräuchen anzupassen, konnte damit rechnen, von den Angehörigen bald als einer der ihren anerkannt zu werden und in das Stammesgefüge aufgenommen, das heißt adoptiert zu werden.[1] »Tausende von Europäern sind Indianer geworden«, schreibt Hector St. John de Crèvecœur in seinem 1782 veröffentlichten Buch *Letters from an American Farmer*, »aber wir kennen kein Beispiel, dass auch nur ein einziger Eingeborener freiwillig Europäer geworden wäre«.[2]

## Kulturelle Überläufer

Die um die Vorherrschaft auf amerikanischem Boden miteinander konkurrierenden englischen und französischen Kolonien suchten Bündnispartner unter den Stämmen. Als die bewaffneten Auseinandersetzungen zunahmen, häuften sich Berichte über europäische Kriegsgefangene, die von Indianern adoptiert worden waren und – als sich die Gelegenheit ergab – keinerlei Interesse bekundeten, ihre neuen Familien zu verlassen, um in die »Zivilisation« zurückzukehren.[3]

»Ein Indianerkind mag bei uns aufgezogen worden sein, unsere Sprache gelernt und sich an unsere Sitten gewöhnt haben«, schrieb der spätere Revolutionär und US-»Gründervater« Benjamin Franklin im Jahr 1753, »doch wenn es seine Verwandten aufsucht und einen einzigen Indianerstreifzug mit ihnen macht, kann man es nicht überzeugen, je zurückzukehren. [Aber] wenn weiße Personen beiderlei Geschlechts als Kinder von den Indianern gefangen genommen worden sind und eine Weile unter ihnen gelebt haben, dann jedoch von ihren Freunden freigekauft und mit aller denkbaren Zartheit behandelt werden, damit sie bei den Engländern bleiben, zeigt sich nach kurzer Zeit, dass sie von unserer Lebensweise angeekelt sind […] und die erste gute Gelegenheit nutzen, um wieder in die Wälder zu fliehen, wenn sie von niemandem zurückgeholt werden können.«[4]

Das Bild, das sich insbesondere strenggläubige Puritaner von den sich ihnen gegenüber anfangs zumeist sehr freundlich verhaltenden Indianern machten, war von Beginn an sehr feindselig. Zwar konnten die ersten Niederlassungen in den Neuenglandstaaten zunächst nur bestehen, weil sie von den Indianern mit Nahrungsmitteln versorgt und den wichtigsten Überlebenstechniken vertraut gemacht wurden. Diese Wohltaten rechneten die Verfechter eines rigiden puritanischen Ordnungsmodells jedoch nicht ihren Nachbarn an. Vielmehr betrachteten sie diese lediglich als Werkzeug göttlicher Hilfe.[5] Diese negative Sicht auf die Indigenen wurde allerdings bei Weitem nicht von allen Neusiedlern geteilt. »Auf der Suche nach Nahrung und einer Lebensweise, die vielen von ihnen offensichtlich zusagte, entschied sich ein steter Strom von englischen Siedlern für ein Leben als ›weiße Indianer‹, ›rote Engländer‹ oder, da Rassenkategorien noch nicht ausgebildet waren, Anglo-Powhatan«.[6] Einer dieser Überläufer war Robert Markham, ein Seemann, der unter Kapitän Christopher Newport mit dem ersten Schiff (im Mai/Juni 1607) nach Virginia gesegelt war: Er schloss sich der Algonquin-Kultur an und nahm den Namen Moutapass an.[7] Aus der von einer englischen Handelsgesellschaft gegründeten Siedlung Jamestown desertierte während des Hungerwinters 1609/10 jeder siebte Siedler. Viele verlockte die Aussicht, in den Wäldern »müßig unter den Wilden zu leben«, erklärte sich Kapitän John Smith das Phänomen in einem zeitgenössischen Bericht.[8]

Um dem Phänomen der Zivilisationsflucht einen Riegel vorzuschieben, wandten die Handelsgesellschaften brutale Gewalt an. Dazu wurden schon 1609 die durch den Zweiten Freibrief der Virginia Company sanktionierten *Göttlichen, Moralischen, und Militärischen Gesetze* verfasst.[9] Im Jahr 1612 drohte die Kolonie all jenen ausdrücklich mit dem Tod, die über eine Flucht zu den heidnischen Nachbarn nachdachten. Drei Jahre Zwangsarbeit verhängte der Connecticut General Court über Siedler, die sich im Jahr 1642 des gleichen Vergehens schuldig machten.[10] Weniger repressiv als die englische reagierte die französische Kolonialmacht in Neufrankreich, dem heutigen Kanada, auf Untertanen der Krone, die sich dem Zugriff der Administration durch Flucht in die Wälder entzogen. Bis zu einem Drittel der erwachsenen männlichen Bevölkerung soll um 1680 als Pelztierjäger in die Wildnis aufgebrochen sein und eine indianische Lebensweise angenommen haben. Schon 1629, als Quebec eine Zeit lang in englischen Besitz kam, hatten manche Kolonisten ein Leben unter den Indianern der Rückkehr nach Frankreich vorgezogen.[11]

Eine Tendenz, sich der indigenen Lebensweise anzupassen, zeigten zuweilen auch die Missionare. Denn nur dort, wo es ihnen gelang, sich in deren Gemeinschaften zu integrieren, konnten sie bei der Verbreitung von Gottes Wort so etwas wie Erfolge verzeichnen und die »Heiden« in nennenswertem Umfang zur Taufe bewegen. Manche gingen dabei sehr weit: »So hatten einige von ihnen verstanden, sich als Kriegshäuptlinge einen Namen zu machen. Englische Chroniken aus dem 18. Jahrhundert berichteten, dass die sogenannten *Praying Indians* während der Kolonialkriege unter der Führung der in die Tracht ihrer Beichtkinder gewandeten französischen Patres die Siedlungen der puritanischen ›Ketzer‹ jenseits der Grenze überfielen, plünderten und brandschatzten. Eine der höchsten bekanntgewordenen Skalpprämien wurde von dem britischen Gouverneur Cornwallis auf den Kopf des wegen solcher Taten berüchtigt gewordenen Abbé Le Loutre ausgesetzt.«[12] Noch im 20. Jahrhundert gibt es vereinzelte Beispiele dafür, dass Siedler, die in indianische Gefangenschaft gerieten, am Ende das Leben, dass sie in deren vermeintlich zurückgebliebenen Gemeinschaften kennenlernten, den ihnen jedenfalls nicht mehr in Gänze erstrebenswerten Errungenschaften der westlichen Zivilisation vorzogen. 1932 wurde Helena Valero, die Tochter einer spanischstämmigen brasilianischen Familie von einer Gruppe Yanomami entführt, als sie mit ihren Eltern am abgelegenen Rio Dimiti unterwegs war. In den kommenden beiden Jahrzehnten lebte sie in mehreren Yanomami-Familien und heiratete dort zweimal. 1956 verließ sie ihre indigenen Verwandten, um sich auf die Suche nach ihrer Ursprungsfamilie zu machen, kam aber dann mit dem Leben in der »Zivilisation« nicht zurecht – sie litt unter Einsamkeit. »Als sie nach einiger Zeit fähig war, eine wirklich begründete Entscheidung zu treffen, kam sie zu dem Schluss, ihr gefalle das Leben bei den Yanomami besser, und kehrte zu ihnen zurück.«[13]

## Der Edle Wilde im republikanischen Denken

Im Vergleich zu den mannigfaltigen Restriktionen, denen die französischen Kolonisten in wirtschaftlicher, politischer und moralischer Hinsicht unterworfen waren, »musste ihnen die anarchisch anmutende Lebensweise der Indianer als Inbegriff der Freiheit und Ungebundenheit erscheinen.«[14] Die sogenannten Waldläufer oder *coureurs de bois* tauchten nur sporadisch in den Handelsniederlassungen auf, um ihre Jagdbeute zu verkaufen und Vorräte zu erwerben. Ihre Unabhängigkeit und vermeintliche Sittenlosigkeit waren den Vertretern der Kirche und des Staates ein Dorn im Auge, denn ihr Beispiel wirkte ansteckend und verleitete nicht wenige der im französischen Kolonialterritorium stationierten jüngeren Armeeoffiziere dazu, die ihnen langweilig gewordenen Städte und Garnisonen zu verlassen und mindestens für ein paar Monate ebenfalls das freiere indianische Leben in den Wäldern zu führen.[15] Dennoch unternahm die Kolonialbürokratie wenig Anstalten, um die Flucht in die Wälder zu unterbinden, denn die Waldläufer waren eine unverzichtbare Stütze des überaus lukrativen Pelzhandels mit den westlichen Stämmen und verfügten darüber hinaus über Kenntnisse des Landesinneren und seiner Bewohner, auf die man angesichts der Konflikte mit den englischen Kolonien und den mit diesen verbündeten Indianern nicht glaubte verzichten zu können. Die Erfahrungen, die sie mit den Indianern des Waldlandes gemacht hatten, brachten einige der französischen Offiziere[16] sowie englische Kolonialbeamte auch zu Papier. Prominenz erlangten die 1703 erschienenen *Neuesten Reisen nach dem mitternächtlichen Amerika* des verarmten französischen Adligen und ehemaligen Kolonialoffiziers Louis-Armand de Lahontan, der aus eigenen Erfahrungen mit den Indianern der kanadischen Wildnis seine Utopie der Befreiung aus staatlichen Zwängen ableitete.[17] Die in Schriften wie dieser enthaltenen Reflexionen über die Freiheit des Naturzustands hatten einigen Anteil am Bild des Edlen Wilden, das im Rahmen der Philosophie der Aufklärung republikanische Politikentwürfe zu stützen half. Seit 1720 hatte beispielsweise Cadwallader Colden einen Sitz im Rat des Gouverneurs von New York inne. Die Beobachtungen, die der Kolonialbeamte in den von ihm häufig besuchten Siedlungen der Irokesen machte, führten ihn zu der Erkenntnis, dass bereits der Mensch des Naturzustands – anders als es die von Thomas Hobbes angestellten vertragstheoretischen Modellüberlegungen wollten – ein soziales Wesen sei.

Diese Erkenntnis, die Colden 1727 in seiner Geschichte des Irokesenbundes[18] einem breiten Publikum zur Kenntnis brachte, übernahm der einflussreiche schottische Moralphilosoph Adam Ferguson 1767 in seine eigene, republikanisch ausgerichtete und in Kreisen der späteren amerikanischen Revolutionäre viel rezipierten Theorie der bürgerlichen Gesellschaft. »Der Verkehr im Innern ihrer Gesellschaft«, schrieb er über die indianischen Gemeinwesen, »vollzieht sich ohne Polizei und Zwangsgesetze in geordneter Weise«.[19] Er schlussfolgerte, »dass die Menschheit in ihrem einfachsten Zustand unmittelbar im Begriff steht, Republiken zu errichten. Ihre Liebe zur Gleichheit, ihre Gewohnheit, öffentliche Versammlungen abzuhalten, ihr Eifer für den Stamm, dem sie angehören, all dies sind Eigenschaften, die sie befähigen, unter jener Regierungsform zu leben«.[20]

Durch Fergusons Schilderungen regierungsloser indianischer Gesellschaften wiederum sah sich der mit ihm persönlich bekannte Philosoph Gottfried Wilhelm Leibniz in seiner Auffassung bestätigt, dass die Menschen nicht »durch ihre Bosheit gezwungen worden seien, sich eine Regierung zu geben und den Naturzustand zu verlassen«.[21] Um friedlich und auf geordnete Weise zusammenzuleben, das zeigten die Berichte aus Nordamerika eindeutig, waren die Menschen auf die Zwangsgewalt eines Staates nicht angewiesen.

## Der deutsche Indianer – oder: Pribers Utopie

Am 30. Mai 1743 berichtet ein Artikel der in Charles Town (heute Charleston) erscheinenden *South-Carolina Gazette* von der Festnahme eines gewissen Christian Gottlieb Priber, einem gebürtigen Sachsen, der sich den Kopf bis auf eine gefärbte Skalplocke rasiert hatte und wie ein Indianer ein hirschledernes Hemd, ein Lendentuch und perlenverzierte Mokassins trug.[22] Der Gefangene sei, vermeldet die Zeitung, im Begriff gewesen, »eine Stadt am Fuße der Berge unter den Cherokee zu begründen, wo alle Verbrecher, Schuldner und Sklaven vor der Gerechtigkeit oder ihren Herren Zuflucht finden sollten. Man fand bei ihm ein von ihm selbst geschriebenes druckfertiges Buch, das ihm gehört und dessen er sich rühmt und von dem er glaubt, dass es mittlerweile privat gedruckt worden ist, aber er will nicht sagen wo; es zeigt, wie die Flüchtlinge ihren Lebensunterhalt bestreiten sollen, und legt fest, nach welchen Grundsätzen die Stadt zu regieren ist, der er den Namen Paradies gibt. Er zählt viele absonderliche Privilegien und natürliche Rechte (wie er sie nennt) auf, auf die seine Bürger Anspruch haben, besonders die Auflösung von Ehen und den gemeinsamen Besitz von Frauen und alle Arten von Ausschweifungen; das Buch ist sehr ordentlich aufgesetzt und voller gelehrter Zitate; es ist äußerst böse, doch hat es etliche Gedankenflüge voller Erfindungsreichtum, und es ist ein Jammer, dass so viel Geist an ein so schlimmes Projekt gewandt wird«.[23]

Der am 21. März 1697 im sächsischen Zittau, in der Oberlausitz, als Sohn eines Tuchhändlers geborene und vermutlich 1744 im Kerker verstorbene Priber[24] gehörte zu jenen Renegaten im Hinterland der englischen Kolonien, die »dem zivilisatorischen Sendungsbewusstsein und Expansionsstreben«[25] der Europäer »ablehnend gegenüberstanden«.[26] Zu einem nicht näher bekannten Zeitpunkt nach der Zeugung seiner Tochter Christiane Victoria im Herbst 1731 verließ der von Schriften der Aufklärung inspirierte Oberamtsadvokat seine Familie und die Geburtsstadt, um auf der anderen Seite des Atlantiks seine Vorstellungen von einer gerechten Gesellschaftsordnung zu realisieren,[27] über deren konkrete Form er sich seit vielen Jahren Gedanken gemacht hatte.[28]

Offenbar gehörte der angesehene Anwalt zu jenen revolutionär gesinnten Zeitgenossen, denen die Obrigkeit auf die Schliche gekommen war und die sich ihrem Zugriff nur durch Flucht entziehen zu können glaubten.[29] Schon bald nach seiner Ankunft in Charles Town im Jahr 1735 begab er sich ins Hinterland und lebte bei den Cherokee, in deren größeren Siedlungen zu dieser Zeit nicht wenige britische Händler residierten, die – wie Priber[30] – in indianische Familien einheirateten, aber – im Unterschied zu ihm – ihre bisherige Lebensweise weitgehend beibehielten. »Sie bauten Blockhäuser, hielten Vieh und neigten keineswegs dazu, in ihrer Bekleidung die Grenze zu den Indianern zu verwischen.«[31] Priber hingegen wurde nach nur drei Jahren Aufenthalt bei den Cherokee zu den weithin geachteten Würdenträgern des Stammes gezählt.[32] Die Cherokee-Nation bestand zu dieser Zeit aus etwa 60 politisch jeweils selbstständig agierenden Siedlungen, die sich um Versammlungshäuser mit zehn Meter hohen Dächern gruppiert hatten, die mehrere Hundert Personen fassen konnten. Dort wurde nach allgemeiner Beratung über öffentliche Angelegenheiten entschieden. Die Häuptlinge hatten kein Druckmittel, um ihren Willen durchzusetzen. Da die Frauen über die Erträge aus Feldern und Gärten verfügten und sich die Abstammung nach der Mutterseite – also einem matrilinearen Prinzip – richtete, verfügten sie über so viel Macht, dass ihre Männer bei europäischen Beobachtern »in dem Rufe standen, unter der Fuchtel ihrer Weiber zu stehen und ein ›Petticoat Government‹ zu haben«.[33]

Priber fand in der – aus kolonialer Sicht – großen sexuellen Freizügigkeit und im Gleichheitsbewusstsein der Indianer Anknüpfungspunkte für seine eigenen utopischen Ideen. Dem französischen ›Voyageur‹ Antoine Bonnefoy soll er zu verstehen gegeben haben, dass in seinem »Paradies« die Frauen ihre Ehemänner oder Liebhaber jeden Tag neu wählen können sollten. Das entsprach in etwa dem, was ein englischer Chronist über die bei den Cherokee geläufige Praxis notierte: »Mancher Ehestand dauert zwar Lebenslang, zumahl wenn er fruchtbar ist, aber es ist etwas gewöhnliches, dass jemand in einem Jahre drey, oder viermal wechselt.«[34]

Wie es bei den Cherokee und anderen indigenen Gesellschaften im Waldland der nordamerikanischen Ostküste üblich war, sollte sich in Pribers Siedlungsprojekt alles, was zum Überleben der Gemeinschaft notwendig war, in Gemeinbesitz befinden.[35] Weniger angetan dürfte er von der Begeisterung der Cherokee für kriegerische Aktivitäten und ihrer Freude an der Folterung von Gefangenen gewesen sein.[36] Er wollte den Stamm vor der Vernichtung durch die expansiven englischen Kolonien bewahren,[37] aber seine Gesellschaftsform nicht kopieren.

Stattdessen schwebte ihm der Aufbau einer neuen, idealen Gemeinschaft vor,[38] in der Ureinwohner und Einwanderer verschiedenster Couleur friedlich zusammenlebten wie einhundert Jahre zuvor auf der dem heutigen North Carolina vorgelagerten Insel Roanake. In den 1640er-Jahren hatten europäische Schuldknechte, afroamerikanische Sklaven, Verbrecher, landlose Arme, Vagabunden, Bettler, Piraten und Rebellen Zuflucht in den Sümpfen der in unmittelbarer Nähe der englischen Kolonien Virginia und Maryland gelegenen Insel gesucht, wo sie unter dem

Schutz der Tuscarora-Indianer fischten, jagten, Gartenbau betrieben, handelten, untereinander heirateten und eine Gemeinschaft zu bilden begannen. Der Gouverneur Virginias befürchtete, dass weitere Menschen in dieses Gebiet fliehen und das auf Sklaverei beruhende Plantagensystem schwächen könnten. Schließlich schaffte es sein Zwangsapparat, den Widerstand der dort lebenden Gemeinschaften zu brechen und das Gebiet in die neu gegründete Kolonie North Carolina aufgehen zu lassen.[39]

Was wäre geschehen, wenn es Pribers verschollener utopischer Entwurf »The Kingdom of Paradise« jemals zu einer Veröffentlichung geschafft hätte? Manche vermuten, dass ihr Verfasser dann heute kein weitgehend Unbekannter wäre, sondern einen Namen hätte »als bedeutender sozialutopischer Denker, radikaler Frühaufklärer und Vorläufer der Ethnologie«.[40] Leider aber sind sämtliche von ihm in Amerika verfassten Manuskripte während seiner Haft in Fort Frederica (Georgia) verloren gegangen – darunter das genannte bereits für den Druck fertiggestellte Buch, sein Tagebuch, das von ihm verfasste Wörterbuch der Cherokee-Sprache, linguistische Aufzeichnungen[41] sowie »für die Gouverneure im spanischen Florida und französischen Louisiana bestimmte Briefe«.[42] Verner W. Crane stellte Priber in seinem 1919 in der Zeitschrift *The Sewanee Review* veröffentlichten Aufsatz »A Lost Utopia of the First American Frontier« als »einen deutschen Utopisten vor, der die radikalsten Strömungen der europäischen Aufklärungsphilosophie in die amerikanische Wildnis exportiert habe, als ›geistiger Nachkomme von Platon, von Thomas Morus, von Campanella und als Vorläufer von Rousseau‹«.[43] 1940 schlug Herbert Ravenel Sass in die gleiche Kerbe: »Im Herzen der amerikanischen Wildnis legte er, unterstützt von

Indianern und einer indianischen Gefährtin, das Fundament eines idealen Staates, diese glückliche Republik, in der vollkommene Freiheit und Gleichheit herrschen und niemand reicher sein würde als sein Nachbar, dieses neue und glorreiche Commonwealth, das der ganzen Menschheit ein Beispiel sein würde.«[44] Von der englischen Kolonialverwaltung hingegen wurde dem Utopisten aus Sachsen seinerzeit vorgeworfen, ein Agent der konkurrierenden und feindlich gesinnten französischen Kolonialmacht zu sein. Sein Siedlungsprojekt, das die Befreiung der Sklaven, die Gleichstellung der Geschlechter und ein demokratisches Miteinander von Angehörigen verschiedener Ethnien in einer nach dem Gleichheitsprinzip ausgerichteten Gemeinschaft vorsah, löste »unter den Kolonisten massive Ängste vor einem Umsturz der gesellschaftlichen Ordnung« aus.[45]

In einem Schreiben von James Oglethorpe, dem Gründer und inoffiziellen Gouverneur der Kolonie Georgia, heißt es 1743, Priber habe für sein Siedlungsprojekt im Gebiet des Upper Creek am Alabama-Fluss[46] »einen großen Zustrom aus der Menge der Schuldner, deportierter Verbrecher, Bediensteter & Negersklaven in den beiden Carolinas und Virginia« erwartet.[47] Unter den bei Priber gefundenen Papieren, so der offenbar um die koloniale Ruhe und Ordnung besorgte Repräsentant der Treuhänder für den Aufbau der Kolonie Georgia, »sind die ordentlich aufgesetzten Artikel einer Regierung, alle Verbrechen und Ausschweifungen sollten toleriert werden, bis auf Mord & Faulheit«.[48]

So etwas wie ein spätes Echo fand Pribers Utopie rund ein Dreivierteljahrhundert später in John Dunn Hunter. Hunter war als Kleinkind in indianische Gefangenschaft geraten und wuchs bei den Stämmen der Kansas und Osage am Arkansas River auf, wo er einen Auftritt des legendären panindianischen Anführers Tecumseh erlebte, von dem er stark beeindruckt war. 1823, mit knapp 20 Jahren, veröffentlichte er seine Memoiren, machte in England Bekanntschaft mit dem Utopisten Robert Owen und versuchte gemeinsam mit einer Gemeinschaft von Cherokee, die sich in Texas angesiedelt hatten, weiteren indianischen Gruppen sowie gleichgesinnten weißen Siedlern unter dem Namen »Rote und Weiße Republik Fredonia« einen Pufferstaat zwischen den USA und Mexiko zu errichten. 1827 fiel er als einer der Rädelsführer der Republikgründung einem Mordanschlag zum Opfer.[49]

# 11.
# Marronage – oder: Sklaven erkämpfen das Menschenrecht

Wo immer Menschen ihrer Freiheit beraubt, in Ketten gelegt und versklavt wurden, versuchten sie ihrem Schicksal zu entgehen. Sie verweigerten die Arbeit, begingen Sabotage, verübten Suizid, revoltierten als Kollektive oder suchten ihr Heil in der Flucht. Um ihren Häschern zu entgehen, versteckten sie sich in abgelegenen, für diese nur schwer zugänglichen Gegenden. Sie bildeten Gemeinschaften, deren Autonomie sie nicht selten über einen längeren Zeitraum zu bewahren verstanden.

Seit dem späten 3. Jahrhundert taten sich im römischen Reich auf der iberischen Halbinsel und in Gallien verarmte Bauern, die nicht zu Zwangsdiensten eingezogen werden wollten, mit desertierten römischen Legionären und entlaufenen Sklaven zu kleinen Banden zusammen und machten – aus Sicht der imperialen Ordnung – die Straßen unsicher. Als das weströmische Reich im 5. Jahrhundert im Zuge nicht nachlassender kriegerischer Auseinandersetzungen mit »Barbaren«-Gruppen ins Wanken geriet, entwendeten Landarbeiter, Sklaven und verarmte Bauern als Waffen geeignete Werkzeuge sowie Pferde von den Landgütern und bildeten eine sich selbst verwaltende Gemeinschaft, die sich »Bacaude« (»Bande von Kämpfern«) nannte und aufgrund ihres mit Guerillamethoden geführten Kriegs gegen die römische Armee einerseits und eindringende »Barbaren« andererseits dazu gezwungen war, bis zu ihrer endgültigen Niederlage zum Ende des Jahrhunderts ständig in Bewegung zu bleiben.[1] Viele Hundert Jahre später waren es die Sklaven der europäischen Kolonien in der sogenannten Neuen Welt, die sich der harten Arbeit auf den Plantagen durch Flucht entzogen und eigene, widerständige Gemeinwesen gründeten. Das Phänomen ist unter der Bezeichnung der »marronage« bekannt geworden. Womöglich kommt der Ausdruck »Maroon« aus dem Spanischen. Flüchtige Sklaven wurden von ihren spanischen Herren »cimarron« genannt. Das Wort bezeichnete ursprünglich Haustiere, die verwilderten, nachdem sie aus der Umgebung des Menschen entfernt worden waren.[2]

Vor allem aus Afrika wurden im 16., 17. und 18. Jahrhundert Menschen verschleppt, um auf der im großen Stil aufgezogenen Plantagenwirtschaft im Zustand völliger Rechtlosigkeit harte Zwangsarbeit zu verrichten. Seit den 1750er-Jahren entwickele sich Zucker zum Massenkonsumgut und die Plantagen auf den Inseln der Karibik wurden zum entscheidenden Katalysator für die Entwicklung der Westindischen Kolonien.[3] »1789 gab es in Saint-Domingue«, jenem von Frankreich kolonisierten Teil der Karibikinsel Hispaniola, aus dem schließlich der Nationalstaat Haiti hervorging, »793 Zuckerrohrmanufakturen, 3117 Kaffeepflanzungen, 3150 Indigo- und 789 Baumwollplantagen, 182 Rumbrennereien und 50 Kakaopflanzungen. Der Gesamtwert des Ein- und Ausfuhrhandels der Kolonie belief sich jährlich auf 250 Millionen Francs, ein Viertel des gesamten französischen Handels (nach anderen Schätzungen sogar ein Drittel).«[4] 30 000 Kolonisten überwiegend französischer Herkunft und etwa ebenso viele kreolische

Pflanzer standen auf etwas mehr als 27 000 Quadratkilometern einer halben Million Sklaven gegenüber.[5]

Gelang es den aus Afrika in die Karibik verschleppten Menschen, von den Plantagen wegzulaufen und dadurch dem für sie vorgesehenen Sklavenschicksal zu entgehen, mussten sie sich in unzugänglichen Gebieten auf dem Festland oder den Inseln verborgen halten. Dort bildeten sie autonome und wehrhafte Gemeinwesen,[6] die manchmal eine große Anzahl an Menschen umfassen konnten. »Dem Königreich Palmares, das bereits 1605 in den Hügeln von Serra da Barriga im Nordosten Brasiliens von *Marrons*, freigeborenen Afrikanern und Einheimischen, gegründet wurde und bis 1694 Bestand hatte, wurde auf dem Höhepunkt seiner Machtentfaltung nachgesagt, 20 000 bis 30 000 Mitglieder stark gewesen zu sein. Mit der Zunahme des transatlantischen Sklavenhandels im 17. Jahrhundert nahmen auch die *Maroon Societies* in Süd- und Zentralamerika, in Brasilien und Kolumbien sowie auf den Karibischen Inseln an Zahl und Größe zu. Die aus dem Nichts im unwegsamen Hinterland entstandenen Fluchtsiedlungen wurden als ›Wundbrand‹ mit kolonialmilitärischer und ›disziplinärer‹ Gewalt erbittert bekämpft. Auf einmonatige Abwesenheit stand Auspeitschung und Brandzeichen, auf längere Abwesenheit: das Durchtrennen der Achillessehne, die Amputation eines Beines und im Wiederholungsfall die Todesstrafe.«[7]

## Widerstand und Revolution auf Haiti

In den Regenwäldern der von den Niederlanden beanspruchten Kolonie Surinam fochten die Maroons hartnäckig gegen holländische Siedler und erschwerten dem

Gouverneur Mauricius auf diese Weise die ihm von der Krone übertragene Verwaltung des überseeischen Gebiets. Ein Kolonialbeamter klagte im Jahr 1740 über die »Unverschämtheit der Farbigen und Schwarzen, Freigelassener wie Sklaven«[8] und die subversiven Zusammenkünfte von Seeleuten, Soldaten und Sklaven in den Hafenkneipen. Ein anderes Beispiel ist die unter der Herrschaft Großbritanniens stehende Insel Jamaika. Auch dort gab es verschiedene Formen des Widerstandes. Manche der aus Afrika verschleppten Männer und Frauen verübten Giftanschläge auf ihre Herren, andere töteten ihre Kinder, um sie vor dem Sklavenschicksal zu bewahren, oder sie begingen Suizid – als Individuen, zuweilen aber auch in einer Gruppe. Seit den späten 1720er-Jahren floh eine immer größer werdende Zahl von Sklaven der von englischen Kolonisten geführten Landgüter in das gebirgige Landesinnere. Die von ihnen dort gebildeten Maroon-Siedlungen bildeten den Ausgangspunkt für Raubzüge in den Plantagen, bei denen Werkzeuge und Vieh entwendet sowie zuweilen weitere Sklaven befreit wurden. Im nordöstlichen Teil der Insel führten diese Attacken in den nächsten zehn Jahren dazu, dass eine Reihe von kleineren Pflanzern ihre Landgüter aufgaben und ihre Sklaven verkauften. Als die Kolonie als Ganzes durch ein sich anbahnendes Bündnis der Maroon-Gemeinschaften mit Spanien gefährdet schien, schloss man 1739 zunächst Frieden mit den von einem gewissen Cudjo angeführten Leeward-Maroons und 1740 mit den Windward-Maroons. »Beide Gruppen erhielten Land und Autonomie im Austausch gegen die Zusage, in Zukunft alle entflohenen Sklaven auszuliefern und – möglicherweise die entscheidende Zusicherung – gegen ausländische Invasoren zu kämpfen. Damit war der innere Hauptfeind unschädlich gemacht, und gerade drei Monate später erklärte Großbritannien Spanien den Krieg.«[9]

Einige Berühmtheit erlangte der aus Guinea stammende Maroon François Mackandal, der mit seinen männlichen wie weiblichen Anhängern in einem sechs Jahre lang dauernden Kleinkrieg auf Saint-Domingue immer wieder Plantagen überfiel, niederbrannte, das Vieh und die Pflanzen vergiftete. Gemeinsam mit seinen Getreuen soll der einhändige Rebell dabei 6000 Pflanzer und andere weiße Kolonisten umgebracht haben. Nach 18 Jahren Widerstand wurde er 1758 gefasst und öffentlich hingerichtet.[10] Als Symbol für die mögliche Selbstbefreiung motivierte er auch nach seinem Tod viele Sklaven auf den Plantagen, seinem Beispiel zu folgen, und prägte somit das aufrührerische Klima mit, das der haitianischen Revolution vorausging. »Trotz drakonischer Gegenmaßnahmen und militärischer Strafexpeditionen konnte die Kolonialverwaltung die Aufständischen nicht besiegen, und 1785 war die Regierung gezwungen, die Unabhängigkeit der im Grenzgebiet zu Santo Domingo operierenden Banden anzuerkennen, die dort seit Generationen selbstbestimmt lebten. Sie rekrutierten sich überwiegend aus Afrikanern, während in der Kolonie Geborene das Risiko der Flucht zumeist scheuten.«[11]

Den entflohenen Sklaven ging es zumeist nicht um die möglichst umfassende Realisierung der abstrakten Werte Freiheit und Gleichheit, sondern zuallererst um die Frage, wie sie im Kontext der Kolonialordnung und internationaler Auseinandersetzungen der damaligen Großmächte um diese ihre Haut retten und ihre Unabhängigkeit wahren konnten. Gleichwohl hatten Maroon-Gemeinschaften zum Ende des 18. Jahrhunderts einen bedeutenden Anteil an einem revolutionären Prozess in der Karibik, dessen Bedeutung für die weltweite Durchsetzung der Ideen von Freiheit und Gleichheit nicht hoch genug eingeschätzt werden kann. Die aus einem erfolgreichen Sklavenaustand hervorgegangene Revolution in der französischen Kolonie Saint-Domingue zeigte der ganzen Welt, dass die Ideale der Aufklärung mitnichten ein rein europäisches Phänomen darstellten. Die schwarzen Jakobiner[12] übertrafen ihr französisches Vorbild, »was die aktive Verwirklichung des aufklärerischen Ideals der Freiheit anbelangte«.[13] Die Unabhängigkeitserklärung Haitis im Jahr 1804 markierte insofern nicht weniger als eine Wende in der modernen Geschichte der Emanzipation. Mit der Verabschiedung der siebzehn Artikel der *Déclaration des droits de l'homme et du citoyen* am 26. August 1789 hatte die französische Nationalversammlung die Ideen von Freiheit und Gleichheit zur Grundlage einer rechtmäßigen Regierung erklärt, die absolutistische Herrschaft beendet und die Rolle des Bürgertums als treibende gesellschaftliche und ökonomische Kraft bestätigt. Doch »[d]ie neue Verfassung Haitis«, resümiert der Philosoph Achille Mbembe, »schafft nicht nur die Sklaverei ab. Sie erlaubt auch die Enteignung der Ländereien der französischen Kolonisten und nimmt der herrschenden Klasse damit ganz nebenbei ihre Grundlage«.[14]

Die Sklaven von Saint-Domingue warteten dabei nicht darauf, von wohlmeinenden Europäern in die Freiheit entlassen zu werden. Sie befreiten sich selbst aus eigener Kraft und »stellten die Frage nach jenen den modernen Westen konstituierenden Idealen so konsequent, dass der universelle Anspruch eine umfassende Bedeutung erhielt«.[15]

Auf Seiten der Weißen wurde der Widerstand entlaufener Sklaven in der Regel jedoch nicht als Ausdruck eines politischen Willens zur Freiheit, sondern als Manifestation der verbrecherischen Gesinnung eines grundsätzlich als minderwertig erachteten Menschenschlags bewertet. Noch die französischen Aufklärer hatten »dem Schicksal der versklavten und entrechteten Zwangsarbeiter jenseits des Atlantiks kaum Aufmerksamkeit« geschenkt.[16] Etwa 15 Prozent der 1000 Mitglieder der Nationalversammlung besaßen 1789 selbst Eigentum in den Kolonien und viele weitere werden auf die eine oder andere Weise in den Handel mit diesen involviert gewesen sein.

Am 20. August 1789, knapp eine Woche vor der Déclaration, hatte sich im Hotel Massiac die Société des Colons als Lobbyorganisation der am Kolonialgeschäft interessierten Landeigentümer und Kaufleute gebildet. Diese Leute versuchten, die öffentliche Meinung mit Pamphleten sowie eigens gegründeten Zeitschriften im Sinne ihrer Interessen zu beeinflussen. Sie bemühten sich nach Kräften, »die koloniale Frage vom Tagesgeschäft der Nationalversammlung fern zu halten und sicherzustellen, dass der Geltungsbereich der Menschenrechte nur auf die Metropole eingeschränkt blieb«.[17] Der von Spanien beanspruchte westliche Teil Hispaniolas war im 17. Jahrhundert von Freibeutern als Rückzugsgebiet genutzt und – von der Krone zunächst unautorisiert – von französischen Siedlern in Besitz genommen worden. 1697 trat Spanien den westlichen Teil der Insel, Saint-Domingue, offiziell an Frankreich ab und blieb selbst im Osten präsent,[18] auf dem Gebiet, das später das

Territorium der Dominikanischen Republik werden sollte. Im Verlauf des darauf folgenden 18. Jahrhunderts sollte sich die Kolonie zum größten Zuckerproduzenten der Welt entwickeln,[19] der Englands Vorherrschaft auf diesem Gebiet bedrohte.[20]

In der zeitgenössischen Debatte spielte der eklatante Widerspruch zwischen den in der Déclaration erklärten Menschenrechten und der in Saint Domingue weiter bestehenden Sklaverei praktisch kaum eine Rolle. Die Diskussionen kreisten nicht um die Frage, ob man die aus Afrika in die Karibik verschleppten Menschen in die Freiheit entlassen müsste, sondern darum, »ob und inwiefern kreolischen Pflanzern aktive Bürgerrechte zuerkannt werden sollten«.[21] Eine größere Aufmerksamkeit erfuhren die Positionen der Aufständischen erst, als sie sich ausdrücklich auf die in Frankreich proklamierten Menschen- und Bürgerrechte beriefen. Erst die Revolution auf Haiti »sollte die Europäer dazu zwingen, sich mit den Widersprüchen ihres eigenen Denkens auseinander zu setzen«.[22]

## Ausweitung der Fluchtzone

Unter den Geschichtsforschern ist umstritten, welchen Anteil die auch auf Saint Domingue vorhandenen Gemeinschaften von Maroons 1791 an der Revolution tatsächlich hatten. Während manche Autoren ihnen eine wichtige Katalysator-Rolle für die Ereignisse zuschreiben und davon ausgehen, dass es sich bei nicht wenigen Anführern des Aufstands um Männer handelte, die selbst einer Gemeinschaft von Geflüchteten angehört hatten, sind andere Forscher in ihrem Urteil zurückhaltender. Unklar sei, wie viele ehemalige Sklaven sich tatsächlich in die Berge zurückgezogen hatten und wie groß ihr Einfluss auf das Aufstandsgeschehen war.

Anfangs waren sie jedenfalls, so scheint es, mehr darum bemüht, ihre Autonomie zu behaupten als eine umfassende Revolution der Verhältnisse anzustiften. Eine im Südosten Hispaniolas siedelnde Maroon-Gruppe, die Dokos, plünderte 1793 auch Plantagen, die von freien Farbigen geführt wurden. Zeitweilig kämpften sie an der Seite von Spaniern, welche die Unruhen auf der französischen Seite der Insel für ihre eigenen Interessen auszunutzen versuchten. Schwarze, die im Zuge von Gefechten in die Gefangenschaft dieser Maroons gerieten, wurden in die Sklaverei verkauft. Bevor sie 1802 begannen, die von Napoleon entsandten Invasionstruppen zu bekriegen, hatten sie kurzzeitig an deren Seite gekämpft. Das Verhalten der Maroons während der Revolution war – misst man es an universalistischen Maßstäben – durchaus ambivalent.

Häufig kolportierte Aussagen, nach denen haitianische Revolutionäre »wie Milscent de Musset, Boukman, Georges Biassou oder Jeannot erfolgreich *Maroon bands* kommandiert«[23] haben, müssen außerdem abgeschwächt werden. Von siebzehn Rebellenführern der 1790er-Jahre, denen attestiert worden war, sie seien bereits vor 1789 als Anführer von Maroon-Gruppen in Erscheinung getreten, hat es sich nach einer neueren Untersuchung des Historikers David Patrick Geggus zum Teil nicht um Sklaven, sondern um freie »Farbige« (»coloreds«) gehandelt. Das war etwa bei Romaine la Prophétesse und Candi der Fall. Jean Kina war Kommandeur einer Einheit, die von weißen Pflanzern aufgestellt worden war. Im Falle von Boukman gebe es Hinweise, dass er vor dem Aufstand immer wieder aus der Sklaverei geflüchtet war, und Jean-François soll in dem Moment, als dieser losbrach, ein solcher Flüchtling gewesen sein. Nur in diesem Sinne könne ein Zusammenhang von Fluchterfahrung und Revolution sicher hergestellt werden.[24] Belege, dass sie 1791 als Anführer von Maroon-Gruppen in Erscheinung traten, fand der Historiker bei ihnen ebenso wenig wie bei Biassou und Jeannot. Aber auch wenn der schließlich zur Revolution führende Sklavenaufstand nach heutigem Erkenntnisstand nicht von den Maroon-Gemeinschaften ausging, dürfte ihre bloße Existenz die Aufständischen ermutigt haben.

Sie hatten durch immer wieder erfolgreiche Fluchtversuche und ihre regelmäßigen Überfälle auf Plantagen gezeigt, dass Widerstand nicht zwecklos war, und zudem einen wichtigen Beitrag zur »Kommunikation unter den Sklaven«[25] geleistet, die ja auf weitverstreuten Anwesen untergebracht waren. Indem sie sich zwischen den Plantagen sowie dem spanischen und dem französischen Teil der Insel hin und her bewegten, verbreiteten sie Informationen, die den Sklaven auf anderem Wege vorenthalten geblieben wären.

In welchem Umfang die Ideen der Französischen Revolution den Sklaven bekannt waren, ist aufgrund der Quellenlage schwer zu rekonstruieren. Schriftliche Zeugnisse, die verlässlich Auskunft über die Motivation der gewöhnlichen Revolutionäre während des Aufstand geben könnten, sind kaum vorhanden. Was wir wissen, stammt aus den Erinnerungen und Briefen der Anführer oder aus französischen Berichten aus zweiter Hand.[26] Bei einem Aufständischen, der gefangen genommen und in Cap Français hingerichtet wurde, fand sich ein Exemplar der Erklärung der Menschenrechte.[27] Die Nachricht ihrer Existenz dürfte sich aber wie ein Lauffeuer unter den Sklaven verbreitet haben. Eine Gruppe, die zu dem Motiv ihrer Revolte gefragt wurde, erklärte, »dass sie die Freiheit genießen wollen, die ihnen durch die Menschenrechte gewährt seien«.[28] Der Masse der Befreiten mag es zunächst einmal um die unmittelbare Verbesserung ihrer eigenen Lage, die Sicherstellung der Selbstversorgung auf einem eigenen Stück Land gegangen sein.[29] Ihre Widerstandspraxis folgte nicht notwendigerweise einem verallgemeinerbaren Ideal. Doch, so viel lässt sich festhalten, zeigte sie Resultate, die das Ziel einer vom Joch der Sklaverei befreiten Menschheit ein Stück näher rückten.

Im Verlauf des revolutionären Geschehens wurde die Marronage jedenfalls zum Massenphänomen und bildete schließlich das Rückgrat des bewaffneten Kampfs.[30] Nach und nach zogen sich Hunderttausende von Sklaven, die sich selbst befreit hatten, in das hügelige, dicht bewaldete und daher äußerst schwer zugängliche Hinterland der Insel[31] zurück. Hier richteten sie sich in provisorischen Siedlungen ein, wo sie ihre Verwundeten versorgen konnten und auf ihrem eigenen Land ihre Nahrungsmittel als autonome Kleinbauern produzieren wollten. Sie waren gut bewaffnet und von daher in der Lage, ihre Freiheit zu verteidigen. »Die Stützpunkte waren gut miteinander vernetzt. Wie ein Rhizom erstreckten sie sich über die Höhen des hügeligen Landes.«[32] Die Grenze zwischen »ursprünglichen« Maroon-Gemeinschaften und der großen Masse später hinzugekommener Aufständischer wird im Zuge der fortdauernden Kämpfe fließend geworden sein. »Es ist anzunehmen, dass sich mit Fortschreiten der Revolution auch Maroons an den Kämpfen beteiligten und die Aufständischen logistisch unterstützten.«[33]

Die Spuren, die sie hinterlassen haben, sind in der Karibik noch heute kaum zu übersehen. Manche glauben, in der Bewegung der Rastafari, die sich von Jamaika aus in der Region ausbreitete und mithilfe der Reggae-Musik eine weltweite Resonanz erfuhr, den direkten Nachfolger der aufständischen Sklaven vor sich zu haben. Sie begann mit abgeschiedenen spirituellen Gemeinschaften im hügeligen Hinterland der Insel, wo auch die bekanntesten Siedlungen der Maroons gegründet wurden,[34] und wuchs von dort in die Vororte der Hauptstadt Kingston und andere Teile der Insel hinein.[35] Die frühen Rastafaris interpretierten ihre Existenz als Flucht vor den Zumutungen Babylons, einer Chiffre für die von weißen Kolonisten beherrschte kapitalistische Welt, mit dem Ziel, irgendwann in das gelobte Land – nach Äthiopien oder zumindest auf den afrikanischen Kontinent – zurückzukehren. Heute geht es den politisch bewussteren Teilen der Bewegung um Reformen innerhalb des jamaikanischen Staates[36] oder – im Falle von Kuba – um die Wiederbelebung revolutionärer und antirassistischer Ideale, die in ihren Augen in jüngster Zeit vernachlässigt zu werden drohen.[37]

# 12. Die Brüder der Küste

Im Jahr 1603 stoppte die spanische Regierung ihr Vorhaben, auf der Insel Hispaniola eine Siedlerkolonie einzurichten. Man befürchtete, dass die Kolonisten versucht sein würden, fern von der angestammten Heimat und entsprechender Kontrollmöglichkeiten der Krone mit den europäischen Rivalen des Königreichs in der Karibik Geschäfte zu machen. Die zurückgelassenen Schweine und Rinder vermehrten sich und wurden eine leicht zu erjagende Nahrungsgrundlage für eine bunt zusammengesetzte Schar von gestrandeten, ausgesetzten oder schiffbrüchigen Matrosen, ehemaligen Textilarbeitern und Tagelöhnern, entlaufenen Schuldknechten, Deserteuren und Abenteurern, wie sie in der Region zu dieser Zeit in wachsender Anzahl anzutreffen waren. Die meisten Angehörigen dieser Gemeinschaften, die als Bukaniere bezeichnet wurden, kamen aus Frankreich oder England, aber es waren auch Holländer, Iren, Schotten und Skandinavier unter ihnen.

Zuweilen schlossen sich ihnen geflohene afrikanische Sklaven oder Angehörige der durch eingeschleppte Seuchen stark dezimierten indigenen Bevölkerung an. Das Verhältnis zu Letzteren scheint ambivalent gewesen zu sein. Wir wissen, dass neben Afrikanern auch Indianer von den Bukanieren als Sklaven gehalten und verkauft wurden. Einige der von ihnen genutzten Häfen an der Miskitoküste unterhielten Sklavenmärkte.[1] Auf der anderen Seite ist bekannt, dass es Allianzen zwischen Indigenen und Bukanieren gab, die über einen gemeinsamen Feind verfügten: die spanische Kolonialmacht.[2] Die in Randzonen und schwer zugänglichen Schlupflöchern der kolonialen Einflussgebiete lebenden Gemeinschaften kämpften zuweilen Seite an Seite mit Indigenen, als es darum ging, den mit Gold und Silber beladenen Schiffen der spanischen Flotte in der Meerenge zwischen Hispaniola und Kuba aufzulauern. Sie schliefen wie diese in Hängematten über dem Boden, bewegten sich mit Einbäumen in den küstennahen Gewässern und räucherten ihre Jagdbeute auf dieselbe Weise, wie es bei den ortsansässigen Indianern üblich war.[3]

Von dieser Tätigkeit wird auch die Bezeichnung »Bukanier« abgeleitet. In der Sprache der Kariben hieß die Vorrichtung, mit deren Hilfe erlegte Tiere geräuchert wurden, »buccan«.[4] Die Kontakte zwischen den Kulturen waren durch »gegenseitiges Lernen geprägt« und der bei den Seeräubern ausgeprägte Hang zur Gleichheit und demokratischen Entscheidungsfindung könnte »durchaus auch mit solchen Lernprozessen zusammenhängen«.[5] Über die Miskito-Indianer an der Atlantikküste des heutigen Nicaragua heißt es im Erfahrungsbericht eines Augenzeugen: »Sie gehen auch mit den Räubern für drei oder vier Jahre auf See und lernen Französisch oder Englisch; umgekehrt können viele Räuber Indianisch sprechen […]. Diese Indianer haben eine republikanische Verfassung. Sie leben ohne Oberhaupt […].«[6]

## Demokratie unter Seeräubern

Die spanischen Behörden, die nach wie vor einen Anspruch auf die Insel erhoben, waren über das Anwachsen der von ihnen nicht kontrollierten Gemeinschaft der Bukaniere so beunruhigt, dass sie in den 1630er-Jahren versuchten, sie zu vertreiben. Sie ließen die Tiere töten, um den Jägern ihre Existenzgrundlage zu entziehen. Dadurch gezwungen, sich einen neuen Erwerb zu suchen, verlegte sich eine Reihe von ihnen auf das Geschäft der Seeräuberei. Als sogenannte Brüder der Küste überfielen sie mit ihren Einbäumen und Gleitbooten im Schutz der nächtlichen Dunkelheit spanische Galeonen. Seit 1650 wurde der Begriff »Bukanier« dann gleichbedeutend mit »Seeräuber«.

Die Bukaniere unterhielten Stützpunkte auf Hispaniola, Jamaika, auf New Providence in den Bahamas, St. Croix (St. Christophe), Curaçao, St. Thomas im Golf von Campeche und im Golf von Honduras. Das Zentrum ihrer Aktivitäten befand sich aber auf der Insel Tortuga, nicht weit von der Nordwestspitze Hispaniolas.[7] Dort bildete sich mit der Zeit eine Art Gegenkultur heraus, die sich von den herrschenden Gepflogenheiten in der christlichen Seefahrt so stark unterschied, dass man sagen könnte, dass sie diese auf den Kopf stellte. Die unter Begriffe wie »Jamaikadisziplin« oder »Gesetz der Freibeuter« gefassten Regeln, nach denen die Bukaniere ihr Leben führten, zeichneten »sich durch demokratische Kontrollmechanismen und Versorgung für die Verletzten aus. Die Bukaniere ließen sich bei der Gestaltung ihrer Gesellschaft vom Land Cockaigne inspirieren, einem Bauernutopia, in dem die Arbeit abgeschafft, der Besitz umverteilt, soziale Unterschiede eingeebnet, die Gesundheit wiederhergestellt und Essen reichlich vorhanden war«.[8] Anstatt Reichtum anzuhäufen, verschwendeten sie ihre Beute gleich wieder.[9] Die Kapitäne wurden von den Mannschaften gewählt und gegebenenfalls abgesetzt.[10] Jedes Mitglied einer Boots- oder Schiffsbesatzung war einer unter Gleichen und hatte – im Unterschied zu den despotischen Regimen, die auf gewöhnlichen Schiffen zu dieser Zeit üblich waren – in allen wichtigen Entscheidungsangelegenheiten an Bord eine Stimme.[11] Ging eine Gruppe von Bukanieren auf einen Raubzug, einigten sich die Beteiligten zuvor auf ein Statut, das festlegte, wie die Beute dieser Kaperfahrt verteilt wurde: die sogenannten Artikel. Diese sahen beispielsweise »Zahlungen für Verletzungen vor, die zu permanenten Behinderungen führten«.[12] Schwer verwundete Marinesoldaten waren zu dieser Zeit häufig noch dazu verdammt, ihren Lebensunterhalt durch Betteln in den Hafenstädten zu verdienen oder zu verhungern.

Der vergleichsweise demokratische Charakter, der das Leben der Bukaniere auszeichnete, rührt sicher daher, dass man sich ganz bewusst von den tyrannischen Gepflogenheiten in der übrigen Seefahrt absetzen wollte. Er mag – neben dem etwaigen Einfluss indianischer Vorbilder – auch damit zusammenhängen, dass sich in ihren Reihen Männer wiedergefunden haben könnten, die von den französischen Bauernrevolten der 1630er-Jahre oder von Erfahrungen als Soldaten in der Englischen Revolution geprägt worden waren. »Es ist bekannt«, schreiben Peter Linebaugh und Marcus Rediker, »dass etliche Bukaniere in den ›verblichenen roten Röcken der New Model Army‹ jagten und sammelten. Einer von ihnen war ein ›stämmiger, grauhaariger‹ und ›frohherziger alter Mann‹ von 86 Jahren, ›der zur Zeit der Irischen Rebellion unter Oliver gedient hatte, wonach er auf Jamaika war und seitdem der Kaperei nachgegangen war‹. Veteranen wie diese bestanden auch in der Neuen Welt darauf, ihre Offiziere demokratisch zu wählen, so wie sie es in der Revolutionsarmee auf der anderen Seite des Atlantiks getan hatten.«[13]

## Kaperbriefe und internationale Politik

Die Tatsache, dass die Bukaniere im 17. Jahrhundert in der Region ein bedeutender militärischer Machtfaktor wurden, hatte auch damit zu tun, dass sie – wenn sie unter Anführern wie Henry Morgan spanische Schiffe ausraubten – auf diese Weise die ökonomischen Interessen Englands, Frankreichs und der Niederlande beförderten.[14]

Viele von ihnen »waren französische Protestanten, die, ähnlich wie sephardische Juden, vor religiöser Verfolgung im Mutterland in die Karibik geflüchtet waren und hier mit Glaubensbrüdern aus Holland gemeinsame Sache machten«.[15] Die Gouverneure von Jamaika und Tortuga stellten den Bukanieren zeitweise offizielle Kaperbriefe aus, da sie einen mit vergleichsweise wenig Kosten verbundenen Schutz gegen Angriffe der Spanier boten und auf diese Weise den Warenfluss mit England bzw. Frankreich unterstützten,[16] weshalb auch die Regierungen in London und Paris hierfür grünes Licht gaben: »Sie glaubten, dass die Kaperschiffe dabei helfen würden, die Spanier zu einer offiziellen Anerkennung der de facto Kolonien in der Karibik zu zwingen. Außerdem hofften sie, dass die Kaperschiffe ihren eigenen Händlern Zugang zu den lukrativen kolonialen Märkten verschaffen würden, die noch unter spanischem Monopol standen. Das Überfallen spanischer Schiffe war ein einfaches und wirksames Mittel, um den englischen und französischen Schiffshandel in der Region zu stärken.«[17] Für einen gewissen Zeitraum spielten die Bukaniere als aktive Kämpfer in der großen Weltauseinandersetzung zwischen England und Spanien »eine große geschichtliche Rolle«.[18] Während sie das Kapern katholischer Schiffe »mit gutem Gewissen als ein gottwohlgefälliges, von Gott gesegnetes Werk« ansahen,[19] wurden sie von den Spaniern als Raubmörder aufgeknüpft, wenn sie ihrer habhaft werden konnten. Wenn sie unbequem wurden oder außenpolitische Rücksichten es erforderlich zu machen schienen, ließen auch ihre Schutzmächte sie fallen, sodass es nicht ausgemacht war, ob ein Bukanier »als königlicher Würdenträger in einem hohen Amt oder als zum Tode verurteilter Pirat am Galgen endete«.[20]

## Auf eigene Faust

Die Wahrscheinlichkeit, dass ein Bukanier durch den Strick zu Tode kam, stieg gegen Ende des 17. Jahrhunderts. Zu diesem Zeitpunkt waren die Plantagenbesitzer mehr und mehr zu der Überzeugung gelangt, dass eine friedliche Regulierung des Handelsverkehrs am Ende profitabler wäre als der fortgesetzte Kriegszustand, den die Raubzüge schwer kontrollierbarer Kaperfahrer mit sich brachten. Die Niederländer beendeten die Fahrt von Kaperschiffen 1673 mit dem Vertrag von Den Haag. 1680 folgte ihnen England mit dem Vertrag von Windsor. »Auf Bitten der Zuckerrohrpflanzer und Kaufleute, die Warenhandel und -schmuggel mit und nach Neuspanien betreiben wollten, stellte Sir Robert Holmes im Jahr 1688 ein Schiffsgeschwader zur Vertreibung der Bukaniere auf, die ihren Stützpunkt auf Jamaika hatten. Die Seeräuber, die einst Jamaikas Truhen mit spanischem Gold gefüllt hatten, standen inzwischen geregelten Formen der Kapitalakkumulation im Wege, die bald schon von London aus geplant und in atlantischem Maßstab umgesetzt werden sollten.«[21] Mit dem Friedensvertrag von Ryswick, in dem Spanien den Westteil der Insel

Hispaniola offiziell den Franzosen überließ, stellte im Jahr 1697 schließlich auch Frankreich das Ausstellen von Kaperbriefen ein.

Einige jener Bukaniere, die keinen Wert auf eine gesetzestreue Existenz legten, setzten die Überfälle auf Handelsschiffe auf eigene Faust fort. Sie griffen nun auch die Schiffe jener Nationen an, in deren Auftrag sie zuvor Kaperfahrten gegen die Spanier unternommen hatten.[22] Wer lange genug am Leben blieb, gab seine Erfahrungen an die nächste Generation von Piraten weiter. Die Idee der »Jamaikadisziplin« lebte in Volksliedern, Balladen und Seemannsgarn fort. Dazu gesellten sich viel gelesene Berichte wie die von Alexander Exquemelin, Père Labat und anderen, die das Leben unter den Bukaniern selbst kennengelernt hatten und nun bezeugten, dass es zum strengen Regiment der christlichen Seefahrt im späten 17. und im 18. Jahrhundert eine Alternative gab. »Einige Seeleute meuterten, übernahmen den Befehl über ihr eigenes Schiff, nähten den Totenkopf mit gekreuzten Knochen auf eine schwarze Fahne und erklärten der Welt den Krieg.«[23] Das sogenannte Goldene Zeitalter der karibischen Piraterie begann.

# 13.
# »Zum Teufel mit dem König!«

In der transatlantischen Seefahrt des 17. und 18. Jahrhunderts zeigte sich die Dialektik von Staat und Staatsflucht auf besondere Weise. Als Oliver Cromwell und das Parlament, die Sieger des Englischen Bürgerkriegs, im Jahr 1649 feststellten, dass ihnen nicht mehr als fünfzig Schiffe zur Verfügung standen, um die Republik gegen die europäischen Monarchien zu verteidigen, starteten sie ein ehrgeiziges Flottenbauprogramm. In der englischen Kriegsmarine bildete sich in der Folge ein rigides hierarchisches Zwangsregime heraus. Neue Kriegsgesetze und -verordnungen verhängten die Todesstrafe für Widerstand.[1] Die zum Dienst gepressten Matrosen wurden schlecht und unregelmäßig bezahlt – oft betrug der Soldrückstand zwei bis drei Jahre – und drei von vier starben innerhalb von zwei Jahren, davon aber nur jeder Fünfte im Gefecht.[2] In der Handelsmarine bestanden zwischen der Heuer einfacher Mannschaftsmitglieder und der des Kapitäns gigantische Unterschiede. Dazu wurden die Seeleute um ihren geringen Lohn oft auch noch betrogen.[3]

Daher wundert es nicht, dass sie desertierten, Aufstände anzettelten[4] und manch einem das Piratendasein als attraktive Alternative vorkam. Viele Matrosen liefen zu den Piraten über, sobald sich ihnen eine Möglichkeit dazu bot.[5] Obwohl der Widerstand auf den Schiffen immer wieder brutal niedergeschlagen wurde, bildete sich nach und nach so etwas wie eine Gegenmacht selbstorganisierter Seeleute heraus, die als Seeräuber ihr Geschick in eigene Hände nahmen.[6] »Aus der gut dokumentierten englischen Handelsmarine sind aus der ersten Hälfte des 18. Jahrhunderts sechzig Meutereien überliefert, von denen die Hälfte erfolgreich war und ein Drittel zur Folge hatte, dass aus Seeleuten Piraten wurden.«[7]

Von den 143 Besatzungsmitgliedern gekaperter Schiffe, die der Seeräubermannschaft von Edward England im Frühjahr 1719 in die Hände gefallen waren, wechselten 55 die Seite, also mehr als ein Drittel. Zwischen 1716 und 1726, der Hochphase oder dem »Goldenen Zeitalter« der Piraterie, waren insgesamt etwa 4000 Männer auf mehreren Dutzend Schiffen unterwegs. Unterschlupf fanden sie in versteckten Buchten, Flussmündungen, Lagunen und den Sandbänken unübersichtlicher Küsten.[8] An Bord entstand eine gegenkulturelle Ordnung, die das gewohnte hierarchische Regime der zivilen und der militärischen Seefahrt in sein Gegenteil verkehrte und die Legitimität der herrschenden Mächte grundsätzlich infrage stellte.

Eine wütende Standpauke musste der Kapitän eines gekaperten Schiffes über sich ergehen lassen, als er sich weigerte, zu den Piraten überzulaufen: »Verdammt! Ihr seid ein kriecherisches Hündchen«, schleuderte ihm der Anführer der Seeräuber entgegen, »so wie alle, die sich der Regierung durch Gesetze fügen, die reiche Männer für ihre eigene Sicherheit gemacht haben, weil diese feigen Welpen nicht den Mut haben, auf andere Weise zu verteidigen, was sie durch ihre Gaunereien gewinnen [...]. Sie verteufeln uns, diese Halunken, wo es doch nur diesen Unterschied gibt: Sie rauben die Armen unter dem Schutz des Gesetzes aus, fürwahr, und wir plündern die Reichen unter dem Schutz unseres eigenen Mutes; würdest du nicht besser einer von uns, als hinter den Ärschen dieser Schurken nach Beschäftigung zu schnüffeln?«.[9]

Als König Georg I. im Jahr 1718 eine Amnestie für Piraten gewährte, die bereit waren, von ihrem Treiben abzulassen, soll die unter Captain Charles Vane segelnde Mannschaft dies mit dem selbstbewussten Ausruf quittiert haben: »Zum Teufel mit dem König und allen höheren Mächten!«[10]

## Piraten mit Sozialversicherung

Der nach innen demokratische Charakter der piratischen Bordgemeinschaften kam insbesondere in den »Artikeln« zum Ausdruck, die schon bei den Bukanieren eine wichtige Rolle gespielt hatten. »Sie ersetzten die ›Schiffsrollen‹ genannten Bordordnungen der Herrschenden, die das Leben der Schiffsinsassen bis ins kleinste Detail regelten.«[11] Die Artikel legten fest, nach welchen Regeln das Leben an Bord, die Entscheidungsfindung und die Verteilung der Beute ablaufen sollten. Sie bestimmten, wie mit Frauen, dem Glücksspiel und Alkohol an Bord umzugehen war. »Prämien für die Entdeckung eines Beuteschiffes wurden ebenso festgelegt wie die Pflicht zur Pflege der eigenen Waffen.«[12]

Bei den Piraten nahm diese Satzung oder Grundordnung eine dauerhaftere Form an und wurde egalitärer: Während die Artikel bei den Piraten solange gültig blieben, bis die Mannschaft sich auflöste, waren sie bei den Bukanieren noch auf die Dauer eines bestimmten Raubzugs beschränkt gewesen.[13] Der Beuteanteil des Kapitäns betrug bei den Bukanieren ein Vielfaches dessen, was ein gewöhnliches Besatzungsmitglied bekam, bei den Piraten waren es gewöhnlich lediglich zwei Anteile. Einige Funktionsträger bekamen zwischen eineinviertel und zwei Anteile der Beute, alle anderen Besatzungsmitglieder einen Anteil.

Wer auf einer Fahrt, im Kampf oder durch eine Verletzung bei der Arbeit an Bord einen bleibenden körperlichen Schaden davontrug, kam in Genuss einer eigens dafür eingerichteten Invalidenkasse. Artikel 6 der Crew von Kapitän George Lowther versprach nicht nur eine Kompensationszahlung für denjenigen, »der das Unglück hat, bei einem Überfall ein Körperteil zu verlieren«, sondern versprach auch, dass dieser Mitglied der Crew bleiben könne, »solange er es wünscht.«[14]

Wo der von Kaufleuten oder Marineadministration eingesetzte Kapitän der Handels- oder Kriegsmarine über eine fast unumschränkte Macht verfügte, wurde er auf den Piratenschiffen »aus der Mitte der Mannschaft per Mehrheitsentscheid gewählt«[15] und war danach alles andere als ein Herrscher, der hätte schalten und walten können, wie er will. Nur wenn ein zu kaperndes Schiff verfolgt wurde und während des gegebenenfalls sich anschließenden Gefechts, verfügte er vorübergehend über so etwas wie militärische Befehlsgewalt.[16] »Harry Glasby, Kapitän in einem der Schiffe der Piratenflottille Bartholomew Roberts', wurde von einem englischen Gerichtshof sogar freigesprochen, denn er hatte zwar nach allen Zeugenaussagen als Captain agiert, sich aber nie durchsetzen können«.[17]

Dem Kapitän gegenüber stand der ebenfalls von der Mannschaft gewählte Quartermaster, der die Interessen der Besatzung vertrat.[18] Die Hauptentscheidungsinstanz aber war die Versammlung aller Crewmitglieder. Sie bestimmten, welcher Kurs eingeschlagen wurde, was mit den Gefangenen zu tun war und wer welchen Teil der Prise, also der Beute, erhielt. Konnte man sich nicht einigen, teilte sich die Mannschaft bei der nächstbesten Gelegenheit auf – beispielsweise indem man auf ein frisch gekapertes und zu diesem Zweck für tauglich gehaltenes Schiff umstieg.

Die Macht, welche die Besatzungsmitglieder für sich in Anspruch nahmen, kam auch in baulichen Veränderungen zum Ausdruck, die an einem Schiff vorgenommen wurden, das von Captain Samuel Bellamy und seiner Piratentruppe geraubt worden war: Die Schiffsglocke der Whydah wurde aus der Nähe der Kapitänskajüte in die Nähe der Mannschaftsquartiere versetzt. Das fand man bei einer archäologischen Untersuchung heraus, als das Wrack im Jahr 1984 gehoben wurde. Dadurch nahm die Mannschaft die Kontrolle über das Zeit- und damit das Arbeitsregime an Bord symbolisch selbst in die Hand.[19]

Die Abneigung der Piraten gegenüber der von Kapitänen der Handelsmarine ausgeübten Gewalt war so groß, dass sie diese, insofern sie als Gefangene in ihre Hände gerieten, einem »Rechtssprechung« genannten Verfahren aussetzten. Das heißt, sie erkundigten sich bei der Mannschaft des gekaperten Schiffes, wie ihr Kapitän sich ihnen gegenüber betragen hatte. Wurde ihm etwas vorgeworfen, so musste er mit einer harten Strafe rechnen.[20]

## Marronage auf See

Da die Piraten Konflikte untereinander in der Regel dadurch lösten, dass sie sich trennten, wechselte die Zusammensetzung der Mannschaften und es gab, was die Besatzungen betraf, häufig Querverbindungen zwischen den Schiffen. Viele waren zu irgendeinem Zeitpunkt einmal in der gleichen Crew miteinander gesegelt,[21] was die Herausbildung einer gemeinsamen piratischen »Kultur« begünstigte.

Gegenüber ihresgleichen verhielten sich die Mannschaftsmitglieder offen und freigiebig.[22] »Unstimmigkeiten in Piratencrews führten eher zu freundschaftlichen Trennungen als zu internen Kämpfen und Spannungen.«[23] Für gewöhnlich stammten die Mitglieder einer Besatzung aus unterschiedlichen Nationen. »Benjamin Evans' Mannschaft bestand aus Männern englischer, französischer, irischer, spanischer und afrikanischer Herkunft.«[24] Der Mannschaft von Black Sam Bellamy sollen im Jahr 1717 neben Engländern, Franzosen, Holländern, Spaniern und Schweden auch Indianer, Afroamerikaner sowie zwei Dutzend von einem Sklavenschiff befreite Afrikaner angehört haben. »Ein knappes Drittel der Anfang des 18. Jahrhunderts aktiven Piraten waren Schwarze«,[25] die meisten waren ihren Herren entlaufen oder von den Seeräubern befreit worden. »Schwarze Piraten segelten unter anderem mit den Kapitänen Bellamy, Taylor, Williams, Harris, Winter, Shipton, Lyne, Skyrm, Roberts, Spriggs, Bonnet, Phillips, Baptist und Cooper. Im Jahr 1718 waren sechzig von Blackbeards hundert Besatzungsmitgliedern Schwarze«.[26] Dieser Sachverhalt ist zuweilen als Ausdruck einer internationalistischen Gesinnung interpretiert worden, die heutige Visionen einer demokratischen multikulturellen Gesellschaft schon im frühen 18. Jahrhundert vorwegnahm. Tatsächlich wirkten manche Piratenschiffe wie »multirassische Maroon-Gemeinschaften«,[27] in denen das Meer als Zufluchtsort an die Stelle von Bergen und Dschungel trat. Allerdings kam es auch vor, dass Piraten, wenn sie Sklavenschiffe überfielen, die dort eingepferchten Menschen nicht befreiten, sondern sie als Teil der Beute betrachteten, die sie im nächsten dafür geeigneten Hafen als menschliche Ware weiter verkauften.[28]

Zur Wahrheit gehört auch, dass einige Piraten selbst im Sklavenhandel tätig gewesen waren, bevor sie sich als Räuber selbstständig machten. Viele Afrikaner wurden auch von Piraten zur Zwangsarbeit herangezogen, jedenfalls nicht als völlig gleichberechtigte Mannschaftsmitglieder behandelt.[29] Doch vermutlich liegt Gabriel Kuhn ganz richtig mit seiner Vermutung, dass es sich beim Piratenschiff um jenen Ort handelte, in dem Schwarze im 18. Jahrhundert in der Welt des weißen Mannes am ehesten Freiheit erleben konnten.[30] Die war allerdings nur von kurzer Dauer. Denn dem ins lukrative Geschäft mit afrikanischen Sklaven tief verstrickten Handelskapital waren die Aktivitäten der Piraten ein großes Ärgernis. »Ich fürchte«, schrieb Colonel Benjamin Bennet im Jahr 1718 an den Handels- und Plantagenrat über die Piraten, »dass sie sich schnell vermehren werden, denn so viele, die in ihre Hände geraten, sind bereit, sich ihnen anzuschließen«.[31] Die Politik reagierte mit harten Repressionen.[32] Man mobilisierte die Seestreitkräfte und ließ Galgen für gefangen genommene Piraten errichten. »Hunderte von ihnen wurden gehängt, und damit nicht in Vergessenheit geriet, dass der Seestaat keine Herausforderung von unten duldete, ließ man ihre Leichen in den Hafenstädten der Welt baumeln.«[33]

## Hakim Bey und die Kommune der Faschisten

Schon um 1726 war der Spuk vorbei. Während die Piraten der Karibik zum großen Teil entweder gehängt wurden oder untertauchten, lebten sie in populären Erzählungen fort: mal als blutrünstige, aber irgendwie faszinierende Verbrecher, mal als furchtlose Rebellen gegen skrupellose Geschäftemacherei, bigotte Kirche und repressiven Staat. Aus den realen Fluchtgemeinschaften ausgebeuteter Seefahrer wurde ein – wenn auch ambivalentes – Symbol für Freiheit und Gerechtigkeit. Schon 1724 erschien eine Daniel Defoe zugeschriebene Schilderung der auf Madagaskar verorteten Seeräuberrepublik Libertalia.[34] Ungefähr zur gleichen Zeit lockte ein Stück über die Taten des Piraten Henry Every die Zuschauer in die Londoner Theaterbühnen. Einige Jahrzehnte später stilisierte Friedrich Schiller die Gemeinschaft der Piraten in verschiedenen Dramen-Fragmenten zum Ort, in dem die Forderungen der Französischen Revolution bereits verwirklicht worden waren. »Das Piratenschiff«, so der Literaturwissenschaftler Torsten Hahn, »konzipiert er in diesem Sinne als eine auf Dauer gestellte Ausnahme von gesellschaftlichen Regeln, wie sie der Realisierung der wahren Freiheit als bloß äußerer Zwang entgegenstehen.«[35]

In den 1970er-Jahren begeisterten auf Schiffen betriebene Piratensender an der Nordseeküste das überwiegend jugendliche Radiopublikum. Der italienische Schriftsteller und Filmregisseur Pier Paolo Pasolini veröffentlichte seine Essays als »Scritti corsari/Freibeuterschriften« und der Wagenbach-Verlag publizierte eine zu ihrer Zeit sehr renommierte Literaturzeitschrift namens *Freibeuter*. Noch heute unterstreichen die Anhänger eines Hamburger Fußballvereins ihr rebellisches Außenseitertum mit dem Jolly Roger, der Totenkopfflagge mit den gekreuzten Knochen. Und auch die Band Ja, Panik stellte sich mit ihrem Album *Libertatia* 2014 ausdrücklich in diese rebellische Tradition.

Den Schriftsteller Peter Lamborn Wilson, der viele seiner Texte unter dem Pseudonym Hakim Bey publizierte, inspirierten die von ihm sogenannten Piratenutopias, aber auch die zu den Indianern übergelaufenen europäischen Siedler und die Maroon-Gemeinschaften entflohener Sklaven[36] zu dem in linken subkulturellen Kreisen populären Konzept der Temporären Autonomen Zone (T.A.Z.). Gemeint sind Orte, in dem die herrschenden gesellschaftlichen Regeln vorübergehend außer Kraft gesetzt werden. Gelingt es diesen Inseln der Freiheit, sich zu verbinden, etabliert sich eine Alternative zu den herrschenden Strukturen – zumindest zeitweilig. So dienten die Maroon-Gemeinschaften der Great Dismal Swamps als Zwischenstationen jenes legendären »Underground Railroad«, auf dem Menschen, die der Sklaverei entflohen waren, aus dem Süden in die Nordstaaten und nach Kanada geschmuggelt wurden.[37]

Auch bei den Piraten des 18. Jahrhunderts, so Hakim Bey, hätte die subversive Zusammenarbeit jenseits staatlicher Strukturen auf bewundernswerte Weise funktioniert. »Das Netz bestand aus versprengten Inseln, entlegenen Verstecken, wo Schiffe vor Anker gehen und mit Proviant beladen, Raubgut und Beute gegen Luxusgüter und Notwendigkeiten getauscht werden konnten. Einige dieser Inseln unterstützten ›intentionale Gemeinschaften‹, ganze Mini-Gesellschaften, die bewusst außerhalb des Gesetzes lebten und entschlossen waren durchzuhalten, und sei es auch nur für eine kurze aber glückliche Zeit.«[38]

Als das letzte, oder einzige moderne Beispiel eines Piratenutopias, »aber vielleicht auch etwas wie die erste moderne TAZ«[39] stimmt Hakim Bey ein Loblied auf das unkonventionelle Besatzungsregime an, das eine nationalistische Freischärler-Truppe unter Führung des italienischen Dichters und Selbstdarstellers Gabriele D'Annunzio vom September 1919 bis 1920 über die kroatische Küstenstadt Fiume (heute: Rijeka) ausübte. »Künstler, Bohèmiens, Abenteurer, Anarchisten (D'Annunzio korrespondierte mit Malatesta), Flüchtlinge und Staatenlose, Homosexuelle, militärische Dandys (die Uniform war schwarz und mit dem Piratenzeichen geschmückt – später von der SS gestohlen) und wunderliche Reformer jeglicher Couleur (einschließlich Buddhisten, Theosophen und Vedantisten) tauchten haufenweise in Fiume auf. Die Party nahm kein Ende. D'Annunzio trug jeden Morgen vom Balkon Gedichte und Manifeste vor, jeden Abend gab es ein Konzert, danach ein Feuerwerk. Als achtzehn Monate später der Wein und das Geld ausgegangen waren und schließlich die italienische Flotte auftauchte und ein paar Granaten auf das Stadtpalais abfeuerte, hatte keiner mehr die Energie, Widerstand zu leisten.«[40]

Die Absicht der sogenannten Arditi war es nicht, die Unabhängigkeit der Stadt von staatlicher Herrschaft zu erreichen, sondern sie der italienischen Nation anzuschließen. Obwohl die Verfassung, die Carta del Carnaro, die D'Annunzio für das Gemeinwesen entwerfen ließ, dem späteren Diktator Benito Mussolini im Ganzen zu demokratisch war, begeisterten sich seine Schwarzhemden für die kurzlebige Gemeinschaft von Outlaws, die als »Kommune der Faschisten«[41] in die Geschichte einging. Insofern mutet es befremdlich an, dass Hakim Bey dieses Experiment in politischer Autonomie feiert, wobei er die – zweifellos vorhandenen – Parallelen zu linken Bewegungen in der zweiten Hälfte des 20. Jahrhunderts betont: »Ich glaube, wenn wir Fiume mit dem Paris der Revolte von 1968 (und den städtischen Insurrektionen der frühen 1970er-Jahre in

Italien) wie auch mit den amerikanischen gegenkulturellen Kommunen und den Einflüssen der Anarchos/Neuen Linken vergleichen, sollten wir gewisse Ähnlichkeiten feststellen, zum Beispiel die Wichtigkeit ästhetischer Theorie (s. die Situationisten) – das, was ›Piratenökonomie‹ genannt werden könnte, gut leben vom Surplus gesellschaftlicher Überproduktion – auch die Beliebtheit farbenprächtiger Militäruniformen – und das Konzept von *Musik* als Mittel revolutionärer gesellschaftlicher Veränderung – und schließlich die Gemeinsamkeit der Nichtdauer, der Bereitschaft, weiterzuziehen, der Gestaltveränderung, des Umsiedelns an andere Universitäten, auf andere Berggipfel, in andere Ghettos, Fabriken, sichere Unterschlüpfe, verlassene Farmen – oder gar das Einsteigen auf andere Bewusstseinsebenen.«[42]

Für Siegfried Kohlhammer, den Verfasser einer jüngst in Buchform erschienenen Abrechnung mit dem sozialromantischen Piratenmythos, zeugt das Geschehen in der dalmatinischen Hafenstadt Fiume von einer Geistesverwandtschaft zwischen Piraten und der Schar von Protofaschisten um D'Annunzio: Das Schmierenkomödiantische und der Zuhälterstil gehörten ebenso zum Faschismus wie zu vielen Piratenkapitänen. Zu Recht weist der Autor darauf hin, dass die Gewalt, die Verwicklung einiger Freibeuter in den Sklavenhandel und die Eigennützigkeit der Seeräuber von manchen ihrer linken Bewunderer verdrängt würden. Zwar pflegten die Seeräuber einen hedonistischen Lebensstil, der sich um die bürgerliche Sexualmoral wenig scherte, doch darf die Hafenprostitution des 18. Jahrhunderts nicht mit irgendeiner Form von partnerschaftlich gelebter Sexualität verwechselt werden. Bezeichnend ist, dass die wenigen Frauen, die sich abseits des horizontalen Gewerbes unter den Mannschaften bewegten, sich dafür – wie Anne Bonny und Mary Read – als Männer verkleiden mussten. Mit Genderfluidität im heutigen Sinn hatte das gewiss nicht viel zu tun. Trotzdem bleibt festzuhalten: Im Vergleich zum Los eines Matrosen der britischen Handels- oder Kriegsmarine genossen Piraten ein hohes Maß an Freiheit. Insofern ist es verständlich, dass sich unterdrückte Seeleute von ihnen angezogen fühlten und von den um sie rankenden romantischen Mythen bis heute ein großer Reiz ausgeht. Implizit enthält die piratische Lebensweise zudem ein starkes Argument für die Machbarkeit von Demokratie auch unter schwierigen Umständen: Wenn Demokratie unter den Bedingungen eines Piratenschiffs möglich war, kann es um ihre Realisierungschancen in einer weniger rauen Umwelt nicht so schlecht bestellt sein.[43]

# 14.
# Banditen gegen die Obrigkeit

Aus den Gerichtsakten der Piratenprozesse geht hervor, das Captain Samuel Bellamy zu jenen Anführern gehörte, »die den Besatzungen gekaperter Schiffe gegenüber versicherten, sie seien ›Robin Hoods Männer‹«.[1] Die von dem Angeklagten zur Rechtfertigung der eigenen Taten in Anspruch genommene Erzählung vom edlen Räuber, der den Armen gibt, was er den Reichen nimmt, verweist auf ein Phänomen, das »in ganz Amerika, Europa, Süd- und Ostasien, in der Welt des Islam und sogar in Australien«[2] verbreitet war: das Sozialbanditentum.

Der Kontext, in dem es sich entfaltet, sind Agrargesellschaften, in denen die kapitalistische Produktionsweise Fuß gefasst, sich aber noch nicht durchgesetzt hat. Die schiere Menge an Arbeitskräften, die im Zuge der Auflösung feudaler Bindungen und der massenhaften Enteignung freier Bauern von ihrem gemeinschaftlich verwalteten Grund und Boden freigesetzt wurde, fand in den Manufakturbetrieben und entstehenden Fabriken in den Städten nicht genügend Erwerbsmöglichkeiten. Sie verwandelte sich im frühkapitalistischen Westeuropa »massenhaft in Bettler, Räuber, Vagabunden, zum Teil aus Neigung, in den meisten Fällen durch den Zwang der Umstände«.[3]

Die englische Obrigkeit zeigte gnadenlose Härte, um das freie Umherschweifen ihrer Untertanen zu unterbinden und sie in das herrschende Arbeitsregime einzubinden. So bestimmte Edward der VI. zu Beginn seiner Regierungszeit im Jahr 1547, dass Arbeitsverweigerer demjenigen als zur Zwangsarbeit verpflichtete »Sklaven« zugeführt werden, der sie als Müßiggänger denunziert hat.[4]

Diejenigen, die unter den gegebenen Bedingungen kein Auskommen mehr fanden, aber nicht verhungerten, ein kärgliches Dasein als Bettler fristeten, eingekerkert oder zur Zwangsarbeit herangezogen wurden, setzten sich einzeln oder in kleinen Gruppen von ihren angestammten Dörfern ins unzugängliche Marschland, in die Wälder, Flussmündungsgebiete oder ins Gebirge ab und taten sich – nicht selten in der Nähe von Handelswegen – zu Räuberbanden zusammen.[5] »Die Besitzenden und Gebildeten«, lautet der Ausspruch eines alten Banditen aus dem italienischen Roccamandolfi, »verwenden die Feder, wir haben unsere Gewehre. Sie beherrschen das Land, wir sind die Herren der Berge«.[6] Dabei wird der Anzahl der Banditen unter der ländlichen Bevölkerung – sehr großzügig geschätzt – ein Prozent kaum erreicht haben.[7] Für die Legendenbildung war das allerdings mehr als genug.

## Wiederherstellung der Ordnung

Zu den Bewohnern der Siedlungen, aus denen sie ursprünglich kamen, unterhielten die Banditen meist freundliche Beziehungen aufgrund familiärer Bindungen oder anderer Formen der Vertrautheit. Diese waren aber auch nötig, weil sie auf diese Weise weiterhin Zugang zu Handelswaren hatten und weil sie regionale Mittelmänner brauchten, um ihr Raubgut in Umlauf bringen zu können.[8] »Erfolgreiche Bandenführer«, schreibt der Historiker Eric Hobsbawm, »haben mindestens ebenso enge Beziehungen zum Markt und der weiteren wirtschaftlichen Umwelt wie mittlere Gutsbesitzer oder erfolgreiche Farmer«.[9] Von den Feudalherren und den Staaten ihrer Zeit wurden sie als Verbrecher oder Aufständische verfolgt – auch wenn sie einen Umsturz der Ordnung gar nicht beabsichtigt haben mochten. Bei den unteren Schichten – zumal den Bauern – erwarben sie sich nicht selten den Ruf von Volkshelden und Befreiern, denen die öffentliche Meinung im Rückblick zugestand, gegen eine als ungerecht empfundene Ordnung rebelliert zu haben.[10]

Das Bedürfnis nach solchen Helden schien zuweilen so groß gewesen zu sein, dass hin und wieder auch Banditen auf diese Weise idealisiert wurden, die an sich überhaupt gar keine soziale Ader zeigten und nicht die geringste Spur des Edelmutes zeigten, den wir heute mit Robin Hood verbinden. Notfalls dichtete man ihnen die entsprechenden Eigenschaften einfach an. Wenn die Opfer ihrer Raubzüge und Überfälle in erster Linie reiche Händler oder Reisende der Oberschicht waren, also Leute, denen die Armen nur wenig Sympathie entgegenbrachten, fiel das besonders leicht.[11]

Doch wie gerecht oder eigennützig ihr Tun auch gewesen sein mochte, eines ist klar: In ihrem Widerstand gegen die Obrigkeit folgten die Banditen keinem politischen Programm, das auf die Errichtung einer neuen, besseren Welt zielte. Wenn sie überhaupt von einem Ideal geleitet waren, dann bezog sich dieses auf die Wiederherstellung eines Zustands, den sie als normal zu empfinden gelernt hatten. Bestenfalls ging es ihnen darum, die Dinge wieder so einzurichten, wie sie »einmal waren« oder dem traditionellen Verständnis der bäuerlichen Gesellschaften nach sein sollten. »Dieses bescheidene Ziel lässt die Reichen dann weiterhin die Armen ausnützen (doch innerhalb der traditionell als ›gerecht‹ angesehenen Grenzen) und die Mächtigen die Schwachen weiterhin unterdrücken (doch in gerechten und billigen Maßen und eingedenk sozialer und moralischer Verpflichtungen).«[12] Zum Dorn im Auge der um die Erweiterung ihres Einflussbereichs bemühten Staaten wurden die Banditen nicht zuletzt deswegen, weil sie ihre Unabhängigkeit in der Praxis bewiesen. Die Herrschenden fürchteten, dass ihr Beispiel Schule machen könnte – und tatsächlich: Immer wieder fanden sich von ihrem Grund und Boden vertriebene oder der Leibeigenschaft entronnene Männer zu bewaffneten und kampfbereiten Gemeinschaften zusammen, die in Russland »Kosaken«, in Griechenland »Klephten«, in der Ukraine »Haidamaken« und in Ungarn »Heiducken« genannt wurden.[13] »Die entflohenen Leibeigenen und die ruinierten heruntergekommenen Freien«, skizziert Hobsbawm die Situation der »Rasbojniki« im zaristischen Russland, »die Flüchtlinge aus Ämtern, Fabriken, Seminaren, Gefängnissen, dem Heer oder der Marine sowie jene, die keinen festen Platz in der Gesellschaft innehatten wie beispielsweise die Söhne von Geistlichen, schlossen sich den bereits bestehenden Banden an oder bildeten eigene Formationen«.[14]

Vergleichbare Spielarten des Banditentums gab es in Südostasien, in Indonesien oder dem chinesischen Kaiserreich. Bei den als »Minas« gefürchteten Räubern handelt es sich um enteignete Bauern, die in die Bergwelt Mittelindiens gezogen waren. Die im Norden des Subkontinents beheimateten »Badhaken« wiederum setzten sich aus verstoßenen Muslimen und ehemaligen Hindus zusammen, die den Ehrlosen der verschiedensten Stämme eine Zuflucht boten.[15] Untereinander und gegenüber jenen Herren, denen sie sich zuvor hatten unterordnen müssen, empfanden sie sich als gleichgestellt – vor dem Hintergrund eines rigiden Kastensystems eine ungeheure Provokation. Als der König der Provinz Oudh ein Badhakenregiment aufstellen wollte, meuterten sie, »weil sich die Offiziere geweigert hatten, die gleichen Dienstleistungen wie die Untergebenen zu verrichten«.[16] Unter den bulgarischen Heiducken war ein ganz ähnliches Selbstverständnis verbreitet. Ihrem legendären Anführer Panaiot Hitow wird der Ausspruch zugeschrieben: »Außer den Schafhirten, den Kuhtreibern und den Heiducken ist in Bulgarien keiner frei.«[17] Sie schienen immer bereit gewesen zu sein, »Empörer oder Geächtete bei sich aufzunehmen«,[18] und ihre Namen erschienen auf keiner Liste, mit der die zur Besteuerung herangezogene Bevölkerung erfasst wurde. Das ist der Grund, warum manche griechische Bergregion von den Behörden als »Agrapha« bezeichnet wird. Die Heimat der »Ungeschriebenen«.[19]

Für die unterdrückten Bauern war der bloße Sachverhalt, dass die Banditen sich gegen die Obrigkeit stellten, ein Hinweis darauf, dass es eine Alternative zur herrschenden Ordnung gab – allerdings zumeist in einer nicht reproduktiven Form, d. h. ohne die Gründung von Familien, ohne Frauen und Kinder. »Heiduckenballaden besingen Männer, deren Schwert ihre einzige Schwester, deren Gewehr ihre Frau war und die einander schweigend und traurig die Hand drückten, ehe sie sich wie Verlorene in alle Windrichtungen zerstreuten, wenn sich ihre *četa* aufgelöst hatte. Sie gingen keine Ehe ein, sie gingen in den Tod. Die Balladen nennen ihn auch die ›Hochzeit‹ der Heiducken.«[20] Schlossen sich ihnen junge Frauen an, trugen diese Männerkleider und kämpften wie die Männer mit dem Gewehr. Für die Zeit ihrer Mitgliedschaft ließen sie ihre Rolle als untergeordnetes Geschlecht in einer patriarchalisch geprägten Gesellschaft hinter sich. »Gewann ein Mann«, so Hobsbawm, »mit der Freiheit den Status eines Adligen, so errang sich die Frau den Status eines Mannes«.[21]

In Peru hat es in der Zeit von 1917 bis 1937 einige bekannte Bandenanführerinnen gegeben. Dazu gehörte die als gute Reiterin und Scharfschützin bekannte Rosa Palma aus Chulucanas, »die die Achtung sogar des gefürchteten Foilán Alama, des berühmtesten Anführers jener Zeit, gewonnen haben soll, und die Lesbierin Rosa Ruirías aus Morropón, die eine besonders kampftüchtige Gemeinschaft bildeten, sowie Bárbara Ramos, Schwester zweier Banditen und Gefährtin eines anderen Banditen, von der Hazienda Huapalas.«[22]

## Unsichere Kantonisten

In Krisenzeiten, in denen die Bevölkerung Not litt und die Herrschaft instabil war, konnten die Banden der Heiducken, die unter solchen Umständen mehr Zulauf als sonst bekamen, zum Anlaufpunkt für Unzufriedene werden, die das herrschende System – anders als es Räuberbanden normalerweise im Sinn hatten – durch einen Aufstand tatsächlich zu Fall bringen wollten. »Die Anweisungen der Regierung zur Ausrottung des Banditentums wurden dann viel energischer als bisher, die Entschuldigungen der örtlichen Verwalter immer offener und lauter, die Stimmung in der Bevölkerung immer angespannter.«[23] Dabei war das beiderseitige Verhältnis von Banditen auf der einen und Adligen sowie staatlichen Verwaltern auf der anderen Seite nicht ohne Ambivalenzen. Handelte es sich bei Letzteren um »ungläubige Türken«, die im Zuge der Expansion des Osmanischen Reiches große Gebiete des Balkans beherrschten, war es meist das einer eindeutigen Feindschaft. Dann spielten die Banden, so Hobsbawm, »die soziale Rolle von Türkengegnern und Volksrächern, Widerstands- und Befreiungsbewegung einer primitiven Guerilla«.[24]

Handelte es sich bei den Herren hingegen um Christenmenschen wie sie selbst, kam es hin und wieder zu Zweckbündnissen, von denen sich beide Seiten Vorteile versprachen. Gar nicht so selten schlossen sich die von gewählten »Woiwoden« oder »Herzögen« angeführten Banden[25] einem Feudalherren an, »der dann – als Gegenleistung für die Anerkennung ihres Status als freie Männer – neue Kämpfer hinzugewann«.[26] In Ungarn und Russland erhielten sie von Fürsten, dem Zar oder Kaiser eigenes Land zugesprochen und mussten sich im Gegenzug dazu verpflichten, als Wächter der Grenzregionen unter ihren eigenen Anführern gegen die Türken zu kämpfen. Da sie dabei meist ihre eigene Unabhängigkeit im Auge behielten, blieben sie für den Staat aber unsichere Kantonisten. »Was ihre Loyalität betrifft, so war sie alles anders als unbedingt; die großen Bauernaufstände Russlands im siebzehnten und achtzehnten Jahrhundert begannen stets an den Kosakengrenzen.«[27] Allerdings spielten sie im Rahmen solcher Revolten nur hinsichtlich der Bereitstellung kampftüchtiger Truppen und militärischer Anführer »mehr als eine bloß untergeordnete Rolle«.[28]

## Der edle Räuber

Ähnlich den Piraten der Karibik oder den Nomaden wurden die Banditen in der Volkskultur und den Literaturen vieler Länder in Ehren gehalten. Dabei geronnen sie zu legendären Figuren, deren heroische Taten sich weit vom wirklichen historischen Geschehen entfernt haben konnten. Für die Wirksamkeit des Mythos vom edlen Räuber war jedoch nicht so wichtig, ob ihm fiktive oder reale Gestalten zugrunde lagen. Entscheidend war der Sachverhalt, dass man sich überhaupt Geschichten über Sozialbanditen erzählte. Denn sie halfen dabei, die Erinnerung daran wachzuhalten, dass es immer wieder Menschen gegeben hatte, die sich der Ausbeutung durch die herrschende Klasse entzogen und der verhassten Obrigkeit ein Schnippchen zu schlagen in der Lage gewesen waren. Ihre politische Kraft entfalten die Erzählungen unabhängig davon, wie fest verankert sie in der historischen Realität tatsächlich sind.

In China war es der junge Mao, der die Sozialbanditen des Schui Hu Tschuan als vorbildlich für die Rote Armee anpries. »Macht es wie die Helden von Liang Schan P'o«,[29] lautete seine Losung, und der Revolutionär scheute sich nicht davor zurück, auch deklassierte Elemente in seine Truppe aufzunehmen. Dadurch, so Hobsbawm, habe die Rote Armee anfangs etwas von der »Mentalität herumziehender Insurgenten« gehabt, wenngleich ihr Anführer hoffte, dies durch eine »intensivierte Erziehung« ändern zu können.[30]

Die Geschichte vom edlen Räuber, der den Armen gibt, was er den Reichen genommen hat, ist vielleicht deshalb so populär, weil sie auch dort Hoffnung auf die Realisierbarkeit gerechter Verhältnisse spenden kann, wo es an echtem Rebellentum mangelt. »Das Bild einer Gemeinschaft freier und einander ebenbürtiger Männer, denen Autorität nichts anhaben kann, die Kämpfer für die Schwachen, Unterdrückten und Benachteiligten sind, hat Robin Hoods mittelalterlichen Wald überlebt und leuchtet auf dem Fernsehschirm auf. Die klassische Version des Banditenmythos in der Hochkultur macht dieselben Elemente geltend. Schillers *Räuber* singen von einem Leben der Freiheit im Wald, während sich ihr Anführer, der edle Karl Moor, der Obrigkeit ausliefert, um mit seinem Kopfgeld einen armen Mann zu retten.«[31]

# 15. Europas letzte Mohikaner. Utopische »Zigeuner«-Bilder

Als die von den kaiserlichen Truppen besiegten aufständischen Bauern vor ihren Häschern in die unzugängliche Wildnis fliehen, wird ihr Anführer von einer Gemeinschaft umherziehender Nomaden mit offenen Armen empfangen. »Seid willkommen! Alles ist Euer, was wir haben«, vernimmt der Götz von Berlichingen in der Szene »Nacht. Wilder Wald« aus dem Munde der »Zigeuner«, die in der zweiten Fassung von Johann Wolfgang Goethes 1774 uraufgeführtem Drama wie selbstverständlich ihr Hab und Gut mit dem Ritter teilen, seine Wunden versorgen und ihn auch militärisch zu unterstützen versprechen: »Götz, unser Leben und Blut lassen wir für Euch.«[1]

Einmal mehr wiederholt sich in diesem Stück eine Szene, die uns aus den vorangegangenen Kapiteln als reales Geschehen und als mythische Erzählung bereits wohlvertraut ist. Das abgeschiedene Camp einer nomadisierenden Gruppe wird zum Zufluchtsort von Flüchtlingen, die mit der Staatsmacht auf dem Kriegsfuß stehen. In den ambivalenten, zwischen Faszination und Verachtung oszillierenden Bildern, die in der Literatur vom »fahrenden Volk« gezeichnet wurden, erscheint das freie Leben in der Wildnis zugleich als ein die hergebrachte Ordnung bedrohendes Schreckgespenst und als Alternative zu der als bedrückend empfundenen Zivilisation.

## Widersprüchliche Projektionen

Seit dem 15. Jahrhundert waren umherreisende Gruppen von Rom, die im deutschen Sprachraum als »Zigeuner« bezeichnet wurden,[2] in Europa bekannt und wurden hiernach zum Gegenstand gegensätzlicher, aber sich zuweilen überlagernder Projektionen. Auf der einen Seite fürchtete das Bürgertum im frühneuzeitlichen Europa, in dem Sumpfgebiete trocken gelegt, Urwald in Forste verwandelt und Steppen ökonomisch nutzbar gemacht worden waren, dass vermeintlich zurückgebliebene Völker – und als ein solches wurden die Rom betrachtet – »aus dem ›tiefen Wald‹ in die Zivilisation einbrechen«[3] könnten. Auf der anderen Seite übte die diesen Gruppen nachgesagte nomadische Freiheit eine große Faszination aus, die sich in der Literatur der Romantik widerspiegelte.

Die an einer möglichst effektiven Ausschöpfung natürlicher und menschlicher Ressourcen orientierten Profiteure und Parteigänger kapitalistischer Modernisierung verwarfen die im Zigeunerbild zum Ausdruck kommende ungebundene und vermeintlich ursprüngliche Lebensweise der Nichtsesshaften als bestenfalls überflüssiges Fortschrittshindernis, was eine Legitimation für staatliche Repressionen bot, die später unter der faschistischen Herrschaft in Deutschland in einer auch rassenbiologisch begründeten Politik der systematischen physischen Vernichtung mündete.

Dem gegenüber glaubten die Skeptiker eines technisch definierten Fortschritts, in der Lebensweise der Rom die nicht realisierten Möglichkeiten der Vergangenheit und die nicht erfüllbaren Wünsche der Gegenwart[4] erkennen zu können. Ihnen imponierten die »Zigeuner«, weil sie sich dem zunehmend vom Takt der Maschinen diktierten

Leben in der Stadt verweigerten und somit »das letzte Bollwerk eines Lebens in freier Natur«[5] zu sein schienen. »Und fehlt es euch an feinen Sitten«, heißt es schon im »Lob der Zigeuner« aus der Feder des Rokoko-Dichters Friedrich von Hagedorn, »[s]o fehlts euch nicht an Fröhlichkeit. / Ihr scherzt auf Gras und unter Zweigen. / Ohn' allen Zwang und ohne Zeugen.«[6] In Goethes Roman *Wilhelm Meisters Lehrjahre* lesen wir über einen »Zigeunerhaufen«: »Man beneidete die wunderlichen Gesellen, die in seligem Müßiggange alle abenteuerlichen Reize der Natur zu genießen berechtigt sind; man freute sich, ihnen einigermaßen ähnlich zu sein.«[7] Spätromantische Autoren wie Matthew Arnold oder der viel gelesene englische Reiseschriftsteller George Borrow wiederum stilisierten die »Zigeuner« zu den »letzten Mohikanern« Europas.[8] »Die Wildheit der Zigeuner wird von Borrow zwiespältig wahrgenommen: als unverdorbene Natürlichkeit und als Unfähigkeit zur Weiterentwicklung und Anpassung, derentwegen ihr Untergang drohe. Für ihn sind sie das einzige freie Volk in Europa, das durch Absonderung den Zwängen der Moderne widerstehe.«[9]

## Freie Liebe

Die Ursprünglichkeit, Natürlichkeit, Unabhängigkeit und Freiheit, die im Zigeunerbild zum Ausdruck kamen, bildeten einen radikalen Gegenentwurf zur entstehenden Industriegesellschaft mit ihrer patriarchal geprägten bürgerlichen Moral.[10] Auch der Russe Aleko, die männliche Hauptfigur in Alexander S. Puschkins 1827 veröffentlichter Ballade »Die Zigeuner«, ist wie Götz von Berlichingen auf der

Flucht vor der Staatsgewalt, als er von Semfira, der Tochter eines Stammesältesten, in ihr Camp mitgenommen wird, von dem es heißt: »Das Lager ist, der Freiheit Bild, / Froh unterm Himmel aufgeschlagen«.[11]

Der beiden Liebe ist jedoch kein Glück beschieden. Semfira beharrt auf ihrer sexuellen Autonomie, nimmt sich einen jungen Liebhaber und wird von Aleko, der sie als seinen Besitz betrachtet und sich mit ihrer emanzipierten Haltung nicht abfinden kann, am Ende erschlagen. Daraufhin schließt ihn die Gemeinschaft der »Zigeuner«, bei der er hatte Unterschlupf finden wollen, aus ihren Reihen aus. »Bei uns, der Wildnis, freien Söhnen«, lässt Puschkin den Ältesten der Gruppe sagen, »/ Gibt's keine Folter, kein Gericht. / Nicht lechzen wir nach Blut und Tränen, / Doch dulden wir den Mörder nicht. / Du taugst nicht für das wilde Leben: / Es soll nur dir die Freiheit geben. / Du bist voll Stolz und Rachbegier, / Doch friedlich sanft sind unsere Sitten. / Das Band ist zwischen uns zerschnitten«.[12]

Wenig verwunderlich ist, dass solche Schilderungen sexueller Autonomie großen Anklang in Kreisen von Künstlern fanden, die gegen die geltenden Normen rebellierten, sich Gaukler, Narren, Abenteurer, Verbrecher oder Bettler nannten und auf diese Weise eine »Entbürgerlichung des Künstlerbildes«[13] betrieben. Sie verstanden sich – meist aus der Ferne – als Seelenverwandte der Zigeuner und bezeichneten sich seit der Mitte des 19. Jahrhunderts selbst als »Bohémiens«, dem französischen Ausdruck für das fahrende Volk.[14]

Es bildete sich eine Alternativkultur heraus, die um 1900 auf dem Monte Verità oberhalb Asconas am Lago Maggiore im Tessin ihren ersten international beachteten Ausdruck fand. Man war gegen Kirche, Staat und Parteien, setzte auf zwanglose Selbstorganisation und verstand sich in der Nachfolge von spirituellen Führern wie Jesus, Buddha, Franz von Assisi und Meister Eckhart als Vorboten einer künftigen kommunistischen Gemeinschaft der Liebe, die alle nationalen Grenzen überwand.[15] »Vernichten wir das Vaterland einiger weniger Profitmacher«, forderte der Maler Hans Tombrock 1929, »und setzen wir an dessen Stelle dieses: die ganze Erde als unsere Heimat, als Vaterland aller, die eines guten Willens sind, aller, die sich in wahrer, brüderlicher Menschenliebe verbinden möchten, in Liebe zu allem, was da ist, in Liebe zum Leben selbst.«[16] Um die Wende zum 20. Jahrhundert tauchten Zigeunerbilder »am Rande sowohl in der Literatur des Wandervogels, einer in unterschiedliche weltanschauliche Richtungen zersplitterten Gegenbewegung zur Industrialisierung, Urbanisierung und ›Verweichlichung‹ des modernen Lebens, als auch in literarischen Texten aus dem Umfeld sozial-karitativer und politischer Unternehmungen auf«.[17]

Auf den ersten Blick eher ungewöhnlich mutet an, dass das »fahrende Volk« im Vorfeld der 68er-Studentenbewegung auch architektonische Entwürfe der Neo-Avantgarde inspirierte. Constant Nieuwenhuys, ein unter dem Namen »Constant« bekannter und 1920 in Amsterdam geborener Mitgründer der Malergruppe Cobra, legte ab 1960 eine Reihe von Modellen vor, mit denen er unter dem Titel »New Babylon« – die Bezeichnung geht auf eine Idee Guy Debords zurück – Grundzüge einer Stadt der Zukunft entwarf. Sein utopisches Projekt, an dem er bis Anfang der 1970er-Jahre arbeitete, erläuterte Constant in Vorträgen, mit Zeichnungen, Collagen, Lithografien, Radierungen und Ölbildern, die er in Galerien und Kunstausstellungen präsentierte, zum Beispiel 1966 bei der Biennale in Venedig. Der Ursprung all dieser Aktivitäten aber ist in einem Modell für einen Lagerplatz zu suchen, den er bereits in den 1950er-Jahren eigens für eine Gruppe von Rom entwickelt hatte. »In Alba, einem kleinen Städtchen in Norditalien, lebte Constant 1956 einige Zeit bei Pinot Gallizio. Gallizio kam gerne mit den Zigeunern zusammen, die jedes Jahr durch Alba zogen und dort eine gewisse Zeit kampierten. Sie waren auf ein unwirtliches Gebiet abgedrängt worden, wo sie mit bescheidenen Mitteln ihre provisorische Siedlung aufrichteten.«[18]

Die in der Architekturskizze vorgesehene Konstruktion besteht aus transportablen leichten Bauelementen, wie sie auch bei Zirkuszelten üblich sind. Dadurch wäre es möglich gewesen, das Campgelände jedes Jahr anders zu nutzen. In seine Konzeption einer künftigen Weltstadt integrierte Constant Elemente, die Bedürfnissen des nichtsesshaften, ständig umherschweifenden Menschen gerecht werden sollten. »Und explizit gegen die selbstverständliche Vorstellung des Menschen als Arbeiter oder Angestellter, einer geregelten Tätigkeit nachgehend und in seinem Berufsleben fest verankert, stellt Constant sich den spielerischen Menschen vor, den ›homo ludens‹, den die Automatisierung aus den Bindungen an einen Arbeitsplatz freigesetzt hat und der seine schöpferischen Energien ungehindert entfalten kann, der sein Leben und seine Lebenswelt als Künstler entwirft, von seinen Leuten heute hierher und zu jener Form getrieben wird und morgen irgendwohin verschwindet. [...] Leitern,

Gerüste und leichte Strukturen öffnen den Baukörper nach allen Seiten, wie es für die Arbeit von außen und innen notwendig ist. Nicht eine Eingangstür im Erdgeschoss führt ins Gebäude; von allen Richtungen, auf jeder Höhe steigt man ein.«[19] Einen spektakulären Auftritt als Freiheitsheld hatte »der Zigeuner« dann noch einmal 1973, als der rebellische und antiimperialistisch gestimmte Geist der revoltierenden Jugend bereits zum fast selbstverständlichen Bestandteil der Massenkultur geworden war – und zwar in der nach einem Drehbuch von Thomas Münster realisierten Fernsehserie *Arpad der Zigeuner.* Darin verkörpert der Titelheld eine Art Robin Hood, der die ungarischen Kuruzzen in der Puszta bei ihrem Aufstand gegen die Habsburger unterstützt.[20]

# 16.
# Durch Absonderung zum Sozialismus: Die Vagabunden

Insofern die Bezeichnung »Zigeuner« innerhalb der antibürgerlich gesinnten Teile der Künstlerschaft, der Bohème – der Name, der sich um 19. Jahrhundert für diese Szene mehr und mehr durchsetzt –, als Ehrentitel betrachtet und als Eigenbezeichnung genutzt wurde,[1] ist es auch nicht verwunderlich, dass die von Angehörigen der künstlerischen Subkultur angeführten Vagabundenbewegung in Deutschland die »Zigeuner« als Brüder und Schwestern im Geiste betrachtete. Sie sah sie als natürliche Verbündete in einer sich herausbildenden »Internationale der Fahrenden«, die in ihrer Bewegungsfreiheit nicht durch Grenzen eingeschränkt werden sollte.[2] Die vereinten Bewohner der Landstraßen hatten in ihren Augen das Potenzial, als Vorhut einer Gesellschaft ohne Grenzen, staatliche Repression und kapitalistischem Erwerbszwang der ersehnten sozialen Revolution den Weg zu weisen. Die Figur des Vagabunden stand für Arbeitsverweigerung, Müßiggang und Reiselust und wurde damit zu einer populären »Projektionsfläche für Sehnsüchte nach einem von alltäglichen Zwängen befreiten Leben«.[3]

Nicht wenige abenteuerlustige Sprösslinge bürgerlicher Familien, vor allem Künstler und Studenten mit literarischen Ambitionen, verschrieben sich um 1900 zumindest eine Zeit lang dem unsteten Wanderleben, das ihnen als »Inbegriff grenzenloser Freiheit«[4] erschien – auch wenn das mit der harten Lebensrealität der Menschen, die von den Behörden als Vagabunden, Landstreicher oder Kunden drangsaliert wurden, nur wenig zu tun hatte. Im Jahr 1727 verfügte der preußische König Wilhelm der I., dass alle Bettler und Landstreicher bei Strafe das Land zu räumen und sich zu den ihnen angewiesenen Orten zu begeben hätten.[5] Nach der Reichsgründung von 1871 wurde die »Vagabundenfrage« immer wieder Thema der öffentlichen Debatte um die Verschärfung bestehender Gesetze. Schließlich gab es im ausgehenden 19. Jahrhundert sogar Überlegungen, die Vagabunden in die Kolonie Deutsch-Südwestafrika zu deportieren.[6]

Im Zuge der revolutionären Ereignisse, die dem Ersten Weltkrieg folgten, politisierten sich Teile der antibürgerlich gesinnten Alternativszene[7] und manch einer glaubte, die von Gewerkschaften und einer marxistisch geprägten Sozialdemokratie als schwer oder gar nicht zu organisierendes Lumpenproletariat geschmähten Vagabunden zum vorwärtstreibenden und vorbildlichen Faktor im Kampf für einen freiheitlichen Sozialismus machen zu können.

## Die Gemeinschaft der Ausgestoßenen

Der anarchistische Schriftsteller Gustav Landauer hielt im Sommer 1900 auf einer Veranstaltung des Friedrichshagener Dichterkreises unter der Überschrift »Durch Absonderung zur Gemeinschaft« eine Rede, in der er den Ausstieg aus der bestehenden Gesellschaft mittels ländlicher Siedlungsgenossenschaften forderte.[8] In seinem 1911 veröffentlichten »Aufruf zum Sozialismus« heißt es: »Gruß euch, ihr Schweifenden, ihr Rastlosen, ihr Wanderer und

Landstreicher und Pflastertreter, die ihr kein Wirtschaften und kein Einfügen in diese Zeit vertraget«.[9] Der in seinem politischen Denken maßgeblich von Landauer beeinflusste und mit dem unsteten Leben auf der Straße wohlvertraute Dichter Erich Mühsam verfasste 1906 einen Text für die von Karl Kraus herausgegebene Zeitschrift *Die Fackel*, in dem er den Schulterschluss zwischen antibürgerlichem Künstlertum, politischer Rebellenattitüde und Vagabondage vollzieht: »Es ist dieselbe Sehnsucht, die die Ausgestoßenen der Gesellschaft verbindet [...]. Verbrecher, Landstreicher, Huren und Künstler – das ist die Bohême, die einer neuen Kultur die Wege weist.«[10]

In einem 1909 in dem Periodikum des Sozialistischen Bundes veröffentlichten Text mit dem Titel »Neue Freunde« führt er seine Überlegungen zum rebellischen Potenzial der Vagabunden fort: »Unter diesen Menschen, die ihre Anlagen und das Leben zu Rebellen gemacht, die oft Generalstreikler aus innerem Antrieb, nicht selten Destruenten aus unbewusstem Gerechtigkeitsgefühl sind, – sollten unter ihnen nicht unsre Menschen zu finden sein, deren Zerstörungstrieb nur der dumpfe Ausdruck einer positiven Betätigungslust war, der bisher die Idee und die Möglichkeit fehlte?«[11] Möglicherweise hatte Gregor Gog, den eine langjährige Freundschaft mit Mühsam verband, diese Formulierung im Hinterkopf, als er 20 Jahre später auf dem von ihm vorbereiteten Vagabundenkongress lauthals forderte: »Generalstreik das Leben lang! Lebenslänglicher Generalstreik!«[12]

## Revolutionäre Umsturzpläne

Wenngleich insgesamt nicht mehr als 600 Personen vom 21. bis zum 23. Mai 1929 im Stuttgarter Freidenker-Garten zum Ersten Internationalen Vagabundenkongress zusammenkamen und neben Bohemiens und Angehörigen der Wandervogelbewegung die tatsächlichen Bewohner der Straße unter ihnen nur eine kleine Minderheit ausgemacht haben dürften, erweckten manche Redebeiträge den Eindruck, als ob die ins Stocken geratene Weltrevolution ausgerechnet auf dem Stuttgarter Killesberg einen neuen Anlauf nehmen wollte. Man beabsichtige »die kapitalistische, ›christliche‹, kerkerbauende Gesellschaft ins Wackeln, ins Wanken, zu Fall zu bringen!«,[13] ließ Gog als federführender Organisator die zum großen Teil »einer gesellschaftlich höheren Schicht«[14] oder der Wandervogelbewegung angehörenden Zuhörerschaft in seiner Eröffnungsrede wissen. Ein ausgesprochen ambitioniertes Vorhaben, das der 1891 als Sohn einer Magd und eines Zimmermanns geborene ehemalige Matrose, Gärtner, zeitweilige Bohemien und Tippelbruder, da verkündete – ebenso wie der Aufruf zur »Nichtachtung und Nichtschützung der Grenzen«.[15]

Aber der Vortrag hielt sich nicht bei utopischen Wünschen auf, sondern enthielt auch konkrete Nahziele. So wandte sich Gog gegen »ein neues Gesetz, das Zwangsarbeitsstätten auf Lebenszeit einführt«,[16] und kündigte an, mit der von ihm zwei Jahre zuvor initiierten Bruderschaft der Vagabunden eine selbstorganisierte Alternative zu den als bevormundend empfundenen Herbergen von Kirche und Behörden aufbauen zu wollen.[17] Andere Redner schworen die Anwesenden ein auf die »bewusste Solidarität untereinander«.[18]

In der Kommunistischen Partei sah man damals einen Bündnispartner im Kampf gegen das verhasste Kapital. Doch misstraute die Bewegung jeder hierarchischen Ordnung, weshalb ihr Verhältnis zu Gewerkschaften und linken Parteien stets angespannt blieb. Mit Anarchisten und Anarchosyndikalisten stand man dem Staat als solchem ablehnend gegenüber. »Der Staat«, so der Maler und Dichter Hans Tombrock, »ist der Feind des Menschen, der Staat legt uns Fesseln an, tötet das Menschliche, das Gute, die Liebe, die Freiheit, alles, was lebendig ist, in uns. Der Staat will Bürger, Steuerzahler, Beamte, Soldaten – dem Staate geht es nicht um den Menschen – der Staat will die Nation. Und die Nation, das ist so ein Tier, so eine Bestie, so ein blutsaufendes, mordendes, wahnsinniges Ungeheuer, das auf Befehl auf eine andere Nation losgelassen wird – und dann ist das Krieg«.[19] Aufgrund dieser Vorbehalte betrachtete man den sowjetischen Versuch, mithilfe des Staatsapparates eine Alternative zur kapitalistischen Herrschaft aufzubauen, mit großer Skepsis. Gog selbst rückte schließlich von seiner anarchistischen Haltung ab. Nach einer Reise in die Sowjetunion änderte Gog seinen politischen Kurs und näherte sich den Kommunisten an. Viele ehemalige Mitstreiter wandten sich aus diesem Grund von ihm ab.

## Die Bruderschaft

Das publizistische Forum der 1927 gegründeten Bruderschaft der Vagabunden, der mit Ausnahme der Tänzerin und Schriftstellerin Jo Mihaly nur wenige sogenannte Tippelschicksen angehörten, war die im selben Jahr zum ersten Mal in einer kleinen Auflage von 1000 Exemplaren im Verlag der Vagabunden erscheinende Zeitschrift *Der Kunde* (später: *Der Vagabund*). Die bis 1931 in Sonnenburg und somit in Nähe von Gogs Wohnort Stuttgart-Degerloch produzierte Publikation war ein Organ »vagabundischer Selbstverständigung, aber auch Medium der Außenwirkung«, die in 21 Ausgaben der Bewegung mit authentischen O-Tönen von der Straße, literarischen Texten, Essays, politischen Pamphleten und Illustrationen ein Gesicht gab.[20]

Gog, der von außenstehenden Beobachtern auch »König der Vagabunden« genannt wurde, gelang es immer wieder, prominente Autoren wie Hermann Hesse, Oskar Maria Graf, Erich Mühsam oder Maxim Gorki als Beiträger zu gewinnen. Daneben organisierte er Veranstaltungen sowie Ausstellungen, die das Anliegen der Bewegung bekannt machen sollten, und wirkte 1930 beim semidokumentarischen Spielfilm *Vagabund* mit. Es handelt sich um »eines der ganz wenigen filmischen Dokumente aus dieser Blütezeit vagabundischer Kultur [...]. Der Film wurde am 16. Juni 1930 im Berliner Marmorhaus-Kino uraufgeführt«.[21] Die Gogs Aktivitäten zugrunde liegende ästhetische Haltung fasste er in einem Satz zusammen: »Wir werden größtenteils Tendenzkunst zeigen zur Verringerung des Leids auf Erden!«[22] Mit dem Machtantritt des Nazifaschismus ist die kurze Zeit der Vagabunden-Bewegung beendet. Ihre Mitglieder wurden verfolgt, in Konzentrationslager gesteckt oder in die Emigration getrieben.[23] Gregor Gog starb am 7. Oktober 1945 im sowjetischen Exil. In jüngerer Zeit wurde er wiederentdeckt. 2014 kam es auf der Bühne des Stuttgarter Theaters Rampe zur Wiederaufführung des Vagabundenkongresses und 2019 widmete sich ein Comic dem abenteuerlichen Leben und Wirken des Künstlers.[24]

# 17.
# In den Fußstapfen Dschingis Khans

Im Zuge der Enthüllungen über die Verbrechen Stalins, die mit einer Rede von Nikita Chruschtschow im Jahr 1956 offiziell bestätigt wurden, und vor dem Hintergrund des antikolonialen Aufbruchs in den Ländern des Trikont nahm die Suche nach einer Alternative zum real existierenden Sozialismus, wie er sich seit der Oktoberrevolution in der Sowjetunion und in den Staaten des Warschauer Vertrages realisiert sowie in ideologisch erstarrten kommunistischen Parteien in vielen Ländern Westeuropas manifestiert hatte, nach dem Zweiten Weltkrieg erneut an Fahrt auf. Aus den Befreiungsbewegungen der sogenannten Dritten Welt, so hoffte man, könnte vielleicht so etwas wie ein »dritter Weg« hervorgehen, der dem Kapitalismus der NATO-Staaten widerstand, ohne dass sich die neuen Nationalstaaten dem Machtanspruch der Sowjetunion und ihrer Verbündeten unterwerfen müssten.

An vielen Universitäten in Westeuropa wurden die Schriften von Marx und Engels neu interpretiert, von der Parteidoktrin abweichende Positionen und anarchistische Klassiker wiederentdeckt. »Nach dem Schock, den Chruschtschows Enthüllungen und der Aufstand in Ungarn auslösten«, heißt es in einer Studie über die Rezeption des französischen Poststruktualismus in Deutschland, »lebte das Bekenntnis zum Sozialismus in der Theoriearbeit der Neuen Linken fort«.[1] Linksradikale Intellektuelle in Italien, die von den staatssozialistischen Resultaten der herkömmlichen revolutionären Strategien ebenso enttäuscht waren wie von denen einer sozialdemokratischen Reformpolitik, wandten sich nach dem Zweiten Weltkrieg von der Vorstellung ab, dass entscheidende politische Fortschritte durch die Vermittlung von Parteien oder Gewerkschaften überhaupt erreicht werden könnten. Der Klassenkampf, so ihre Überzeugung, sollte stattdessen an der Basis der gesellschaftlichen Produktion von den Arbeitern selbst geführt werden. »Ein entscheidendes Ereignis in diesem Zusammenhang war der wilde Streik vom 7. Juli 1962 auf der Piazza Statuto in Turin. In der dreitägigen Straßenschlacht, bei der auch Gewerkschaftsbüros gestürmt wurden, entlud sich eine angestaute proletarische Wut gegen das Fabriksregime und gegen die Unfähigkeit der Gewerkschaften«.[2]

Im Umfeld der Zeitschriften *Quaderni Rossi* und *Potere Operaio* bildete sich unter der Bezeichnung Operaismus eine postmarxistische Strömung heraus. Ihre Theoretiker, zu denen auch Antonio Negri gehörte, deuteten die Ereignisse vor der Folie der Geschichte des Auszugs der Israeliten aus dem Sklavenhaus Ägypten – wir haben uns mit dem Ursprung und der Wirkungsgeschichte dieses Narrativs in Kapitel 6 ja bereits näher befasst – als »Exodus« aus den Institutionen der repräsentativen Demokratie in die Autonomie der Straße[3] sowie als Bruch einer sich selbst ermächtigenden Arbeiterklasse mit ihren Institutionen, die sich von nun an jenseits und autonom von Gewerkschaften und kommunistischer Partei organisieren sollte. Schwerpunkte der Reflexion sowie der praktischen Arbeit der sich seit den 1950er-Jahren herausbildenden Neuen Linken waren der Kampf für die Gleichberechtigung der Geschlechter, die sexuelle Befreiung, die Rechte von Minderheiten, die Solidarität mit den antikolonialen Befreiungsbewegungen und der Antifaschismus. Eine zentrale Frage dabei war: Wie lässt sich eine sozialistische Gesellschaft schaffen, die am Ende nicht zu einem autoritären Gebilde erstarrt? Gab es aus diesem Dilemma einen Ausweg? Oder anders gefragt: »Ist eine Organisation möglich, die sich nicht am Modell des Staatsapparates orientiert und so vielleicht gar den künftigen Staat präfiguriert?«[4] Ihre eigene Rolle als Intellektuelle sahen die Operaisten nicht darin, die politische Bewegung zu führen, sondern darin, den streikenden Arbeitern und Studierenden auf deren Flucht vor und aus den institutionellen Rahmenbedingungen des bisherigen politischen Kampfes zu folgen. »Sie konzeptualisieren damit«, so Laurin Mackowitz, »einen Exodus ohne Moses«.[5]

Einerseits versuchte man, »sich dem Kapitalismus und dem Staat zu entziehen und zu verweigern, andererseits wurde mit nichtkapitalistischen Organisations- und Lebensformen experimentiert. Der Auszug wurde als Druckmittel, d. h. als politisches Instrument und als Alternative, d. h. als soziales Experiment, verstanden und praktiziert«.[6] Die Angehörigen des spielerisch kreativen und mehr von Studenten als von Arbeitern getragenen Zweigs der Bewegung entdeckten »Tanz, Verkleidung und Überschreitung«[7] als Weg in die Alternative zu Staat und Parteihierarchie.

Sie legten Kriegsbemalung an und stellten im Sommer 1977 als selbsternannte »Indiani Metropolitani« in Bologna die Grundfesten der kapitalistischen Leistungsgesellschaft infrage – nicht ohne dabei auch den parodistischen Bruch mit den von der kommunistischen Partei hochgehaltenen Ritualen der Arbeiterbewegung zu vollziehen.[8]

Weniger militant als die italienischen Genossen proklamierten im Jahr darauf die »Stadtindianer« des Berliner

Tunix-Kongresses den Rückzug aus bürgerlich-kapitalistischen und den Aufbau eigener Sozialformen als alternativen Weg der Gesellschaftsveränderung,[9] was von manchen Akteuren der 68er-Bewegung als Ausdruck einer von vornherein zum Scheitern verurteilten Weltflucht abgelehnt wurde. »Während sich die 68er Bewegung aufmachte, um die Gesellschaft zu ändern«, bemängelte SAZ, die Zeitung der Sozialistischen Assistentenzelle, am 1. Mai 1978, »haut die 78er Bewegung aus dieser Gesellschaft ab«.[10] Ihre Identifikation mit einem geschlagenen Volk sei die Identifikation mit der Niederlage: »Sie malen sich an und werden zu Stadtindianern, verziehen sich ›*unter das Pflaster von diesem Land*‹«.[11]

## Die Theorie der Kriegsmaschine

Vielleicht die ersten, die das Thema »Flucht« als vielversprechende Strategie des politischen Widerstands im Theoriediskurs der Neuen Linken zu etablieren versuchten, waren Gilles Deleuze und Félix Guattari mit ihrer Theorie der »Kriegsmaschine«. So bezeichnen die französischen Autoren eine ausgesprochen staatsfeindliche, zugleich überaus mächtige, aber dennoch flüssige Form der Macht. Sie gebrauchen den Ausdruck, dem der Geruch des Gefährlichen anhaftet, als eine gegen Herrschaftsapparate jeder Art gerichtete Metapher. »Es gibt die Kommunen«, erklärte Deleuze 1973 auf einem Antipsychiatrie-Kongress in Mailand, »es gibt die Randgruppen, die Kriminellen, es gibt die Drogenabhängigen, es gibt das Fliehen in Drogen, es gibt Fluchten aller Art, es gibt schizophrene Fluchten, es gibt Leute, die auf alle mögliche Weise flüchten«.[12]

Hinzu kommen Meuten, Diebes-, Räuber- und Piratenbanden.[13] Auch der Verrat, das Aufbrechen, das Vagabundieren und das Aus-der-Spur-Treten, die Undiszipliniertheit, der Aufstand, der Guerillakrieg und die Revolution[14] sind Vokabeln, die das Autorengespann der Kriegsmaschine zurechnet. In jedem Gefüge, selbst noch dem musikalischen und dem literarischen, so Deleuze, lasse sich abschätzen, inwiefern die betreffende Erscheinung eher dem Pol der Kriegsmaschine oder dem des Staatsapparats zuzurechnen sei.[15]

Wenn er und Guattari zwischen einem durch Mauern, Einfriedungen und Wege zwischen den Einfriedungen eingekerbten geschlossenen Raum der Sesshaften und einem offenen und glatten Raum der Nomaden unterscheiden, mag das zunächst ziemlich abstrakt klingen.[16] Doch wenn sie die Erfindung der Kriegsmaschine auf berittene Hirtennomaden zurückführen, die »aus der Tiefe der Steppe oder Wüste vorstoßend ins Reich«[17] mit Staaten und Städten zusammenprallen,[18] betreten sie historisches Terrain, das wir im Rahmen dieses Essays bereits vermessen haben, und das sie konkret in einem Oppositionspaar benennen: »Dschingis Khan und der Kaiser von China.«[19] Ihre Theorie zehrt von den Erkenntnissen, die – beginnend mit Herodots Aussagen über die militärischen Vorteile nomadischer Freiheit – spätestens seit dem 5. Jahrhundert v. u. Z. über das Verhältnis von berittenen Steppenkriegern zu Großreichen zusammengetragen worden waren. In der Auseinandersetzung mit dem historischen Material gelangen sie zu Einsichten, die vor dem Hintergrund der vorangehenden Kapitel nicht mehr überraschen: etwa, dass es immer ein wesentliches Bemühen des Staates gewesen ist, die Arbeitskraft festzuhalten und sesshaft zu machen;[20] dass es zwischen ihm und Nomaden auch friedliche Austauschbeziehungen gab – ein »*ständiges Interaktions-*

*feld*«;[21] oder dass sich Nomaden immer wieder vom Staat haben vereinnahmen lassen (durch Söldnerdienste oder wenn diese selbst die Bastionen imperialer Macht eroberten[22]).

In ihrem Bemühen, die Nomadenkrieger gleichwohl als einen ständigen Unsicherheitsfaktor für die Stabilität der Herrschaftsordnung zu beschreiben (durch Desertion und Seitenwechsel, Putschversuche von Offizieren usw.[23]), tun die Autoren dem historischen Beispielmaterial gelegentlich aber auch Zwang an. Etwa wenn sie die »eigenartige Idee, Menschen nach Zahlen zu organisieren«,[24] auf die Gliederung nomadischer Reiterarmeen in »Zehnergruppen oder Hundertschaften« zurückführen.[25] Denn dabei handelt es sich mitnichten um eine spezifisch nomadische Form staatsfeindlicher Organisation, sondern um den Versuch, die gegen eine Zentralisierung der Streitkräfte gerichtete verwandtschaftliche Struktur lose konföderierter Stämme aufzubrechen.[26] Da die Autonomie der von charismatischen Anführern geleiteten Clans und Kriegertrupps das Durchregieren von oben nach unten erschwerte, versuchte man einfache, hierarchische Befehlsstrukturen an ihre Stelle zu setzen. In der Durchsetzung des numerischen Prinzips kommt also keineswegs der herrschaftsfeindliche Charakter der Nomaden zum Ausdruck, sondern das Bemühen ihrer Anführer, sie zu Untertanen zu machen, die sich ebenso leicht lenken lassen, wie die an hierarchische Strukturen gewöhnten Untertanen des chinesischen Imperiums.

Auf einem anderen Blatt steht die Frage, ob es überhaupt sinnvoll ist, dem Krieg so viel emanzipatorisches Potenzial zuzutrauen, wie Deleuze und Guattari es tun. Richtig ist – so viel haben die von ihnen zugrunde gelegten Ausführungen Pierre Clastres' über die bewaffneten Auseinandersetzungen indigener Gesellschaften Süd- und Nordamerikas gezeigt –:

Der ständige Krieg zwischen kleinen Gruppen verhindert, dass sich diese zu einem zentralisierten Ganzen zusammenfügen lassen.[27] Hier, so Deleuze und Guattari, wirke der Krieg als ein Mechanismus, »der sich gegen den Staat richtet und ihn verhindern soll«.[28] Zugleich aber – und das gilt es mitzubedenken – schildert Clastres diese häufigen Kriegszüge als die einzige Situation, in der die Gesellschaften gegen den Staat den ansonsten weitgehend machtlosen Häuptlingen vorübergehend eine Befehlsgewalt einzuräumen bereit waren. Insofern nun die berittenen Hirtennomaden der asiatischen Steppen über eine Kriegsmaschine verfügten, die sehr viel effektiver war, eine weitaus größere Zahl von Menschen involvierte und eklatante Machtgefälle zwischen den konföderierten Stämmen und ihren Anführern aufwies, hatte sich auch deren Machtbasis vergrößert und damit zugleich die Chance, dauerhafte Formen der Herrschaft durchzusetzen – was sie auf den von ihnen eroberten Territorien in Nordchina schließlich immer wieder auch taten. Die nomadische Kriegsmaschine mag etwas sein, das den Staat der Sesshaften »tendenziell abschaffen will«,[29] die Vision einer friedlichen herrschaftslosen Ordnung lässt sich aus ihr nur schwer entwickeln. Insofern liegen Deleuze und Guattari auch falsch, wenn sie der Kriegsmaschine »ein anderes Wesen«[30] als dem Staatsapparat zuschreiben. Schließlich richtet sich die numerische Formierung der nomadischen Reiterarmee *gegen* das, was sie als staatsfeindliche Qualität der ursprünglichen Steppenkrieger herausgearbeitet haben: »das Infragestellen der Hierarchie, die ständige Erpressung zu Fahnenflucht oder Verrat, ein empfindliches Ehrgefühl, das wiederum dem Staatsgebilde entgegenwirkt«.[31]

Warum ist der Krieg der Steppennomaden ausgerechnet für Linksintellektuelle attraktiv, die sich ausdrücklich gegen den Missbrauch staatlicher Gewalt durch einen autoritär deformierten Sozialismus positionieren? Die Antwort ist schlicht: Er zeigte auf, dass es möglich war, ein Imperium mithilfe von hochflexiblen Guerillataktiken empfindlich zu treffen und sogar zu zerschlagen.[32] Und das war es, was sich die linksradikalen Theoretiker auch von den diversen neuen sozialen Bewegungen in der Auseinandersetzung mit einem übermächtig scheinenden Kapitalismus und den sozialistischen Parteidiktaturen erhofften. Eine zu sehr am utopischen Ideal orientierte Haltung der Machtvermeidung barg die Gefahr, dass die herbeigesehnte Revolution in weite Ferne rückte. Zwar zeigten Deleuze und Guattari eine partei- und staatsskeptische Haltung. Zugleich aber wollten sie tunlichst vermeiden, zu Denkern »einer unmöglichen Revolution zu werden, einer Revolution, aus der man umso mehr Lustgewinn zieht, als sie unmöglich ist.«[33] Während die von Clastres beschriebenen *Sociétés contre l'État* vielleicht nicht genug konzentrierte Macht aufzubringen in der Lage waren, um ein Imperium zu Fall zu bringen, war das Gewaltpotenzial der Gefolgsleute Dschingis Khans von einem ganz anderen Kaliber.

Die von ihnen praktizierten Taktiken des plötzlichen Zuschlagens, der Vereinigung diverser Kriegsmaschinen mit ihren je spezifischen Fluchtlinien, war das Vorbild, von dem sich revolutionäre Bemühungen in den von der Ost-West-Konfrontation geprägten Machtblöcken inspirieren lassen sollten. Denn das schien die Chance zu eröffnen, »den Organisationsplan der Welt und Staaten«[34] zu untergraben. »Warum also nicht einmal den Gedanken wagen, dass *ein neuer Typ von Revolution im Begriff steht, möglich zu werden*«,[35] brachte Deleuze seine Hoffnung 1977 in einem Gespräch zum Ausdruck.

Wie eine solche politische Umwälzung konkret aussehen könnte und wie sie ins Werk zu setzen wäre, blieb zunächst nebulös. Gleichwohl inspirierte es zahlreiche Akteure im linksradikalen und im postanarchistischen Spektrum, das in den 1990er-Jahren von sich reden machte,[36] wenngleich auch hier zuweilen bemerkt wurde, dass das Denkgebäude von Deleuze auf zentrale politische Fragen des linken Aktivismus keine Antwort bereithielt: »Wer macht die Revolution nach dem Ende des revolutionären Subjekts? Ist der Kapitalismus wirklich mithilfe von Prinzipien wie Aktivität und Vielfalt zu überwinden?«[37]

## Flucht aus der Lohnarbeit

Als die im Zuge zunehmender staatlicher Repressionen inhaftierten oder exilierten Intellektuellen der operaistischen Bewegung in den 1980er-Jahren mit dem französischen Poststrukturalismus in Berührung kamen, entwickelten sie ihre Ideen zu einem postoperaistischen Ansatz weiter, der den Exodus als alternative emanzipatorische Strategie jenseits falscher Kompromisse mit den Vertretern der herrschenden Klasse und revolutionärer Übernahme der staatlichen Gewaltapparate versteht.[38]

In seinem 1981 zum ersten Mal veröffentlichten Text »Exodus« vergleicht Paolo Virno die Weigerung jugendlicher Arbeitskräfte im Italien der späten 1970er-Jahre gegenüber einer Festanstellung in der Industrie mit den Schwierigkeiten, die kapitalistische Unternehmer in der Siedlerkolonie USA im 19. Jahrhundert noch dabei hatten, Lohnarbeiter auszubeuten, denen die Möglichkeit offenstand, im Westen eine Existenz als selbständige Bauern und Handwerker aufzubauen und auf diese Weise selbst zu unabhängigen Produzenten zu werden. Die massenhafte Flucht aus der Arbeit unter dem Lohnherrn stelle eine bedeutsame Abweichung gegenüber der Geschichte der europäischen Industriegesellschaft dar.[39] Virno zitiert aus dem ersten Band des *Kapitals* von Karl Marx: »Nicht nur bleibt der Exploitationsgrad des Lohnarbeiters unanständig niedrig«, heißt es in dem Kapitel »Die moderne Kolonisationstheorie«, darüber hinaus verliere er »mit dem Abhängigkeitsverhältnis auch das Abhängigkeitsgefühl vom entsagenden Kapitalisten.«[40]

Für eine kurze Zeit, so Virno, habe auch in Italien die Mobilität der jugendlichen Beschäftigten als politische Ressource gewirkt, die zum Verfall der industriellen Disziplin führte und einen gewissen Grad an Selbstbestimmung zuließ.[41] In dem Maße, in dem die Jugend nicht mehr unter drängender existenzieller Not leidet, scheint die Flucht aus dem Zwang zur Lohnarbeit als eine Strategie zur Bekämpfung kapitalistischer Herrschaft auf, die es – wie in der biblischen Exodus-Erzählung – erlaube, selbstbestimmte und insofern alternative Lebensweisen auszuprobieren, deren Autonomie dann gegen Zugriffe des Staates verteidigt werden kann. »Zur alten Idee des Fliehens, um dadurch angreifen zu können, kommt die Sicherheit hinzu, dass der Kampf umso wirksamer sein wird, wenn wir *etwas zu verlieren haben außer unseren Ketten.*«[42]

An dieser Stelle zeigt Virnos Argumentation einen Widerspruch, der sich nur schwer auflösen lässt. Denn die von ihm als Alternative zum Herrschaftsmonopol von einer Multitude zu vollziehende »Gründung einer Republik«,[43] die durch »*bewahrende Gewalt*«[44] gegen den Staat verteidigt werden soll, vernachlässigt die inhärente Konfliktdimension des Politischen. Einmütigkeit zwischen den diversen Akteuren dürfte ein rarer Ausnahmefall sein. Was das gemeinsame Wohl ist und wie es erreicht werden kann, ist in einem demokratischen und pluralen Gemeinwesen je nach Interessenlage der Beteiligten immer mehr oder weniger umstritten. Republiken sind eben keine »autonomen Ausdrucksformen des Im-Einvernehmen-Handelns«,[45] wie Virno zu glauben scheint, sondern Arenen, in denen Machtkämpfe so reguliert werden, dass sie auf friedliche und demokratische Weise ausgetragen werden können. Wer sie hingegen als »Werke der Freundschaft« missversteht, »die verteidigt zu werden verdienen, koste es, was es wolle«,[46] setzt sich der Gefahr aus, dass ihn die verdrängte Gewalt auf brutale Weise wieder einholt. Konsensverweigerer erscheinen nun nämlich nicht mehr als Gegner, die legitime eigene Interessen verfolgen, sondern als Feinde, die es auszuschalten gilt.

## Klassenkampf im »Empire«

Fortgeführt wurde das von Virno, Deleuze und Guattari wieder aufgegriffene Nachdenken über Nomadismus und Flucht als widerständige politische Strategien in einem ambitionierten Theorieprojekt, das unter dem Titel *Empire* zu Beginn des 21. Jahrhunderts gänzlich unerwartet international Furore machte. »Die Schlachten gegen das Empire«, formulieren Michael Hardt und Antonio Negri im direkten Anschluss an *Tausend Plateaus*,[47] »lassen sich vielleicht durch Sich-entziehen und Abfallen gewinnen. Diese Desertion verfügt über keinen Ort; sie ist die Evakuierung der Orte der Macht«.[48] Weitreichende politische Ereignisse wie der Fall der Berliner Mauer und der Zusammenbruch des Ostblocks zeigten, dass die Desertion großer Menschenmengen sogar eine bis an die Zähne bewaffnete Weltmacht zum Einsturz bringen könne.[49] Nun spricht einiges dafür, die historisch nicht nur im Zusammenhang mit der Sklaverei in Amerika immer wieder in Erscheinung tretende Mobilität von Arbeitern mit Iris Därmann als Widerstandsformen auf »der Suche nach Freiheit und neuen, besseren Lebensbedingungen«[50] anzusehen, doch sind sie, anders als Hardt und Negri meinen, nicht selbst schon die Realisierung einer republikanischen Form der Selbstregierung. Der von den Autoren hochgehaltene »*Wille, dagegen zu sein*«[51] ist unter repressiven Verhältnissen allenfalls die Bedingung der Möglichkeit für deren demokratische Veränderung. Keineswegs zeigt die widerständige Haltung für sich genommen schon an, wohin die revolutionäre Reise gehen soll. Die wichtige Frage, wie Institutionen der Freiheit beschaffen sein müssen, damit sie nicht neue Formen der Unterdrückung hervorbringen, bleibt ungeklärt. Die strikte Weigerung radikaler Politik, »sich in bestehende Institutionen einzubringen«[52] und die im Ton nietzscheanischer Propheten vorgetragene Hoffnung auf eine »neue Horde von Nomaden, eine neue Rasse von Barbaren«, die »ins Empire einfallen oder es evakuieren«,[53] kann eine Veränderungsstrategie nicht ersetzen.

»Die Strategie des Exodus«, so die Politikwissenschaftlerin Chantal Mouffe, »setzt die Möglichkeit eines erlösenden Sprungs in eine Gesellschaft jenseits von Politik und Souveränität voraus, in der es der Multitude möglich wäre, sich unmittelbar selbst zu regieren und instrumentiert zu handeln, ohne Gesetz oder Staat zu benötigen, und in der jeder Antagonismus verschwunden wäre«. Realistischer wäre es, so wie die zitierte Autorin davon auszugehen, »dass ein vollkommen inklusiver Konsens und eine absolute Demokratie niemals erreichbar sind«,[54] und mit ins Kalkül zu ziehen, dass die frei gelassenen Widerstandsenergien der Menge sich auf eine destruktive Weise entfalten könnten, wenn sie sich nicht an einer hinreichend plastischen Vorstellung der herbeigesehnten gesellschaftlichen Alternative ausrichten. Wie sich das von Negri und Hardt als revolutionäre Ressource hervorgehobene Dagegensein in einen Widerstand verwandelt, »der zu Liebe und Gemeinschaft wird«,[55] bleibt ebenso unklar wie die stark religiös aufgeladenen Metaphern, derer sich die Autoren glauben bedienen zu müssen, wenn sie ihre Vision eines »säkularen Pfingstfests«[56] skizzieren, in dem sich die Körper vermischen und »die Nomaden« auf der ganzen Welt eine »gemeinsame Sprache« zu sprechen beginnen. Dessen ungeachtet erfreuen sich Exoduspraktiken, die innerhalb kapitalistischer Gesellschaften selbstorganisierte Freiräume etablieren wollen, seit den Zehnerjahren des 21. Jahrhunderts wieder einer wachsenden Beliebtheit. Hierzu zählt der Philosoph Daniel Loick beispielsweise »Land- oder Stadtkommunen, selbstverwaltete Schulen und Kinderläden, besetzte Häuser oder Fabriken, subsistenzorientierte Landwirtschaftsprojekte, autonom organisierte Subökonomien wie Tauschringe, Peer Production, Commoning und kollaborativer Konsum, feministische Experimente mit Polysexualität und Polyamorie, Community Gardening und die Aneignung und Umdeutung urbaner Räume oder das Zelten auf besetzten Plätzen wie etwa im Rahmen der Occupy-Proteste.«[57] Einen wichtigen Anstoß bekam die Suche nach neuen Formen selbstbestimmten Zusammenlebens schon wenige Jahre nach dem Zusammenbruch des Staatssozialismus, als sich Indigene und militante linke Aktivisten im mexikanischen Chiapas mit einem weltweit wahrgenommen Paukenschlag daran machten, die Gesellschaft zu verändern, ohne die Staatsmacht zu ergreifen.

# 18.
# Die Armee aus den Bergen. Aufstand der Zapatisten

San Cristóbal de las Casas, Chiapas, Mexiko. Wir schreiben den 1. Januar 1994. Mehrere Hundert Bewaffnete, Männer und Frauen in bunt zusammengewürfelten Uniformen, die Gesichter teilweise mit rot karierten Halstüchern verhüllt, dringen kurz nach Mitternacht von allen Seiten in die Stadt ein. Es sind Indigene verschiedener Ethnien: Tzotziles, Tzeltales, Choles und Tojolabales, die von den Bergen herabgestiegen waren. Die durch den Ort führende Hauptstraße sperren sie mit Holzstämmen ab. Die Inbesitznahme der Stadt durch die Angehörigen marginalisierter Gemeinschaften ist ein bemerkenswerter Akt kollektiver Selbstbehauptung. In den 1920er-Jahren war es ihnen laut Gemeindeordnung noch untersagt gewesen, die Bürgersteige zu betreten. Wer sich dem nicht unterwarf, wurde ins Gefängnis gesteckt oder zu Zwangsarbeit verurteilt.[1] In jüngerer Zeit betrachtete man die Indianer als Farbtupfer, mit dem der Ort für Touristen an Attraktivität gewinnen sollte.

Was am heutigen Tag geschieht, hat mit einer zu kommerziellen Zwecken dargebotenen Folklore-Veranstaltung jedoch wenig zu tun. Bald weht aus dem Rathaus eine schwarze Fahne mit rotem Stern und den Buchstaben EZLN. Die Initialen stehen für Ejército Zapatista de Liberación Nacional (Zapatistische Armee der Nationalen Befreiung). Einer der Maskenträger gibt der Presse tagsüber Interviews.

Er ist der einzige Weiße unter den Aufständischen. Auch er trägt Uniform, hat sein Gesicht in eine Art Skimaske gehüllt, aus deren Mundöffnung eine Tabakpfeife ragt. Sein Name sollte sich bald herumsprechen: Subcommandante Marcos.

Die Zapatisten erklärten der Regierung an diesem Tag den Krieg. Sie machten aber auch deutlich, dass sie über grundlegende politische Veränderungen zu verhandeln bereit waren. Sie forderten die Erfüllung eines 34-Punkte-Programms, das wirklich freie und demokratische Wahlen, den Rücktritt des amtierenden Präsidenten, eine Autonomie der Indigena-Regionen in politischer, wirtschaftlicher und kultureller Hinsicht sowie die Revision des Freihandelsvertrages mit Kanada und den USA beinhaltete. Hinzu kamen unter anderem die Einrichtung von Krankenhäusern, die Entmilitarisierung der ländlichen Gebiete, eine besondere Aufmerksamkeit für die Rechte und Bedürfnisse der Frauen sowie die Etablierung von Menschenrechtskommissionen, die von der Regierung unabhängig sind.[2]

Der spektakuläre erste Auftritt der Zapatisten in San Cristóbal de las Casas machte die zuvor praktisch unbekannte politische Bewegung mit einem Schlag weit über die Grenzen Mexikos hinaus bekannt. Das, was in den folgenden Monaten im lacandonischen Urwald geschah, war der Startschuss des weltweiten Aufbegehrens vielfältiger, kapitalismuskritischer Basisgruppen, die sich als Anti-Globalisierungsbewegung miteinander vernetzten. Einmal mehr begegnen wir einem uns an dieser Stelle bereits wohlvertrauten Muster: Menschen, die in die Berge und Wälder flüchten, um sich der staatlichen Repression zu widersetzen, gründen dort ein neues Gemeinwesen und senden demokratische Impulse zurück in die Metropolen. Auch sie griffen dabei auf den Mythos des Exodus zurück:

»Die Zapatisten [...] identifizierten sich gewissermaßen mit den Israeliten und machten sich daran, sich von der postkolonialen und neoliberalen Unterdrückung zu befreien und die Fundamente einer neuen Gesellschaft zu legen. Ihr Exodus sollte kein physischer, sondern ein spiritueller und politischer sein«,[3] so Laurin Mackowitz. Bleibt zu klären, mit wem wir es eigentlich zu tun haben: Wer waren die Rebellen, die den mexikanischen Staat auf eine zuvor nie gesehene Weise herausforderten?

## Der Mann mit der Pfeife erzählt

Mit einiger Wahrscheinlichkeit handelt es sich bei dem kleinen Häuflein von Revolutionären, die Anfang der 1980er-Jahre in den Bergwäldern Zuflucht suchten, um Mitglieder der Nationalen Befreiungsfront (*Frente de Liberación Nacional*, FLN) – eine Guerilla-Bewegung, die sich 1969 in der nordmexikanischen Stadt Monterrey gegründet hatte, um die politische Macht zu übernehmen und in Mexiko eine Volksrepublik der Arbeiter und Bauern zu errichten. Ende der 1970er-Jahre geriet die Organisation zunehmend in die Defensive, was einige ihrer Mitglieder einen Neuanfang versuchen ließ. Die Gründung der Zapatistischen Armee der Nationalen Befreiung (EZLN) wird auf den 17. November 1983 datiert.[4] »Am Anfang«, erzählt Subcommandante Marcos von der Frühphase der Untergrund-Armee, »war die EZLN eine kleine Gruppe mit einem traditionellen militärisch-politischen Konzept, die sich stark an die anderen lateinamerikanischen Guerilla-Gruppen anlehnte. Dann begannen aber sechs Leute, der Kern der Truppe, das Konzept an die Realitäten vor Ort anzupassen. Wir mussten lernen, in den Bergen zu leben, wir hatten damals keine Unterstützung aus den Dörfern, bekamen Nachschub nur aus den Städten.«[5]

In der drei Jahre dauernden ersten Phase, in der es nur sporadische Kontakte zur indigenen Bauernbevölkerung gab, habe man das Überleben in den Bergen üben müssen. In der zweiten Phase hätten sich ihnen junge Indigena-Männer, aber auch ein oder zwei Frauen angeschlossen und ihre eigene Weltsicht und Kultur in die noch sehr kleine Guerilla-Truppe eingebracht. Die weiblichen Neumitglieder hätten dafür mit der Kultur ihrer Dorfgemeinschaften brechen müssen, die männlichen hingegen mit ihrer machistischen Auffassung, bei der Guerilla handele es sich um eine Männersache.[6] Während in den meisten Indigena-Gemeinden die Frauen eine untergeordnete Rolle spielten, wurde das traditionelle Rollenverständnis in der EZLN aufgebrochen. Nach internen Auseinandersetzungen gelang es den Kämpferinnen, ihre Forderungen nach gleichberechtigter Teilhabe durchzusetzen.[7] In der dritten Phase ging es um die Kontaktaufnahme mit den Dörfern, die sich seit Jahrzehnten gegen die Versuche von Großgrundbesitzern zur Wehr setzten, ihnen das zum Leben notwendige Land wegzunehmen, und sich dabei heftige Auseinandersetzungen mit dem Staat und den sich auf ihrem Gebiet ausbreitenden Großgrundbesitzern lieferten. Es ging darum, genug Land zu erhalten, um das eigene Überleben zu sichern, und darum, »die gesetzliche Grundlage für ihren Landbesitz garantiert zu bekommen«.[8] Die Indigenen widersetzten sich der Enteignung ihres Territoriums durch zwei Regierungsmaßnahmen, die eine Bedrohung für ihr Überleben darstellten: das sogenannte Dekret über den Lacandonen-Urwald sowie die »Reform des Verfassungsartikels 27 im Jahr 1992, der das Agrarland für Privatinvestitionen öffnete und das System des kollektiven Landbesitzes unterminierte.«[9] Die Zapatisten kamen schließlich mit den Gemeinden vor Ort überein, die regionale Bevölkerung mit der Waffe in der Hand gegen die Übergriffe der von Viehzüchtern beauftragten Paramilitärs und der Polizei zu verteidigen.[10]

## Von unten nach oben

Die Guerilleros verabschiedeten sich von der Idee, als Marxisten-Leninisten eine Avantgardegruppe des Proletariats zu sein, stellten sich in den Dienst der nach basisdemokratischen Verfahren entscheidenden Dorfgemeinschaften und ordneten sich deren Beschlüssen unter.[11] In den bäuerlichen Gemeinden des Lacandonen-Urwaldes, die zumeist erst in den 1950er- und 1960er-Jahren entstanden waren,[12] erfolgte die Entscheidungsfindung traditionellerweise nach dem Konsensprinzip. Oft wurden einzelne Redebeiträge stundenlang diskutiert und gegeneinander abgewogen. Die Demokratie der Dorfversammlungen war durch ein Vertretungssystem gekennzeichnet, das »für große Vorsitzende nach maoistischem Vorbild keinen Platz hat«.[13] Lokale Autoritäten wurden nach ihrem Alter und der für die Gemeinde geleisteten Arbeit rekrutiert. Das langsame, aber stetige Wachsen der EZLN hatte die Anpassung der Guerilleros an die indigene Praxis der Demokratie zur Voraussetzung. »Nur die feste Verankerung in der Bevölkerung machte es ihr möglich, fast zehn Jahre lang im Verborgenen zu arbeiten.«[14]

Der Zapatismus, resümiert Subcommandante Marcos, sei das Produkt eines Schocks, der sich in dem Moment einstellte, als die sich selbst als revolutionäre Elite verstehenden Städter realisieren mussten, dass ihr ursprünglicher

Plan für eine marxistische Revolution an den Bedürfnissen und Nöten der Dorfbevölkerung vorbeiging und ihr nicht zu vermitteln war. Aus dem Zusammenprall der weit auseinanderliegenden Perspektiven sei schließlich jener neue Diskurs hervorgegangen, der das zapatistische Politikverständnis formte.[15] Dieses hält es seit 1994 für möglich, »Politik zu machen, ohne die Macht ergreifen zu wollen.«[16]

Die Entscheidungsverfahren der Zapatisten orientieren sich an der Idee des *mandar obedeciendo* (»gehorchend regieren«) und leiten sich von der oben bereits erwähnten Praxis der Dörfer ab, alle wichtigen Entscheidungen so lange in der ganzen Gemeinde zu diskutieren, bis ein Konsens erreicht wird, und in der gewählte Amtsinhaber mit sofortiger Wirkung abberufen werden, wenn sie den Ansprüchen der Gemeinde nicht gerecht werden. »Darum wurde die Entscheidung, in den Krieg zu ziehen, nicht von irgendeinem Zentralkomitee getroffen und dann nach unten weitergegeben, sondern wurde von allen Gemeinden in Dorfversammlungen diskutiert.«[17]

Die Wirkung des Aufstands in Chiapas war enorm. In Mexiko half er bei der Herausbildung einer kritischen Öffentlichkeit, jenem diskursiven Raum, für den sich der Ausdruck »Zivilgesellschaft« durchgesetzt hat. »Es wurden Diskussionen entfacht, und Themen, die früher weitgehend tabu waren, wurden mit Vehemenz aufgegriffen, so die einseitige Liberalisierung der Wirtschaft ohne ausreichendes soziales Gegensteuern, der ständig stattfindende Wahlbetrug, der schleppende Prozess der Demokratisierung, Menschenrechtsverletzungen des Militärs in Chiapas und allgemein die schwierigen Zukunftsaussichten für zahlreiche Sektoren in Mexiko angesichts der NAFTA sowie die wachsende Verarmung großer Bevölkerungsteile.«[18]

Resonanz erhielten die Zapatisten aber bei Weitem nicht nur in ihrem eigenen Land. Danielle Mitterrand, Präsidentin der Menschenrechtsorganisation France-Libertés und Witwe des ehemaligen französischen Staatspräsidenten François Mitterrand, hielt es 1996 nach einem Besuch bei den Aufständischen für möglich, dass deren politisches Vorgehen »die Vorstellung von Demokratie erneuern«[19] könnte – und zwar ebenso wie die Reformen des Perikles in Athen und die Erklärung der Menschenrechte in Frankreich. »Dank der Zapatisten«, formulierte sie überschwänglich, »machen wir die ersten Schritte in Richtung einer Besitzergreifung der Politik durch alle«.[20] Sicher ist, dass die Zapatisten ein Kristallisationskern für die sich damals über Ländergrenzen und Kontinente hinweg formierenden basisdemokratischen Bewegungen gegen den neoliberalen Kapitalismus und die Folgen einer unter dem Diktat privatwirtschaftlicher Konzerninteressen durchgesetzten Globalisierung wurden. Sie initiierten das internationale Netzwerk People's Global Action (PGA), das zu Aktionstagen gegen die Welthandelsorganisation (WTO) in Seattle aufrief sowie gegen Treffen des Internationalen Währungsfond (IWF) in Washington und Prag mobilisierte.[21]

Das von international vernetzten Globalisierungskritikern organisierte Weltsozialforum sowie Attac übernahmen ihren vielleicht wichtigsten Leitspruch von den Zapatisten: »Eine andere Welt ist möglich«.[22] Seit dem Auftakt 2001 im brasilianischen Porto Alegre wird versucht, das Weltsozialforum jedes Jahr an einem anderen Ort stattfinden zu lassen. Die Lage der Menschen in Chiapas hat sich unterdessen bis heute nicht verbessert. Im Sommer 2021 initiierte der EZLN eine Reise indigener Aktivisten aus Mexiko nach Europa, um die widerständigen Gruppen diesseits und jenseits des Atlantiks effektiver zu vernetzen.[23] Während sich also realpolitisch seit Beginn des Aufstands wenig verändert hat, trug das Geschehen in Chiapas in Italien, Spanien, Deutschland und vielen anderen Ländern dazu bei, »die linke Diskussion, die Politikkonzepte und die Vorstellungen gesellschaftlicher Emanzipation zu verändern«.[24] Für Linksintellektuelle, die sich nach dem Ende des Staatssozialismus neu orientierten, wirkte die basisdemokratische Praxis der Zapatisten wie eine Frischzellenkur. Diese, befand der marxistische Philosoph Wolfgang Fritz Haug, enthalte »für die sozialen Bewegungen der ganzen Welt wertvollste Anregungen«.[25] Ein Teil der Debatte kreiste damals um die Frage, ob die in einer konkreten politischen Situation entwickelte zapatistische Strategie, die Welt zu verändern, ohne die Macht zu ergreifen, auf die Dauer Erfolg versprechend war und ob sie sich auf andere Kontexte übertragen ließ.

Die Sozialwissenschaftler Ulrich Brand und Joachim Hirsch beschrieben die an die Quadratur des Kreises gemahnende Aufgabenstellung mit den Worten: »Die Schwierigkeit besteht also darin, Politik in Bezug auf den Staat zu machen, ohne sich dabei selbst in staatlichen Formen zu bewegen und damit tatsächlich Herrschaft zu reproduzieren. Es geht um die praktische Realisierung eines Politikbegriffs, der sich von herrschenden bürgerlichen und etatistischen radikal unterscheidet.«[26]

Während der damals viel diskutierte Politologe John Holloway von der Benemérita Universidad Autónoma de Puebla zu Anfang der 2000er-Jahre mit seiner am zapatistischen Beispiel entwickelten Theorie einer kreativen Anti-Macht einen Ansatz vorschlug, der – jedenfalls in seinen Augen –

»weitaus radikaler und zugleich weitaus realistischer« war »als jegliche Vorstellung der Revolution, die auf der Eroberung der Macht basiert«,[27] warnte sein argentinischer Kollege Atilio A. Boron davor, die Macht des Staates nicht zu unterschätzen. Zwar seien die Aufständischen im Recht, wenn sie sich vor der Illusion hüteten, es würde genügen, den Staat einfach zu übernehmen, um schon dadurch tiefgreifende gesellschaftliche Veränderungen zu erreichen, doch weil die in Richtung der Armen und Ausgebeuteten zu verändernden Kräfteverhältnisse im Staat verdichtet seien und zudem übermächtige Feinde besiegt werden müssten, um dem Ziel ein Stück näher zu kommen, ließe sich das Projekt der Weltveränderung nicht dauerhaft jenseits des Staates bewerkstelligen. Wer auf ihn einzuwirken versuche, müsse sich auch seiner Mittel bedienen. Nur hier könnten »die siegreichen Kräfte ihre Interessen in Gesetze fassen sowie einen normativen und institutionellen Rahmen schaffen [...], der die Beständigkeit ihrer Errungenschaften auf Dauer garantiert.«[28] Der Reduktionismus des bürokratischen Apparates oder der Avantgarde lasse sich nicht dadurch bekämpfen, »dass nun unter anderem Vorzeichen ein gleichartiger Fehler begangen wird, indem behauptet wird, das Problem der Macht lasse sich auf der Ebene des Diskurses lösen«.[29] Eine vermittelnde Position in dieser Diskussion nahm der bereits erwähnte Wolfgang Fritz Haug ein. Er merkt an, dass die Zapatisten schon sehr bald »zu einer Fußnote in der Geschichte gescheiterter Revolutionen geworden«[30] wären, hätten sie versucht, die Staatsmacht zu erobern. Ein reale Chance, die Regierung mit Gewalt zu stürzen, bestand zu keinem Zeitpunkt.

# 19. Zivilisierung des Staates

Überall dort, wo der Staat in der Geschichte auftauchte und sein Zwangsregime etablierte, trieb er Menschen in die Flucht[1] und brachte auf diese Weise ganz ohne Absicht sein Gegenstück hervor: an den Idealen von Freiheit und Gleichheit orientierte Gemeinwesen, in denen »alle edel geboren werden«.[2] Die »mit Peitschenhieben«[3] unter den »ganz besonderen Bedingungen des südlichen Irak« errichtete Zivilisation, betonte Bruce Chatwin, war zunächst vor allem »etwas, vor dem man flieht«.[4] Der Schriftsteller war davon überzeugt, dass »die nomadische Alternative« in Zeiten der Not zu verlockend war, »als dass man ihr hätte widerstehen können.«[5]

Im Mai 1968, als Studenten in Paris auf die Barrikaden gingen, hatte Chatwin das Schreiben noch nicht zu seinem Beruf gemacht, sondern war damit beschäftigt, eine Ausstellung nomadischer Kunstwerke aus der asiatischen Steppe vorzubereiten, die im Januar 1970 in der Asia House Gallery in New York eröffnet werden sollte. Das war eine höchst ungewöhnliche Aufgabe für einen jungen Mann, der damals noch als Archäologiestudent an der Universität Edinburgh eingeschrieben war. Aber der ehemalige Mitarbeiter des renommierten Auktionshauses Sotheby's hatte sich dort zuvor innerhalb kürzester Zeit vom Botenjungen zum Direktor der Abteilungen für Impressionistische Kunst und Antiquitäten hochgearbeitet und verfügte deshalb bereits über ein Netzwerk wichtiger Kontakte in der internationalen Kunstwelt, die ihm nun dabei halfen, aussagekräftige Exponate aus der ganzen Welt zusammenzutragen – vornehmlich Gerätschaften, die bei berittenen Hirtennomaden des 5. und 6. Jahrhunderts v. u. Z. im Gebrauch waren.[6]

Im Zuge seiner Akquise und der damit verbundenen Recherchen entwickelte Chatwin eine Idee, die ihn von nun an nicht mehr losließ und in seinen bekanntesten Büchern, *In Patagonien* und *Traumpfade*, deutliche Spuren hinterließ: Nicht die sesshafte Zivilisation, sondern das Nomadentum sei die dem Menschen gemäße Form der Existenz. Fernwirkungen des ursprünglichen Umherschweifens glaubte er noch im Alltagsverhalten moderner Stadtbewohner wiedererkennen zu können. »Wenn eine Mutter ihren Säugling in den Armen wiegt, ahmt sie unbewusst die edle Wilde nach, die durch die grasbewachsene Savanne schreitet und ihr Kind vor Schlangen, Skorpionen und anderen Schrecken des Buschs schützt«,[7] so Chatwins romantische Vorstellung. Rechercheréisen für ein Buch über das Nomadentum führten ihn nach Afghanistan, Westafrika, Mauretanien und Persien. Chatwin beabsichtigte, den Nichtsesshaften in seinem nie fertig gestellten Buch den ihnen seiner Auffassung nach gebührenden wichtigen Platz in der Menschheitsgeschichte zuzuweisen. Wie aus einem auf den 24. Februar 1969 datierten Brief an seinen Verleger Tom Maschler hervorgeht, wollte er im dritten Kapitel zeigen, inwiefern das Nomadentum eine Alternative zur von vielen Zwängen bestimmten Zivilisation darstellte.

Ende Mai 1969 unterzeichnete er einen Verlagsvertrag und erhielt einen Vorschuss von 200 Pfund. Damals schrieb er zudem das Szenario für ein am Ende ebenfalls nicht realisiertes »Musical über den Pharao Echnaton, in das die Mitanni [...], ein halbnomadisches Volk aus dem Irak, die Hethiter und natürlich auch die Ägypter einbezogen sind«, erinnert sich seine Frau Elizabeth.[8] Nicht bekannt ist, ob und inwiefern er beabsichtigte, das schon in der biblischen Überlieferung wichtige Thema der Flucht vor dem repressiven Staat in das gelobte Land in diesem Zusammenhang zu behandeln, das, wie wir gesehen haben, der politischen Ideengeschichte bis in die Zeit der Aufklärung und über sie hinaus immer wieder freiheitliche Impulse gab. Erzählungen von nomadischer Freiheit oder selbstbestimmten Frauen, die schon in den Imperien der Alten Welt die Runde machten, gingen auf wirkliche Erfahrungen zurück, die Untertanen des Staates mit Angehörigen egalitärer Gesellschaften machten, die sich beharrlich weigerten, vor irgendjemandem das Knie zu beugen. Wer unter der Knute der Steuereintreiber litt, die Einberufung zum Militär oder zu anderen Zwangsdiensten fürchtete und seines Lebens in den von Menschen überfüllten und immer wieder von Seuchen heimgesuchten Städten überdrüssig geworden war, konnte die Erzählungen über herrschaftsfreie Zonen am Rande der bekannten Welt als Hinweis darauf nehmen, dass es zur erlebten Unterdrückung eine Alternative gab. Wie meine Skizzen zu einem noch weithin ungeschriebenen Blatt in der Ideengeschichte belegen, haben wir es mit einem Phänomen zu tun, dass sich nicht auf die westliche Welt beschränkt, sondern das politische Denken auf dem gesamten Globus inspirierte, sobald der Staat als Herrschaftsform dort überhaupt in Erscheinung trat.

## Kulturelle Aneignung

Ganz entgegen einer weitverbreiteten Ansicht, waren es häufig nicht die Europäer, die den »Wilden« im Zeitalter des Kolonialismus die Idee der Demokratie schmackhaft machten oder sie ihnen verordneten, sondern es verhielt sich umgekehrt. Beispielsweise fühlte sich eine beträchtliche Zahl europäischer Neuankömmlinge auf dem Boden Nordamerikas von den deutlich demokratischeren Gesellschaften der Ureinwohner inspiriert, die sie dort kennenlernten. Der Naturzustand, so erkannten viele Bewohner der Grenzgebiete, britische Kolonialbeamte wie Cadwallader Colden, aber auch Philosophen wie William Ferguson, war keineswegs charakterisiert durch den Kampf eines jeden gegen jeden, sondern ein Typus gesellschaftlicher Ordnung, in dem Menschen als Freie und Gleiche zusammenlebten – auch wenn die als Antwort auf die konfessionellen Bürgerkriege des 17. Jahrhunderts formulierte und bis heute einflussreiche politische Theorie von Thomas Hobbes das Gegenteil nahezulegen schien. Die Unabhängigkeitsbewegung der rebellierenden englischen Kolonien in Nordamerika bediente sich in der zweiten Hälfte des 18. Jahrhunderts indianischer Kleidung und ahmte deren Rituale und Organisationsstrukturen nach, um ihre Verschiedenheit vom Mutterland und den republikanischen Charakter des neuen Gemeinwesens zu betonen.[9] Zu nennen sind in diesem Zusammenhang einflussreiche revolutionäre Gruppierungen wie die »Sons of Liberty« – den als Mohawk-Indianer verkleideten Aktivisten der historischen Boston Tea Party – der »Tammany Society« sowie dem »Order of the Red Man«.[10] Ein paar Jahre zuvor hatten offizielle Staatsbesuche indianischer Diplomaten am englischen Hof[11] in

London eine Gruppe junger Männer dazu inspiriert, in indianischer Kleidung als »Mohocks« zu randalieren. In den europäischen Metropolen machte damals auch die Frisurenmode der höheren Stände Anleihen bei der Haartracht der Indigenen.

Unabhängig davon, ob die Gesellschaften gegen den Staat, mit denen die Kolonisten ihre Erfahrungen sammelten, im konkreten Fall auf irgendeine Weise tatsächlich »ursprünglich« waren oder ob sie bereits die institutionelle Antwort auf eine zurückliegende Herrschaftserfahrung waren: Auf jeden Fall stellten sie eine echte Alternative dar, deren Beispiel es nachzuahmen lohnte. Sozialwissenschaftliche Theorien gründen unterdessen nach wie vor auf Begriffen, die im Kontext der globalen Vorherrschaft geformt wurden.[12] Dazu gehört die Vorstellung, das wirkliche Politik immer im Zusammenhang mit irgendeiner Form von Staatlichkeit, institutionalisierten Befehls- und Gehorsamsbeziehungen stehe. Das politische Denken von diesem kolonialen Ballast zu befreien, ist eine Aufgabe, die bislang kaum in Angriff genommen wurde.[13]

## Achse der Freiheit

Das afrikanische Mali kennt mit der Charta von Mandén das frühe Beispiel einer mündlich überlieferten Verfassung, deren Ursprung auf den Beginn des 13. Jahrhunderts datiert und die daher womöglich älter ist als die englische Magna Charta (1215). Sie enthält die Bestimmung, »dass Kriegsgefangene nicht versklavt werden durften.«[14] Die UNESCO hat dieses Dokument menschlicher Zivilisation erst im Jahr 2009 in das Weltkulturerbe aufgenommen.

Der aus Benin stammende Philosoph Paulin J. Hountondji hält es ganz zu Recht für unmöglich, »das Aufkommen von Werten im Allgemeinen – und speziell die Geburt der Idee der Menschenwürde und der ihrer Rechte – auf einen bestimmten Ort oder eine bestimmte Zeit einzuschränken, auch wenn das Bewusstsein für diese Werte im historischen Vergleich starken Schwankungen unterworfen ist und sich nur unter gewissen, vorteilhaften Umständen auch ausweiten kann.«[15] Die noch immer weitverbreitete Vorstellung, nach der die Menschenrechte eine Idee seien, die auf jenes Denken zurückgehen, das sich erst im Europa des 17. Jahrhunderts zu etablieren begann, ist bei näherer Betrachtung nicht so überzeugend, wie es zunächst den Anschein haben mag. Statt den Angehörigen nichtwestlicher Gesellschaften vorschnell »eine prinzipielle, kulturell bedingte Verständnislosigkeit gegenüber dem, was ›wir‹ (im Westen) mit den Menschenrechten meinen«,[16] zu attestieren, ist von der politischen Philosophie heute zu fordern, dass sie den Ballast einer Jahrhunderte dauernden kolonialen Vorherrschaft abwirft und an politische Erfahrungen anknüpft, die allen Kulturen vertraut sind. Einer der wenigen westlichen Intellektuellen, die sich schon unmittelbar nach dem Zweiten Weltkrieg bemühten, »in den nichteuropäischen Traditionen echte gleichberechtigte Gesprächspartner zu sehen«,[17] war Karl Jaspers.

Im Jahr 1937 hatte sich der Philosoph vor der von ihm als erdrückend empfundenen politischen Lage in Deutschland in ein Studium fernöstlicher Klassiker zurückgezogen und dabei eine Vorliebe für die klassische chinesische Philosophie entwickelt. In seiner 1949 veröffentlichten Schrift *Vom Ursprung und Ziel der Geschichte* rekonstruierte er die auf etwa 550 v. u. Z. datierte »Achsenzeit« als Ausgangspunkt für eine gelingende Verständigung zwischen den Kulturen. Damals hätten an verschiedenen Orten in China, Indien, Israel oder Griechenland zum ersten Mal selbstständige Denker als Einsiedler, Wanderprediger, Asketen, Propheten oder Philosophen die Bühne der Weltgeschichte betreten und unabhängig voneinander die Grundkategorien entwickelt, in denen Menschen bis heute denken. Gründergestalten wie Konfuzius, Laotse, Buddha, Zarathustra, Elias, Jeremias, Homer, Parmenides bis hin zu Plato hätten damit die Saat für eine gelingende interkulturelle Kommunikation in der Gegenwart gepflanzt. In der Rückbesinnung auf diese parallelen geistigen Durchbrüche[18] sieht Jaspers den Ausgangspunkt für eine noch zu entwickelnde kosmopolitische Ethik.

## Die gemeinsame Aufgabe

Heute gilt es, das verschüttete Potenzial von Jaspers Idee neu zu entdecken. Dafür ist es sinnvoll, einem Vorschlag des Ägyptologen Jan Assmann zu folgen und die Grundlagen des kosmopolitischen Humanismus nicht auf bestimmte Kulturareale im 6. Jahrhundert v. u. Z. zu beschränken.[19] Auch Jaspers stand noch in einer bis in die jüngste Zeit hinein kaum angefochtenen Denktradition, welche die Affinität der europäischen Philosophie zur Idee der politischen Freiheit im Vergleich zu anderen Regionen des Globus überbetont.

»In Griechenland«, so befand er, »erwuchs, wenn auch nur vorübergehend, eine Freiheit, die nirgends sonst in der Welt entstanden war. […] Damit legte die Polis den Grund allen abendländischen Freiheitsbewusstseins, sowohl der

Wirklichkeit der Freiheit wie des Freiheitsdenkens. China und Indien kannten in diesem politischen Sinne keine Freiheit«.[20] Die im Vergleich zu den Sklavenhaltergesellschaften des antiken Griechenlands in einem deutlich umfassenderen Sinne Freiheit und Gleichheit realisierenden Gesellschaften gegen den Staat kamen ihm in diesen Zusammenhang allerdings nicht in den Sinn.[21] Dabei hatten die ethnologischen Forschungen von Lewis Henry Morgan bereits im 19. Jahrhunderts eine Menge von teils recht präzisem Wissen über die Funktionsweise von politischen Institutionen in einer indigenen Gesellschaft Nordamerikas, der Konföderation der Irokesen, zusammengetragen[22] und ein Autor wie William Ferguson, der, wie wir oben gesehen haben, über bemerkenswerte Einsichten in den republikanischen Charakter indigener Gesellschaften in Nordamerika verfügte, war unter Geisteswissenschaftlern kein Unbekannter.

Auch Jaspers Schülerin Hannah Arendt bezog die wachsenden Erkenntnisse über politische Institutionen staatsloser Gesellschaften zu keinem Zeitpunkt ihres Schaffens in ihre Überlegungen mit ein – und das, obwohl sie politische Freiheit in ihrem Hauptwerk *Vita Activa oder Vom tätigen Leben* ausdrücklich als die Möglichkeit definierte, »sich in einem Raum zu bewegen, in dem es weder Herrschen noch Beherrschtwerden« gibt.[23] Dabei verdienen es viele Gesellschaften des subsaharischen Afrikas in einem deutlich stärkerem Maße, als demokratisch bezeichnet zu werden als die zudem ausgesprochen patriarchalischen Sklavenhaltergesellschaften der Antike.[24] Die entsprechenden Erkenntnisse lagen spätestens mit den einschlägigen Studien der britischen *Social Anthropology* vor,[25] aber sie erregten nie das Interesse einer Autorin, die sich andererseits nicht scheute, sich in auffällig abwertender Weise über vorkoloniale Gesellschaften Afrikas zu äußern. In ihrem ansonsten sehr lesenswerten Buch *Elemente und Ursprünge totaler Herrschaft* übernahm sie den Herrenmenschblick der Buren auf jene afrikanischen Stämme, die sich, wie wir bereits im ersten Kapitel dieses Buchs gesehen haben, ihrer Kolonisierung widersetzten. Statt sich einmal anzuschauen, was sich von den Versammlungen staatsloser Gemeinwesen über die Möglichkeit der Institutionalisierung von Freiheit lernen ließe, blieb Arendt einem eurozentrischen Blick verhaftet, der meint, den herrschaftsfreien Modus der Politik nur der antiken Polis sowie – als revolutionäres Übergangsphänomen in der Neuzeit – rätedemokratischen Strukturen attestieren zu können.

Ein Gesichtspunkt, der selbst in den seit längerer Zeit geführten postkolonialen Debatten bis vor Kurzem wenig diskutiert wurde, ist der Einfluss von transkulturellen Begegnungen auf die Philosophie der Aufklärung. Graeber und Wengrow haben mit ihrem Buch *Anfänge* ein größeres Publikum auf den Ethno- und Kolonialhistorikern längst vertrauten Sachverhalt aufmerksam gemacht, »dass europäische Händler, Missionare und Siedler zweifellos lange Gespräche mit den Menschen führten, denen sie in der sogenannten Neuen Welt begegneten, und nicht selten über längere Zeitraume unter ihnen lebten«.[26] Die Autoren machen plausibel, dass die Kritik der Indigenen an der ihnen unverständlichen Neigung der Kolonisten, Befehlen zu gehorchen, über die zeitgenössische Berichterstattung Eingang in die politische Philosophie gefunden hat. Weitere Studien haben nachweisen können, dass das Beispiel indianischer Freiheit auf vielfache Weise Eingang in die politischen Auseinandersetzungen fand, die zur Gründung der USA führten.[27]

Auch im Hinblick auf die Achsenzeit-These drängt sich eine Frage geradezu auf: Haben auch die von Jaspers als Pioniere des rationalen Denkens herausgestellten Philosophen und Propheten aufklärerische Impulse aufgenommen, die von herrschaftslosen Gemeinschaften ausgingen, deren Angehörige einst vor dem Repressionsdruck der ersten Herrschaftszentren und Imperien geflüchtet waren? Vor dem Hintergrund der in diesem Essay gesammelten Indizien, die allerdings einer weiteren Überprüfung durch fachwissenschaftliche Studien erfordern, dürfte die Antwort positiv ausfallen. Man denke an die mit der Erzählung vom Exodus verbundene biblische Staatskritik, die Faszination des Daoismus für das einfache Leben in der Wildnis oder Platons Interesse an den nomadischen Reiterkriegerinnen. Offensichtlich ist, dass die grundlegenden Ideen, die wir heute mit einem demokratischen Gemeinwesen identifizieren – Freiheit, Gleichheit, Solidarität und Menschenwürde –, keineswegs allein in jener geografischen Region entstanden sind, die wir heute Europa nennen. Der Kampf um ihre Realisierung im Angesicht staatlicher Repression und privatwirtschaftlicher Ausbeutung kann vielmehr als das gemeinsame Erbe aller Erdenbewohner gesehen werden. Das Bestreben nach Selbstbestimmung kleidet sich dabei immer wieder in neue Gewänder.[28] Wir erkennen es in Freiheits- und Befreiungsmythen, Utopien und schließlich in politischen Theorien verschiedenster Couleur. Mal zeigt es sich in stark romantisierter, dann wieder in nüchternerer Form. Die weite Verbreitung, die heroisierte Freiheitsfiguren wie »der Pirat«, »der Edle Räuber« etc. über den Globus hinweg gefunden haben, deutet auf die ebenso weite Verbreitung von ganz ähnlichen Problemen, die Menschen mit repressiver Herrschaft haben.

So bestimmte die Vorstellung einer spezifisch nomadischen Freiheit im arabischen Mittelalter das Bild, das Dichter, Literaten und Historiker von den Beduinen zeichneten.[29] Aufgrund ihrer Neigung, sich gegen Machthaber zu erheben, erscheinen diese Wüstenbewohner, wie der marokkanische Philosoph und Historiker Abdallah Laroui betont, nicht zuletzt als »ein Riegel vor der absoluten Herrschaft des Staates«.[30] Schon die Universalgeschichte des späthellenistischen Historikers Diodor erzählt, dass sich die Nabatäer, ein nomadisierender arabischer Stamm, in die Wüste zurückgezogen hätten, »um auf keinen Fall Sklaven sein zu müssen«.[31] Und viele Jahrhunderte später macht sich der britische Archäologe, Sprachforscher und Schriftsteller Thomas E. Lawrence, der im Ersten Weltkrieg als britischer Spion den Guerillakrieg arabischer Stämme gegen die türkische Armee organisierte, die ausgeprägte Staatsfeindschaft der Beduinen zunutze. »Sie kämpften«, schreibt er in seinen Erinnerungen an den Feldzug, den er an der Seite des Sohns des Emirs von Mekka, Faisal, im Auftrag und zum Nutzen des Empire vorantrieb, »von einem Reich freizukommen, nicht um eins zu gewinnen«.[32]

Die globale Verbreitung von Freiheits- und Befreiungserzählungen kann als Hinweis dafür genommen werden, dass der Austausch von Perspektiven, die Übermittlung von Ideen zwischen unterschiedlichen Gemeinschaften, die sich auch durch äußere Einflüsse stetig wandeln, die Geschichte der Menschheit von Anfang an begleiten – wobei die Grenzen, die jeweils zwischen Siedlungen, politischen Gemeinwesen, Staaten und Reichen gezogen wurden, mal durchlässiger, dann wieder straffer gewesen sein mögen. In diesem Sinne kann »Globalisierung« – lange vor Kolonialisierung und internationalem kapitalistischen Warenverkehr – als eine Konstante einer vom Austausch von Gütern, Techniken der Produktion und der religiösen Daseinsbewältigung, von Geschichten aber auch von politischen Ideen geprägten Welt betrachtet werden. »Was als Kanon oder eigene Tradition verkauft wird, stammt meist aus einem Prozeß der Bastardisierung oder Hybridisierung, der nur deshalb unter den Tisch gekehrt werden kann, weil er historisch schon etwas zurückliegt«, sagte der Schriftsteller Ilija Trojanow.[33] Scheinbar feststehende Identitäten erweisen sich in historischer Perspektive oft als kaum mehr als Momentaufnahmen in einem steten Fluss, der immer neue kulturelle Mischungen hervorbringt.[34] »Jede Kultur«, betont der Literaturwissenschaftler Tsvetan Todorov, »ist auch aus der Begegnung von Kulturen hervorgegangen, wobei manche Kontakte durch Zwang, das heißt durch das Schwert, und andere auf friedlichem Weg hergestellt wurden«.[35] In der Geschichtsschreibung von Nationalstaaten oder Imperien – jedenfalls in ihrem Hauptstrang – wird dieser Sachverhalt in der Regel verschwiegen, um die bestehenden Herrschaftsverhältnisse durch eine selektive Auswahl der historischen Fakten zu untermauern. So erklärt sich auch die teils immer noch aggressive Abwehr, wenn Forschungen jenseits des akademischen Mainstreams die gängige Erzählung von der Überlegenheit des westlichen Entwicklungspfades infrage zu stellen versuchen. Das betraf noch in jüngerer Vergangenheit Untersuchungen, die einen afrikanischen Ursprung mancher Errungenschaften der griechischen Antike,[36] einen asiatischen Einfluss auf die Homer zugeschriebenen Dichtungen[37] oder einen indianischen Einfluss auf die US-Verfassung nahelegten.[38] Mehr und mehr stellt sich heraus, dass der Gedanke eines rein europäischen Ursprungs demokratischer Ideen hinterfragt werden muss – auch wenn zahlreiche Theorien der unterschiedlichsten politischen Richtungen, wie die belgische Politikwissenschaftlerin Chantal Mouffe kritisiert, weiter davon ausgehen wollen, »dass ›wir im Westen‹, wir, die Aufgeklärten, die fortschrittlichste und modernste Form von Demokratie geschaffen haben.«[39]

Demgegenüber stehen Behauptungen von Intellektuellen ehemals kolonisierter Gesellschaften wie dem senegalesischen Historiker Cheikh Anta Diop, dem ägyptischen Philosophen Hassa Hanafi oder dem japanischen Wirtschaftshistoriker Kawakatsu Heita, dass es sich umgekehrt beim afrikanischen, japanischen, chinesischen oder islamisch geprägten Zivilisationsmodell um das friedlichere und dem Westen letztlich überlegene handele.[40] Während hier – mit umgekehrten Vorzeichen – wiederum die Vortrefflichkeit des Eigenen betont wird, scheint mir das Herausarbeiten von Gemeinsamkeiten ein aussichtsreicherer Weg zu einer tragfähigen Verständigung der in vielerlei Hinsicht durchaus sehr verschiedenen kulturellen Traditionen zu sein. Tatsächlich ist die Idee der Demokratie etwas, das wir mit Mouffe als »transkulturell« bezeichnen können, wobei die jeweilige institutionelle Ausgestaltung unter dem Einfluss spezifischer Überlieferungen sehr verschieden sein kann[41] und die heute verbreitete westliche Form nicht »das einzige legitime und korrekte Modell ist.«[42] Die vergessenen, verdrängten und die noch ungeschriebenen Kapitel in der Globalgeschichte der demokratischen Idee ins allgemeine Bewusstsein zu heben, ist schon deshalb eine lohnende Aufgabe für alle Sozial- und Geisteswissenschaften, die sich um die Dekolonisierung des Denkens bemühen sowie nach tragfähigen und überzeugenden historischen Ansatzpunkten für eine transkulturelle Verständigung suchen.

# Danksagung

Den ersten Anstoß zu diesem Essay gab der im Mai 2017 von Oliver Eberl und Jochen Schwenk an der Technischen Universität Darmstadt durchgeführte Workshop »Staatlichkeit und Staatslosigkeit. Akephalie als Herausforderung und Ressource für die Sozialwissenschaften«, wo ich meine Thesen zum Verhältnis von Flucht und politischer Ideengeschichte zum ersten Mal in noch ganz rudimentärer Form einem kleinen Kreis von Sozialwissenschaftlern vorstellen durfte. Ich danke Oliver und Jochen für die Einladung und die vielen, sich daran anknüpfenden und immer anregenden Gespräche. Wertvolle Impulse und viel Ermutigung in der Beschäftigung mit herrschaftslosen Gesellschaften erhielt ich von Hermann Amborn, Peter von Oertzen (†), Christian Sigrist (†), Wolf-Dieter Narr (†) sowie vor allem von Rüdiger Haude.

Tanja Krone hat mich auf den frühen sächsischen Utopisten Christian Gottlieb Priber aufmerksam gemacht, dem zu Ehren sie 2016 gemeinsam mit Matthias Buss die Performance »Kingdom Paradise« auf dem Marktplatz von Zittau durchführte. Zwei Jahre zuvor hatte sie den Vagabundenkongress im Stuttgarter Theater Rampe reinszeniert. In einem Bericht über diese Aufführung las ich den Namen Gregor Gogs zum allerersten Mal.

Wertvolle Anregungen bekam ich außerdem von Dieter Metzler, Andreas Gehrlach, Elisa Bertuzzo sowie Michael Streitberg, der die erste Fassung dieses Essays zudem sorgfältig kommentierte. Dank gebührt zudem dem Berliner Senat, der mir durch seine finanzielle Unterstützung im ersten Jahr der Corona-Krise die Zeit verschaffte, um das angedachte Buch tatsächlich zu schreiben. Begleitet wurde das Projekt von meinem Agenten Michael Gaeb, der mir mit Rat und Tat beiseitestand. Der Verlag Matthes & Seitz stand dem Projekt von Anfang an sehr offen gegenüber, was die manchmal mühsame Arbeit an dem Manuskript erleichtert hat.

# Anmerkungen

1 Bruce Chatwin, *Der Nomade. Briefe*, München 2014, S. 134.
2 Lewis Mumford, *Mythos der Maschine. Kultur, Technik und Macht*, Frankfurt a. M. 1980, S. 294.
3 Edward Abbey, *Desert Solitaire. A Season in the Wilderness*, New York 1968, S. 169, zit. n. Chaim Noll, *Die Wüste. Literaturgeschichte einer Urlandschaft des Menschen*, Leipzig 2020, S. 626.

## 1. Einleitung

1 Rüdiger Haude, Thomas Wagner, »Von der Utopie zur Wissenschaft. Politische Grundbegriffe im Hinblick auf herrschaftsfreie Gesellschaften«, in: dies., *Herrschaftsfreie Institutionen. Texte zur Stabilisierung staatsloser, egalitärer Gesellschaften*, Heidelberg 2019, S. 79.
2 Unter den Begriff »Herrschaft« fasse ich jedes Sozialverhältnis, »in dem Befehls-Gehorsams-Strukturen institutionalisiert sind, also stabile Machtasymmetrien vorliegen«, ebd., S. 75.
3 Immanuel Kant, *Anthropologie in pragmatischer Absicht*, Hamburg 1980, S. 287. Die größte Nähe zu dieser reinen Anarchie weisen aus der ethnologischen Forschung bekannte staatslose Gesellschaften immer dann auf, »wenn sie auch keine häusliche Herrschaft, in erster Linie kein Herrschaftsverhältnis zwischen den Geschlechtern kennen.« Haude/Wagner, »Von der Utopie zur Wissenschaft. Politische Grundbegriffe im Hinblick auf herrschaftsfreie Gesellschaften«, S. 78.
4 David Graeber, David Wengrow, *Anfänge. Eine neue Geschichte der Menschheit*, Stuttgart 2022, S. 392.
5 Zora Neale Hurston, *Barracoon. Die Geschichte des letzten amerikanischen Sklaven*, München 2020, S. 169.
6 Sebastian Conrad, *Globalgeschichte. Eine Einführung*, München 2013, S. 9.

7 Ebd., S. 26.

8 Aristoteles, *Politik*, Reinbek bei Hamburg 1994, 1254b.

9 Thomas von Aquin, *Über die Herrschaft des Fürsten*, Stuttgart 1994, S. 58.

10 Zit. n. Jan Assmann, *Ma'at. Gerechtigkeit und Unsterblichkeit im Alten Ägypten*, München 1990, S. 245.

11 Zit. n. ebd., S. 215.

12 Zit. n. Wolfgang Bauer, *China und die Hoffnung auf Glück. Paradiese, Utopien, Idealvorstellungen in der Geistesgeschichte Chinas*, München 1989, S. 85.

13 Vgl. Assmann, *Ma'at*, S. 17.

14 Thomas Hobbes, *Leviathan*, Frankfurt a. M. 1994, S. 134.

15 Norbert Elias, *Über den Prozess der Zivilisation. Soziogenetische und psychogenetische Untersuchungen*, Bd. I, Frankfurt a. M. 1992, S. 44.

16 Ebd., S. 320.

17 Hans Peter Duerr, *Frühstück im Grünen. Essays und Interviews*, Frankfurt a. M. 1995, S. 38.

18 Oliver Eberl, *Naturzustand und Barbarei. Begründung und Kritik staatlicher Ordnung im Zeichen des Kolonialismus*, Hamburg 2021, S. 451.

19 Max Horkheimer, Theodor W. Adorno, *Dialektik der Aufklärung. Philosophische Fragmente*, Frankfurt a. M. 1981, S. 98.

20 Hannah Arendt, *Elemente und Ursprünge totaler Herrschaft. Antisemitismus, Imperialismus, totale Herrschaft*, München 1986, S. 388.

21 Ebd., S. 422.

22 Ebd., S. 427.

23 Ebd., S. 443.

24 Vor diesem Hintergrund wirkt Seyla Benhabibs Versuch, den gegenüber Arendt erhobenen Rassimusvorwurf als »abschätzige Lesart« zu entkräften, eher hilflos. Vgl. Seyla Benhabib, *Hannah Arendt. Die melancholische Denkerin der Moderne*, Hamburg 1998, S. 144.

25 Axel T. Paul, »Die Gewalt der Scham. Elias, Duerr und das Problem der Historizität menschlicher Gefühle«, in: Michaela Bau-

ks, Martin F. Meyer (Hg.), *Zur Kulturgeschichte der Scham. Archiv für Begriffsgeschichte*, Sonderheft 9, Hamburg 2011, S. 200.

26 Vgl. Thomas Wagner, *Irokesen und Demokratie. Ein Beitrag zur Soziologie interkultureller Kommunikation*, Münster 2004.

27 Vgl. Sally Roesch Wagner, *Sisters in Spirit. Iroquois Influence on Early Feminists*, Summertown (TN) 2001; dies., »The Iroquian Influence on Women's Rights«, in: José Barreiro (Hg.), *Indian Roots of American Democracy*, Ithaca (NY) 1992, S. 115–134.

28 Vgl. Lawrence Krader (Hg.), *The Ethnological Notebooks of Karl Marx*, Assen 1972.

29 Vgl. Friedrich Engels, *Der Ursprung der Familie, des Privateigentums und des Staats*, MEW 21, Berlin 1969, S. 25–173.

30 Graeber/Wengrow, *Anfänge*, S. 652 f., FN 71.

31 Vgl. Rüdiger Haude, »Macht und Herrschaft bei Pierre Clastres«, in: *Peripherie. Zeitschrift für Politik und Ökonomie in der Dritten Welt* (73/74) 1999, S. 192–197.

32 Graeber/Wengrow, *Anfänge*, S. 133.

33 Ebd.

34 Ebd., S. 134.

35 Ebd., S. 125.

36 Ebd., S. 126.

37 Ebd., S. 519.

38 Vgl. Ulrich Ahrens, *Fremde Träume. Eine ethnopsychologische Studie*, Berlin 1996, S. 339; Anthony F. C. Wallace, *The Death and Rebirth of the Seneca*, New York 1972, S. 61, 63.

39 Vgl. Wagner, *Irokesen und Demokratie*, Münster 2004, S. 348–356, sowie Wallace, *The Death and Rebirth of the Seneca*, S. 64, und Ella Elisabeth Clark, *Indianische Legenden aus Nordamerika*, München 1998, S. 251–253.

40 Vgl. Wagner, *Irokesen und Demokratie*, S. 55 f.

41 Graeber/Wengrow, *Anfänge*, S. 513.

42 Ebd.

43 Ebd.

44 Ebd., S. 500.

45 So die Ansicht von Dieter Metzler, dessen Zusammenstellung und Deutung zahlreicher Belegstellen zum Phänomen der

Flucht als Mittel des Widerstands in der Welt des Altertums dieser Essay allerdings viel verdankt. Der Althistoriker und klassische Archäologe hatte bereits 1988 in einem Aufsatz die Flucht als ein probates Mittel des politischen Widerstands in der Welt des Altertums beschrieben. Vgl. Dieter Metzler, »Widerstand von Nomaden gegen zentralistische Staaten im Altertum«, in: Toru Yuge, Masaoki Doi (Hg.), *Forms of Control and Subordination in Antiquity*, Leiden/New York u. a. 1988, S. 90.

46 Iris Därmann, *Widerstände. Gewaltenteilung in statu nascendi*, Berlin 2021, S. 40.

47 Ebd.

48 Ebd., S. 47.

## 2. Ganz weit draußen

1 Als sich die europäischen Kolonisten in Süd-, Mittel- und Nordamerika breitzumachen begannen, waren nach einigen Schätzungen bis zu 95 Prozent der zumeist aus Ackerbauern bestehenden Bevölkerung durch die von den ersten Konquistadoren mitgebrachten Infektionskrankheiten, gegen die sie keine Immunabwehr hatte, regelrecht ausradiert worden. Da die Gebäude und Befestigungsanlagen aus vergänglichem Material waren, glaubten die Chronisten, bei den Bewohnern des Landes habe es sich abseits der frühen Hochkulturen der Inka, Maya und Azteken immer schon um kleine Gruppen nomadisierender Jäger und Sammler gehandelt. Heute geht man davon aus, dass vor der kolonialen Landnahme weitaus mehr frühe Staaten hier entstanden und dass der heute weitgehend unbewohnte Amazonasurwald einst von Menschen relativ dicht bevölkert und kultiviert worden war. Vgl. Charles C. Mann, *Amerika vor Kolumbus. Die Geschichte eines unentdeckten Kontinents*, Reinbek bei Hamburg 2018, S. 151 f.; Pierre Clastres, *Staatsfeinde. Studien zur politischen Anthropologie*, Konstanz 2020, S. 65.

2 Vgl. James C. Scott, *Die Mühlen der Zivilisation. Eine Tiefengeschichte der frühesten Staaten*, Berlin 2019, S. 233.

3 Mann, *Amerika vor Kolumbus*, S. 477; vgl. ebd., S. 151 f. sowie Clastres, *Staatsfeinde*, S. 65.

4 Vgl. James C. Scott, *The Art of Not Being Governed. An Anarchist History of Upland Southeast Asia*, New Haven/London 2009, S. 123.

5 Reinhard Kößler, *Entwicklung*, Münster 1998, S. 57 f.

6 »La Société contre l'État«, also »Die Gesellschaft gegen den Staat«, heißt das bekannteste Buch des Ethnologen Pierre Clastres aus dem Jahr 1974. Der heimliche Klassiker erschien 1976 in deutscher Übersetzung unter dem Titel *Staatsfeinde. Studien zur politischen Anthropologie.*

7 Eine indianische Gruppe, die früher Guayaki genannt wurde und im Osten Paraguays bis in die jüngere Vergangenheit hinein als Jäger und Sammler lebte.

8 Pierre Clastres, *Chronik der Guayaki. Die sich selbst Aché nennen, nomadische Jäger in Paraguay*, München 1984, S. 103.

9 Vgl. Hermann Amborn, *Das Recht als Hort der Anarchie*, Berlin 2016; Pierre Clastres, *Archäologie der Gewalt*, Zürich/Berlin 2008; Clastres, *Staatsfeinde*; Haude/Wagner, *Herrschaftsfreie Institutionen*, Heidelberg 2019; Ilse Lenz, Ute Luig (Hg.), *Frauenmacht ohne Herrschaft. Geschlechterverhältnisse in nichtpatriarchalischen Gesellschaften*, Frankfurt a. M. 1995; Christian Sigrist, *Regulierte Anarchie. Untersuchungen zum Fehlen und zur Entstehung politischer Herrschaft in segmentären Gesellschaften Afrikas*, Hamburg 1994.

10 Vgl. David Graeber, *Frei von Herrschaft. Fragmente einer anarchistischen Anthropologie*, Wuppertal 2008, S. 72 f.

## 3. Getrennte Wege gehen

1 Die Yanomami sind im Grenzgebiet von Venezuela und Brasilien beheimatet und kultivieren dort Maniok, Bananen und andere Nutzpflanzen. Daneben betätigen sie sich als Jäger.

2 Clastres, *Staatsfeinde*, S. 161.

3 Pierre Clastres, »Unglück des wilden Kriegers«, in: ders., *Archäologie der Gewalt*, S. 85.

4 Michael Mann, *Geschichte der Macht*, Bd. 1: *Von den Anfängen bis zur griechischen Antike*, Frankfurt a. M./New York 1994, S. 74.

5 Vgl. Michael Tomasello, *Eine Naturgeschichte der menschlichen Moral*, Frankfurt a. M. 2020, S. 97.

6 Ebd., S. 62.

7 Vgl. ebd., S. 109.

8 Vgl. ebd., S. 54, 57.

9 Vgl. ebd., S. 109 f.

10 Vgl. ebd., S. 115.

11 Vgl. ebd., S. 187.

12 Vgl. ebd., S. 141.

13 Amborn, *Das Recht als Hort der Anarchie*, S. 24; vgl. Sigrist, *Regulierte Anarchie*.

14 Vgl. Amborn, *Das Recht als Hort der Anarchie*.

15 Das zeigt eine Studie über die in Ghana beheimateten Tallensi. Vgl. Volker Riehl, *Natur und Gemeinschaft: Sozialanthropologische Untersuchungen zur Gleichheit bei den Tallensi in Nordghana*, Frankfurt a. M. 1993.

16 Tomasello, *Eine Naturgeschichte der menschlichen Moral*, S. 71.

17 Graeber/Wengrow, *Anfänge*, S. 104.

18 Ebd.

19 Ebd.

20 Sie übernehmen an dieser Stelle die Ergebnisse der einschlägigen Untersuchungen und zentrale Thesen des evolutionären Anthropologen und Primatenforschers Christopher Boehm: vgl. Christopher Boehm, *Hierarchy in the Forest. The Evolution of Egalitarian Behaviour*, Cambridge 1999.

21 Vgl. Jochen Bleicken, *Die athenische Demokratie*, Stuttgart 1995; Hubertus Buchstein, *Demokratie und Lotterie. Das Los als politisches Entscheidungsinstrument von der Antike bis zur EU*, Frankfurt a. M./New York 2009.

22 Vgl. Tomasello, *Eine Naturgeschichte der menschlichen Moral*, S. 138 f.

23 Vgl. Pierre Clastres, »Archäologie der Gewalt. Der Krieg in primitiven Gesellschaften«, in: ders., *Archäologie der Gewalt*, S. 77.

24 Vgl. Donald J. Berthrong, *The Southern Cheyennes*, Norman

1972, S. 75; für die Paiute: Martha C. Knack, »The Dynamics of Southern Paiute Women's Roles«, in: Laura F. Klein, Lillian A. Ackerman (Hg.), *Women and Power in Native North America*, Norman/London 1995, S. 146 f.

25 Vgl. Raul S. Manglapus, *Will of the People. Original Democracy in Non-Western Societies*, New York u. a. 1987, S. 106 f.

26 Vgl. Eleanor Leacock, »Der Status der Frauen in egalitären Gesellschaften. Implikationen für die soziale Evolution«, in: Arbeitsgruppe für Ethnologie Wien (Hg.), *Von fremden Frauen. Frausein und Geschlechterbeziehungen in nichtindustriellen Gesellschaften*, Frankfurt a. M. 1989, S. 37.

27 Vgl. Mann, *Geschichte der Macht*, S. 78.

28 Vgl. Tomasello, *Eine Naturgeschichte der menschlichen Moral*, S. 157 f.

29 Vgl. Uwe Wesel, *Frühformen des Rechts in vorstaatlichen Gesellschaften*, Frankfurt a. M. 1985, S. 245, 161; Simon Roberts, *Ordnung und Konflikt. Eine Einführung in die Rechtsethnologie*, Stuttgart 1981, S. 87; Patricia Draper, »!Kung Women: Contrasts in Sexual Egalitarianism in Foraging and Sedentary Contexts«, in: Rayna R. Reiter (Hg.), *Toward an Anthropology of Women*, New York 1975, S. 80; George B. Silberbauer, »The G/wi Bushmen«, in: M. G. Bicchieri (Hg.), *Hunters and Gatherers Today. A Socioeconomic Study of Eleven Such Cultures in the Twentieth Century*, New York 1972, S. 308; James Woodburn, »Ecology, nomadic movement and the local group among hunters and gatherers. An East African example and its implications«, in: Peter J. Ucko u. a. (Hg.), *Man, settlement and urbanism*, London 1972, S. 201.

30 Amborn, *Das Recht als Hort der Anarchie*, S. 15.

31 Clastres, *Staatsfeinde*, S. 163.

## 4. Ungleiche Geschwister

1 Vgl. Scott, *Die Mühlen der Zivilisation*, S. 36.

2 Vgl. ebd., S. 140 f.

3 Vgl. ebd., S. 142.

4 Ebd., S. 146.
5 Vgl. ebd., S. 252.
6 Ebd., S. 31.
7 Walter Mayer, »Gedanken zur Deportation im Alten Orient«, in: Christian Sigrist (Hg.), *Macht und Herrschaft*, Münster 2004, S. 224.
8 Hiervon künden die altbabylonischen Gesetzbücher: vgl. Scott, *Die Mühlen der Zivilisation*, S. 163 f.
9 Vgl. Mayer, »Gedanken«, S. 227.
10 Vgl. Scott, *Die Mühlen der Zivilisation*, S. 237.
11 Vgl. Horst Klengel, *Hammurapi von Babylonien und seine Zeit*, Berlin 1978, S. 105 f.
12 Vgl. Scott, *Die Mühlen der Zivilisation*, S. 160.
13 Vgl. ebd., S. 148, 234 sowie Mayer, »Gedanken«, S. 162.
14 Vgl. Mayer, »Gedanken«, S. 218.
15 Vgl. ebd., S. 220.
16 Vgl. Scott, *Die Mühlen der Zivilisation*, S. 185.
17 Mayer, »Gedanken«, S. 226.
18 Klaus E. Müller, *Geschichte der antiken Ethnologie*, Reinbek bei Hamburg 1997, S. 17.
19 Metzler, »Widerstand von Nomaden gegen zentralistische Staaten im Altertum«, S. 87.
20 Ebd., S. 88.
21 Vgl. Stefan Breuer, *Max Webers Herrschaftssoziologie*, Frankfurt a. M./New York 1991, S. 223.
22 Vgl. Anatolij Michajlovič Khazanov, *Nomads and the Outside World*, Cambridge 1984, S. 3.
23 Metzler, »Widerstand von Nomaden gegen zentralistische Staaten im Altertum«, S. 89.
24 Vgl. Lewis Henry Morgan, *Die Urgesellschaft. Untersuchungen über den Fortschritt der Menschheit aus der Wildheit durch die Barbarei zur Zivilisation*, Lollar/Lahn 1976.
25 Owen Lattimore meinte deshalb: »Man sollte die Barbaren nur in jener fernen Zeit als ›primitiv‹ bezeichnen, in der es noch keine Zivilisation gab und die Vorfahren der zivilisierten Völker ebenfalls primitiv waren«; Owen Lattimore, *Stu-*

*dies in Frontier History. Collected Papers*, Paris 1962, S. 504, zit. n. Scott, *Die Mühlen der Zivilisation*, S. 253.

26 Scott, *Die Mühlen der Zivilisation*, S. 232.

27 Vgl. ebd., S. 248.

28 Vgl. ebd., S. 229.

29 Gegenüber stehen sich die Kargheit und materielle Beschränktheit einer sich auf starke Gemeinschaftsbande stützenden nomadischen Lebensform und das in erster Linie für die jeweilige Oberschicht luxuriöse Leben in den Städten, die nicht fähig war, sich gegen äußere Bedrohungen hinreichend zu schützen. Den nach Luxusgütern begierigen nomadischen Gruppen gelang es daher immer wieder, die Herrschaft in einem solchen Stadtstaat zu übernehmen. Der Gelehrte hatte allerdings einen historischen Zeitraum im Blick, der lange nach dem Beginn der Ko-Evolution von frühem Staat und nomadischer Alternative anzusetzen ist. Vgl. Ibn Kaldûn, *Das Buch der Beispiele. Die Einführung al-Muqaddim*, Leipzig 1992.

30 Chaim Noll, *Die Wüste. Literaturgeschichte einer Urlandschaft des Menschen*, Leipzig 2020, S. 43.

31 Scott, *Die Mühlen der Zivilisation*, S. 237.

32 Noll, *Die Wüste*, S. 62.

33 So der rechtskonservative israelische Philosoph Yoram Hazony in seinem Buch *The Dawn* von 2000, zit. n. Noll, *Die Wüste*, S. 55.

## 5. Zu nah an der Sonne

1 Vgl. Scott, *The Art of Not Being Governed*, S. 176.

2 Vgl. ebd., S. 177.

3 Vgl. ebd., S. 276.

4 Vgl. ebd., S. 218.

5 Vgl. ebd., S. 89.

6 Vgl. ebd., S. 155.

7 Vgl. ebd., S. 221 f.

8 Michael Opitz, »Die Geschichte der verlorenen Schrift«, in: *Paideuma* 52 (2006), S. 48.

9 Ebd.

10 Vgl. Guido Sprenger, »Schrift in Gesellschaften ohne Schrift«, {5300jahreschrift.materiale-textkulturen.de/sprenger_verlorene_schrift/}, letzter Zugriff 16.05.2022.

11 Vgl. ebd., S. 195.

12 Vgl. ebd., S. 42, 65.

13 Mann, *Amerika vor Kolumbus*, S. 354.

14 Dort, wo beim besten Willen keine Häuptlinge existierten, übten sich Kolonialbeamte im Erfinden von entsprechenden Autoritätspositionen. Sie statteten Personen, die sie dafür geeignet hielten, mit materiellen Ressourcen aus, die sie innerhalb ihrer Gemeinschaften verteilen und auf diese Weise Prestige sammeln konnten. James Scott nennt das den »hill-chief-fetish«.

15 Vgl. Scott, *The Art of Not Being Governed*, S. 213.

16 Vgl. ebd., S. 19.

17 Vgl. Eleanor Leacock, »Der Status der Frauen in egalitären Gesellschaften«, S. 29–67; Ilse Lenz, Ute Luig, »Jenseits von Patriarchat und Matriarchat«, in: dies. (Hg.), *Frauenmacht ohne Herrschaft*, S. 10–25; Alice Schlegel, »Geschlechterantagonismus bei den geschlechtsegalitären Hopi«, in: Lenz/Luig (Hg.), *Frauenmacht ohne Herrschaft*, S. 220–246.

18 Vgl. Ilse Lenz, »Geschlechtssymmetrische Gesellschaften. Neuere Ansätze nach der Matriarchatsdebatte«, in: Lenz/Luig (Hg.), *Frauenmacht ohne Herrschaft*, S. 68. Vgl. auch Frigga Haug, »Geschlechtsegalitäre Gesellschaften«, Stichwort in: *Historisch-Kritisches-Wörterbuch des Feminismus*, Bd. 1, Hamburg 2003, S. 508–518.

19 Maya Nadig, »Stabilisierung von Kultur – Modulierung von Wandel und Dominanzverhältnissen durch regulierte Ökonomie und Sexualität. Das Beispiel der Mosuo und anderer Gesellschaften«, in: Andreas Hepp, Andreas Lehmann-Wermser (Hg.), *Transformationen des Kulturellen. Prozesse des gegenwärtigen Kulturwandels*, Wiesbaden 2013, S. 41.

20 Von den chinesischen Behörden werden die Mosuo nicht als eigenständige Minderheit geführt, sondern der größeren Ethnie der Naxi zugerechnet, die ihre Zugehörigkeit zu einer

Verwandtschaftsgruppe – anders als die Mosuo – über die Reihe der männlichen Vorfahren bestimmen. Die ethnologische Verwandtschaftsforschung spricht in diesem Fall von Patrilinearität.

21 Susanne Knödel, »Spätere Heirat unerwünscht. Besuchsbeziehung und soziale Harmonie bei den Mosuo Südwestchinas«, in: Gisela Völger (Hg.), *Sie und Er. Frauenmacht und Männerherrschaft im Kulturvergleich*, Köln 1997, S. 344.

22 Ebd., S. 343.

23 Ebd.

## 6. Aufbruch ins gelobte Land

1 Jan Assmann, *Exodus. Die Revolution der Alten Welt*, München 2015, S. 54.

2 Ebd.

3 Vgl. Bernd U. Schipper, *Geschichte Israels in der Antike*, München 2018, S. 15 f.

4 Vgl. ebd., S. 16.

5 Vgl. ebd.

6 Vgl. Simon D. Schweitzer, »Gezer in der Spätbronzezeit IIB: *direct rule* oder *elite emulation*«, in: Christian Sigrist (Hg.), *Macht und Herrschaft*, Münster 2004, S. 136.

7 Vgl. Schipper, *Geschichte Israels in der Antike*, S. 19.

8 Das in *Exodus* geschilderte Befreiungserlebnis fußt in dieser Version darauf, dass als Arbeitskräfte verschleppte Gefangene unter nicht mehr zu rekonstruierenden Umständen ihre Freiheit wiedererlangten, zurück nach Palästina kamen und sich dort mit jenen Israeliten vermischten, die im Bergland siedelten, die den alten Stadtstaat Sichem umgaben. »Ihre Erzählung von einer wunderbaren Flucht aus Ägypten und der Bewahrung durch den Gott Jahwe ist dann identitätsstiftend für ganz Israel geworden«; Schipper, *Geschichte Israels in der Antike*, S. 23. »Es ist durchaus möglich«, schreibt auch Jan Assmann mit Bezug auf die um das Jahr 1220 datierte, 3,10 Meter hohe Israelstele des Pharaos Merenptah, »dass ein

kanaanäischer Stamm dieses Namens einmal nach Ägypten ein- und später von dort wieder ausgewandert ist, möglicherweise unter der Führung eines Mannes namens Mose«; Assmann, *Exodus*, S. 68 f.

9 Rüdiger Haude: »Das richterzeitliche Israel«, in: ders./ Wagner, *Herrschaftsfreie Institutionen*, S.190.

10 Vgl. Rüdiger Haude, »Geschlechterverhältnisse im biblischen Israel beim Übergang zum Staat«, in: Sigrist (Hg.), *Macht und Herrschaft*, S. 76.

11 Zum Beispiel Irokesen an der Ostküste Nordamerikas, die Minangkabau auf der Insel Sumatra in Indonesien und die Mosuo in Südchina.

12 Rainer Neu, *Von der Anarchie zum Staat. Entwicklungsgeschichte Israels vom Nomadentum zur Monarchie im Spiegel der Ethnosoziologie*, Neukirchen-Vluyn 1992, S. 135.

13 Laurin Mackowitz, *Die Säkularisierung des Exodus. Zur Narration von politischer Emanzipation bei Sigmund Freud, Thomas Mann, Michael Walzer und Paolo Virno*, Bielefeld 2019, S. 211.

14 Es belegt nach Rüdiger Haude die vorstaatliche Existenz wie auch immer gelagerter ideologischer Machtressourcen von Frauen. Vgl. Haude, »Geschlechterverhältnisse im biblischen Israel beim Übergang zum Staat«, S. 72.

15 Renate Jost, *Frauenmacht und Männerliebe. Egalitäre Utopien aus der Frühzeit Israels*, Stuttgart 2006, S. 31.

16 Ebd., S. 39.

17 Ebd., S. 75.

18 Für eine kulturgeschichtliche Ausdeutung dieser Tat vgl. Andreas Gehrlach, *Diebe. Die heimliche Aneignung als Ursprungserzählung in Literatur, Philosophie und Mythos*, München 2016, S. 184–195.

19 Ebd., S. 186.

20 Sebastian Bock, *Kleine Geschichte Israels*, Freiburg i. B. 1998, S. 13.

21 So sieht es jedenfalls Assmann, *Exodus*, S. 66 f.

22 Vgl. Rainer Albertz, *Religionsgeschichte Israels in alttestamentlicher Zeit*, Göttingen 1992; Frank Crüsemann, *Der Widerstand gegen das Königtum. Die antiköniglichen Texte des Alten Testa-*

*mentes und der Kampf um den frühen israelitischen Staat*, Neukirchen-Vluyn 1978; Rainer Neu, »Die Bedeutung der Ethnologie für die alttestamentliche Forschung« in: Christian Sigrist, ders. (Hg.), *Ethnologische Texte zum Alten Testament*, Bd. 1: *Vor- und Frühgeschichte Israels*, Neukirchen-Vluyn 1989, S. 11–26.

23 Im Jahr 537 wurde Babylonien schließlich durch den Perserkönig Kyros II. (559–529) erobert.

24 Der Kernbestand dieser Rechtsordnung ist in jenem althebräischen Buch überliefert, das die Christen *Deuteronomium* oder das fünfte Buch Mose nennen.

25 Ton Veerkamp, *Der Gott der Liberalen. Kritik des Liberalismus*, Hamburg 2005, S. 249.

26 Zit. n. Michael Löwy, *Erlösung und Utopie. Jüdischer Messianismus und libertäres Denken*, Berlin 1997, S. 32.

27 Assmann bezeichnet diesen Vorgang als eine Umbuchung politischer Bindungen auf Gott.

28 »Unantastbares Recht auf Eigentum an Produktionsmitteln – Wesenselement der heutigen Gesellschaftsordnung – funktioniert als der Gott, der allein absolute Gefolgschaft verlangen kann«; Veerkamp, *Der Gott der Liberalen*, S. 130 f.

29 Ton Veerkamp, *Die Welt anders. Politische Geschichte der Großen Erzählung*, Hamburg 2012, S. 53.

30 Jan Assmann, *Herrschaft und Heil. Politische Theologie in Altägypten, Israel und Europa*, München/Wien 2000, S. 47.

31 Jan Assmann, *Die Mosaische Unterscheidung*, München/Wien 2003, S. 67.

32 Zit. n. Sebastian Kalicha, »Dimensionen libertärer Exegese. Reflexionen zum Verhältnis von Anarchismus und Christentum«, in: ders. (Hg.), *Christlicher Anarchismus. Facetten einer libertären Strömung*, Heidelberg 2013, S. 36.

33 Vgl. Haude, »Das richterzeitliche Israel«, S. 186.

34 Assmann, *Exodus*, S. 67.

35 Manfred Clauss, *Das alte Israel. Geschichte, Gesellschaft, Kultur*, München 2008, S. 24. Gemeint ist hier allerdings nur die außerhäusliche Herrschaft.

36 Ebd., S. 33.

37 Hier wie auch im nächsten Zitat nutze ich die Übersetzung aus dem Hebräischen *Die Schrift*, verdeutscht von Martin Buber gemeinsam mit Franz Rosenzweig, Bd. 2: *Bücher der Geschichte*, Stuttgart 1992.
38 Ernst Bloch, *Das Prinzip Hoffnung*, Frankfurt a. M. 1985, S. 1453.
39 Ebd., S. 580.
40 Vgl. Veerkamp, *Die Welt anders*, S. 30.
41 Zit. n. Richard Faber, *Lateinischer Faschismus. Über Carl Schmitt den Römer und Katholiken*, Berlin/Wien 2001, S. 45.
42 Friedrich Engels, *Der deutsche Bauernkrieg*, MEW 7, Berlin 1969, S. 354.
43 Gerrard Winstanley, *Gleichheit im Reich der Freiheit*, Frankfurt a. M. 1988, S. 19.
44 Ebd., S. 20.
45 Michael Walzer, *Exodus und Revolution*, Berlin 1988, S. 92.
46 Ebd., S. 98.
47 Zit. n. Löwy, *Erlösung und Utopie*, S. 91 [Übersetzung Thomas Wagner].
48 Vgl. Martin Buber, *Pfade in Utopia. Über Gemeinschaft und deren Verwirklichung*, Heidelberg 1985.
49 Vgl. Eva von Redeker, »Topischer Sozialismus. Zur Exodus-Konzeption bei Gustav Landauer und Martin Buber«, in: *WestEnd. Neue Zeitschrift für Sozialforschung* 1 (2014), S. 93–108.
50 Vgl. Martin Buber, *Königtum Gottes*, Heidelberg 1994.
51 Leonard Ragaz, »Der Sozialismus«, in: Arnold Pfeiffer (Hg.), *Religiöse Sozialisten. Dokumente der Weltrevolution*, Bd. 6, Olten 1976, S. 191.
52 Vgl. Sebastian Kalicha, »Einleitung«, in: ders. (Hg.), *Christlicher Anarchismus. Facetten einer libertären Strömung*, Heidelberg 2013, S. 11 f.
53 Vgl. Lou Marin, »Biblischer Anarchismus. Der Zusammenhang Christentum-Gewaltfreiheit-Anarchismus bei Jacques Ellul (1912–1994)«, in: Sebastian Kalicha (Hg.), *Christlicher Anarchismus*, S. 147–172.
54 Joseph Kardinal Ratzinger, Alberto Bovone, »Instruktion der Kongregation für die Glaubenslehre über einige Aspekte der

›Theologie der Befreiung‹, 6. August 1984«, in: Johann Baptist Metz (Hg.), *Die Theologie der Befreiung: Hoffnung oder Gefahr für die Kirche?*, Düsseldorf 1986, S. 166.

55 Gehrlach, *Diebe*, S. 199.

56 Walzer, *Exodus*, S. 157.

## 7. Lob des einfachen Lebens

1 Ernst Schwarz, »Einführung«, in: Laudse, *Daudedsching*, Leipzig 1981, S. 25.

2 Herbert Franke, Rolf Trauzettel, *Das Chinesische Kaiserreich*, Fischer Weltgeschichte Bd. 19, Frankfurt a. M. 1968, S. 62.

3 Joseph Needham, *Wissenschaft und Zivilisation in China*, Bd. 1, Frankfurt a. M. 1988, S. 115.

4 Jacques Gernet, *Die chinesische Welt. Die Geschichte Chinas von den Anfängen bis zur Jetztzeit*, Frankfurt a. M. 1997, S. 89.

5 Bauer, *China und die Hoffnung auf Glück*, S. 73.

6 Zit. n. ebd., S. 138.

7 Needham, *Wissenschaft und Zivilisation in China*, S. 137.

8 Herbert Franke: »Die unterschiedlichen Formen der Eingliederung von Barbaren im Verlauf der chinesischen Geschichte«, in: Shmuel N. Eisenstadt (Hg.), *Kulturen der Achsenzeit II. Ihre institutionelle und kulturelle Dynamik. Teil 1 China, Japan*, Frankfurt a. M. 1992, S. 40.

9 Needham, *Wissenschaft und Zivilisation in China*, S. 137.

10 Bauer, *China und die Hoffnung auf Glück*, S. 188.

11 Franke, »Die unterschiedlichen Formen der Eingliederung von Barbaren im Verlauf der chinesischen Geschichte«, S. 32.

12 Vgl. Scott, *The Art of Not Being Governed*, S. 122.

13 Eine parallele Sichtweise entwickelte man am Hofe des vietnamesischen Staates, wo die Völker der Muon und Tay als »unsere lebenden Vorfahren« betrachtet wurden; ebd., S. 117.

14 Bauer, *China und die Hoffnung auf Glück*, S. 136.

15 Scott, *Die Mühlen der Zivilisation*, S. 174.

16 Zit. n. Bauer, *China und die Hoffnung auf Glück*, S. 189.

17 Vgl. ebd., S. 61. Die Abwertung der Herrschaftslosigkeit in der zitierten Textpassage ist nur insofern ungewöhnlich, als das Werk der daoistischen Überlieferung zugerechnet wird, die in der Regel freundlicher auf Gesellschaften am Rande der Zivilisation schaut. Vgl. ebd., S. 189.

18 Scott, *Die Mühlen der Zivilisation*, S. 227.

19 Vgl. ebd., S. 236.

20 Franke, »Die unterschiedlichen Formen der Eingliederung von Barbaren im Verlauf der chinesischen Geschichte«, S. 43.

21 Bauer, *China und die Hoffnung auf Glück*, S. 136.

22 Laudse, *Daudedsching*, S. 82.

23 Mit einer anderen plausiblen Interpretation derselben Textstelle wartet der Übersetzer Ernst Schwarz in der DDR-Ausgabe des Klassikers auf: In der feudalistischen Standesordnung hätten »Namen« so viel wie Rang, Würde und Ehren somit auch Reichtum und Macht bedeutet. Er sieht hier etwas historisch Vorgängiges, Vorrationales am Werk, schreibt er in seiner Einführung. »Der naive Glaube an die magische Kraft des Wortes« habe »in der Nomenklatur der Feudalhierarchie weiter fort[gewirkt]«; Schwarz, »Einführung«, S. 26. Daher hätten die daoistischen Philosophen geglaubt, die Feudalpyramide ließe sich dadurch zerstören, dass man die Namen abschafft und zur primitiven Dorfgemeinde zurückkehrt, wo es weder Boote noch Wagen, noch Schreibkundige, noch *harnisch* und *waffen* gibt, wie es in Kapitel 80 des Daodejing heißt.

24 Needham, *Wissenschaft und Zivilisation in China*, S. 140.

25 Ebd.

26 Zit. n. ebd., S. 139.

27 Max Horkheimer, *Zur Kritik der instrumentellen Vernunft*, Frankfurt a. M. 1967.

28 Vgl. Bauer, *China und die Hoffnung auf Glück*, S. 487.

29 Vgl. ebd., S. 296.

30 Vgl. ebd., S. 385.

31 Ebd., S. 400.

32 Vgl. ebd., S. 400 f.

## 8. Platon und die Amazonen

1 Herodot 4,46.

2 Seine Lebensdaten werden mit 490/480 bis 430/420 v. u. Z. angegeben.

3 Die »skythische Weisheit« wurde verkörpert durch die Gestalt des Nomadenprinzen Anacharsis. Dieser, so berichtet der antike Historiker, »besuchte viele Länder und wurde berühmt als ein kluger und weiser Mann«; Herodot 4,46. Vgl. Charlotte Schubert: »Der Fremde ist ein Nomade. Der Skythe Anacharsis«, in: Alexander Weiß (Hg.), *Der imaginierte Nomade. Formel und Realitätsbezug bei antiken, mittelalterlichen und arabischen Autoren*, Wiesbaden 2007, S. 158. Der Nomade Anacharsis muss noch viele Jahrhunderte später zuweilen herhalten, wenn es darum ging, die Idee der Freiheit zum Ausdruck zu bringen. Während der Französischen Revolution nannte sich der deutsche Baron J.-B. Cloots, der seit 1792 im Nationalkonvent saß, »Anacharsis Cloots«. Im 20. Jahrhundert folgt ihm der Künstler Joseph Beuys und gab sich den Namen »Josephanacharsis Clootesbeuys« (vgl. ebd., S. 159 f.).

4 Asowsches Meer, neben dem Schwarzen Meer und mit diesem verbundenes Gewässer.

5 In den einschlägigen Texten werden die Sauromaten mal als eigenständige, eine Variante der skythischen Sprache gebrauchende und einen ähnlichen Lebensstil pflegende Gruppe geschildert und mal mit den Skythen gleichgesetzt.

6 Zit. n. Müller, *Geschichte der antiken Ethnologie*, S. 133.

7 Zit. n. ebd., S. 212. Bei dem Autor handelt sich um den Periplous des Pseudo-Skylax.

8 Herodot 4, 26.

9 Platon, *Die Gesetze*, Siebentes Buch, 805/806.

10 Platon, *Der Staat*, Fünftes Buch, 456/457.

11 Vgl. Bleicken, *Die athenische Demokratie*, S. 114.

12 Vgl. Adrienne Mayor, *The Amazons. Lives and Legends of Warrior Women Across the Ancient World*, Princeton/Oxford 2014, S. 26.

13 Vgl. ebd., S. 38.
14 Herodot 4, S. 114.
15 Herodot 4, S. 115.
16 Herodot 4, S. 117.
17 Vgl. Mayor, *The Amazons*, S. 360.
18 Vgl. ebd., S. 359.
19 Vgl. ebd., S. 64 f.
20 Vgl. ebd., S. 63.
21 Vgl. ebd., S. 19.
22 Vgl. ebd., S. 410.
23 Bei den Blackfeet wurden die Heldentaten dieser Frauen – wozu die Berührung eines Feindes (ein sogenannter Coup) oder die Erbeutung von Waffen gehörten – nach denselben Kriterien bewertet wie die der Männer. Vgl. Alice B. Kehoe, »Blackfoot Persons«, in: Klein/Ackerman (Hg.), *Women and Power in Native North America*, S. 122.
24 Felicitas Schmieder, »Nomaden in Europa und Europäer unter Nomaden. Lateinisch-mittelalterliche Verarbeitungen einer fremdartigen Lebensform«, in: Weiß (Hg.), *Der imaginierte Nomade*, S. 146.
25 Vgl. Mayor, *The Amazons*, S. 372.
26 Vgl. ebd., S. 171.
27 Käthe Uray-Köhalmy, »Die Stellung der Frau in der mongolischen Gesellschaft«, in: Arbeitsgruppe Ethnologie Wien (Hg.), *Von fremden Frauen*, S. 309.
28 Ebd., S. 318.
29 Vgl. ebd., S. 310.
30 Ebd., S. 310 f.
31 Vgl. ebd., S. 322 f.
32 Vgl. ebd., S. 319.
33 Vgl. Mayor, *The Amazons*, S. 365.
34 Vgl. ebd., S. 403 f.
35 Vgl. ebd., S. 410, 419.
36 Vgl. Bauer, *China und die Hoffnung auf Glück*, S. 400.
37 Vgl. Mayor, *The Amazons*, S. 267 f.

## 9. »Das goldene Zeitalter der Barbaren«

1 Vgl. Elçin Kürşat-Ahlers, *Zur Frühen Staatenbildung von Steppenvölkern. Über die Sozio- und Psychogenese der eurasiatischen Nomadenreiche am Beispiel der Hsiung-nu und Göktürken mit einem Exkurs über die Skythen*, Diss. Hannover 1993, S. 12.

2 Vgl. ebd., S. 21.

3 Vgl. Scott, *Die Mühlen der Zivilisation*, S. 248.

4 Ebd., S. 254.

5 Vgl. Owen Lattimore, *Inner Asian Frontiers of China*, Irvington-On-Hudson (NY) 1951, S. 512.

6 Vgl. Kürşat-Ahlers, *Zur Frühen Staatenbildung von Steppenvölkern*, S. 25 f.; vgl. Wolfram Eberhard, *Conquerers and Rulers. Social Forces in Medieval China*, Leiden 1952, S. 120 f.

7 Vgl. Kürşat-Ahlers, *Zur Frühen Staatenbildung von Steppenvölkern*, S. 24.

8 Vgl. Lattimore, *Studies in Frontier History*, S. 505; vgl. Kürşat-Ahlers, *Zur Frühen Staatenbildung von Steppenvölkern*, S. 20.

9 Vgl. Lattimore, *Inner Asian Frontiers*, S. 472 f.

10 Vgl. Kürşat-Ahlers, *Zur Frühen Staatenbildung von Steppenvölkern*, S. 46.

11 Vgl. ebd., S. 92.

12 Ebd., S. 326.

13 Vgl. Marie Favereau, *The Horde: How the Mongols Changed the World*, Harvard 2021, S. 38 f.

14 William Hardy McNeill, *Krieg und Macht. Militär, Wirtschaft und Gesellschaft vom Altertum bis heute*, München 1984, S. 63.

15 Bruce Chatwin, »Die nomadische Alternative«, in: ders., *Der Traum des Ruhelosen*, München 1996, S. 115.

16 Vgl. Metzler, »Widerstand von Nomaden gegen zentralistische Staaten im Altertum«, S. 89.

17 Kürşat-Ahlers, *Zur Frühen Staatenbildung von Steppenvölkern*, S. 437.

18 Graeber/Wengrow, *Anfänge*, S. 196.

19 Vgl. Metzler, »Widerstand von Nomaden gegen zentralistische Staaten im Altertum«, S. 89.

20 Uray-Köhalmy, »Die Stellung der Frau in der mongolischen Gesellschaft«, S. 322.

## 10. Die Verheißung indianischer Freiheit

1 Vgl. James Axtell, »The White Indians of Colonial America«, in: ders., *The European and The Indian. Essays in the Ethnohistory of Colonial North America*, New York/Oxford 1981, S. 196 f.

2 Zit. n. Marin Trenk, »Königreich Paradies. Christian Gottlieb Priber, ein Utopist aus Sachsen bei den Cherokee«, in: *Historische Anthropologie*, 9/2/2001, S. 196.

3 Vgl. Cadwallader Colden, *The History of the Five Indian Nations. Depending on Province of New York in America*, Ithaca/London 1994, S. 8; Francis Jennings, *Empire of Fortune. Crowns, Colonies, and Tribes in the Seven Years War in America*, New York/London 1988, S. 198; Dean R. Snow u. a. (Hg.), *In Mohawk Country. Early Narratives About a Native People*, Syracuse 1996, S. 293.

4 Mann, *Amerika vor Kolumbus*, S. 524.

5 Vgl. Michael Hardt, Antonio Negri, *Empire. Die neue Weltordnung*, Frankfurt a. M. 2003, S. 20.

6 Peter Linebaugh, Marcus Rediker, *Die vielköpfige Hydra. Die verborgene Geschichte des revolutionären Atlantiks*, Berlin/Hamburg 2008, S. 43.

7 Vgl. ebd.

8 Zit. n. ebd., S. 42.

9 Vgl. ebd.

10 Karen Ordahl Kupperman, *Settling with the Indians. The Meeting of English and Indian Cultures in America 1580–1640*, Totowa (N.J.) 1980, S. 118.

11 Vgl. Urs Bitterli, *Die ›Wilden‹ und die ›Zivilisierten‹. Grundzüge einer Geistes- und Kulturgeschichte der europäisch-überseeischen Begegnung*, München 1991, S. 87.

12 Karl-Heinz Kohl, *Entzauberter Blick. Das Bild vom Guten Wilden und die Erfahrung der Zivilisation*, Berlin 1981, S. 58.

13 Graeber/Wengrow, *Anfänge*, S. 32.

14 Kohl, *Entzauberter Blick*, S. 58.
15 Vgl. ebd., S. 59.
16 Vgl. ebd.
17 Vgl. ebd., S. 63–106.
18 Colden, *The History of the Five Indian Nations.*
19 Adam Ferguson, *Versuch über die Geschichte der bürgerlichen Gesellschaft*, Frankfurt a. M. 1988, S. 210.
20 Ebd., S. 217.
21 Anthony Pagden, *Das erfundene Amerika. Der Aufbruch des europäischen Denkens in die Neue Welt*, München 1996, S. 182.
22 Vgl. Trenk, »Königreich Paradies«, S. 209.
23 Ursula Naumann, *Pribers Paradies. Ein deutscher Utopist in der amerikanischen Wildnis*, Frankfurt a. M. 2001, S. 9 ff.
24 Vgl. Trenk, »Königreich Paradies«, S. 198
25 Ebd., S. 197 f.
26 Ebd.
27 Vgl. Naumann, *Pribers Paradies*, S. 19.
28 Einem Bericht des Franzosen Antoine Bonnefoy zufolge, habe ihm Priber im Februar 1741 erzählt, dass er bereits seit 20 Jahren an einem utopischen Siedlungsprojekt arbeite, »um dessentwillen er vor sieben bis acht Jahren, also 1733 oder 1734, aus seiner Heimatstadt habe fliehen müssen«; ebd., S. 59.
29 Vgl. Trenk, »Königreich Paradies«, S. 199.
30 Der zuvor in einen Clan adoptierte Priber nahm eine Frau, schreibt seine Biografin, »oder eine Frau nahm ihn«; Naumann, *Pribers Paradies*, S. 116.
31 Trenk, »Königreich Paradies«, S. 201.
32 Vgl. ebd.
33 Ebd.
34 Zit. n. ebd., S. 210.
35 Vgl. ebd., S. 195 f.
36 So sieht es jedenfalls Trenk, »Königreich Paradies«, S. 202.
37 Vgl. ebd., S. 201.
38 Vgl. ebd., S. 203.
39 Vgl. Linebaugh/Rediker, *Die vielköpfige Hydra*, S. 153.
40 Trenk, »Königreich Paradies«, S. 195 f.

41 Vgl. ebd., S. 211.
42 Ebd., S. 209.
43 Zit. n. Naumann, *Pribers Paradies*, S. 12.
44 Zit. n. ebd.
45 Tom Hatley zit n. ebd., S. 13.
46 Vgl. ebd., S. 265.
47 Ebd., S. 266.
48 Ebd.
49 Vgl. Trenk, »Königreich Paradies«, S. 212 f.

## 11. Marronage

1 Vgl. Thomas Nail, *The Figure of the Migrant*, Stanford 2015, S. 148.
2 Vgl. ebd.; vgl. Iris Därmann, »Flucht als politische Handlungsform«, in: *Geschichte der Gegenwart*, 05.04.2020; {geschichtedergegenwart.ch//flucht-als-politische-Handlungsform/}, letzter Zugriff 31.05.2022.
3 Vgl. Philipp Hanke, *Revolution in Haiti. Vom Sklavenaufstand zur Unabhängigkeit*, Köln 2017, S. 25.
4 Hans Christoph Buch, *Haiti. Nachruf auf einen gescheiterten Staat*, Berlin 2010, S. 21.
5 Vgl. Hanke, *Revolution in Haiti*, S. 30.
6 Vgl. Rüdiger Haude, »Frei-Beuter. Charakter und Herkunft piratischer Demokratie im frühen 18. Jahrhundert«, in: *Zeitschrift für Geschichtswissenschaft* 7/8 (2008), S. 614.
7 Därmann, »Flucht als politische Handlungsform«.
8 Linebaugh/Rediker, *Die vielköpfige Hydra*, S. 212 f.
9 Ebd., S. 212.
10 Vgl. Neil Roberts, *Freedom as Marronage*, Chicago/London 2015, S. 101.
11 Buch, *Haiti*, S. 33.
12 Vgl. Cyril Lionel Robert James, *Die Schwarzen Jakobiner. Toussaint Louverture und die Haitianische Revolution*, Berlin 2021.
13 Susan Buck-Morss, *Hegel und Haiti*, Berlin 2011, S. 62.
14 Achille Mbembe, *Kritik der schwarzen Vernunft*, Berlin 2014, S. 38 f.

15 Hanke, *Revolution in Haiti*, S. 7.
16 Ebd., S. 50.
17 Ebd., S. 53.
18 Vgl. ebd., S. 32 f.
19 Vgl. ebd., S. 26.
20 Vgl. Buch, *Haiti*, S. 21.
21 Ebd., S. 61.
22 Ebd., S. 29.
23 Därmann, »Flucht als politische Handlungsform«.
24 Vgl. David Patrick Geggus, *Haitian Revolutionary Studies*, Bloomington 2002, S. 72 f.
25 Hanke, *Revolution in Haiti*, S. 38.
26 Vgl. ebd., S. 76.
27 Vgl. ebd., S. 77.
28 Ebd.
29 Vgl. ebd., S. 80.
30 Vgl. Buch, *Haiti*, S. 33.
31 Bis in die 1780er-Jahre hinein hatte es keinerlei Landverbindung zwischen der Nord-, West- und Südprovinz Saint-Domingues gegeben. Vgl. Hanke, *Revolution in Haiti*, S. 33.
32 Ebd., S. 141.
33 Ebd., S. 38.
34 Vgl. Roberts, *Freedom as Marronage*, S. 179.
35 Vgl. ebd., S. 174.
36 Vgl. ebd., S. 177.
37 Vgl. ebd., S. 180.

## 12. Die Brüder der Küste

1 Vgl. Gabriel Kuhn, *Unter dem Jolly Roger. Piraten im Goldenen Zeitalter*, Berlin/Hamburg 2011, S. 68 f.
2 Vgl. ebd., S. 72.
3 Vgl. ebd., S. 29.
4 Vgl. ebd., S. 17.
5 Haude, »Frei-Beuter«, S. 616.
6 Zit. n. ebd., S. 615 f.

7 Vgl. Kuhn, *Unter dem Jolly Roger*, S. 18 f.
8 Linebaugh/Rediker, *Die vielköpfige Hydra*, S. 172.
9 Vgl. Kuhn, *Unter dem Jolly Roger*, S. 41 f.
10 Vgl. ebd., S. 36.
11 Vgl. ebd., S. 90.
12 Ebd., S. 85.
13 Linebaugh/Rediker, *Die vielköpfige Hydra*, S. 173.
14 Vgl. ebd., S. 172.
15 Buch, *Haiti*, S. 19 f.
16 Vgl. Kuhn, *Unter dem Jolly Roger*, S. 19.
17 Peter Earle, *The Pirate Wars*, London 2003, zit. n. Kuhn, *Unter dem Jolly Roger*, S. 19.
18 Carl Schmitt, *Land und Meer. Eine weltgeschichtliche Betrachtung*, Stuttgart 1993, S. 43.
19 Ebd., S. 44.
20 Ebd., S. 43.
21 Linebaugh/Rediker, *Die vielköpfige Hydra*, S. 162.
22 Vgl. Kuhn, *Unter dem Jolly Roger*, S. 20.
23 Linebaugh/Rediker, *Die vielköpfige Hydra*, S. 174.

## 13. »Zum Teufel mit dem König!«

1 Vgl. Linebaugh/Rediker, *Die vielköpfige Hydra*, S. 159.
2 Vgl. ebd., S. 165.
3 Vgl. Helge Meves, »Nachwort. Wege nach Libertalia«, in: Daniel Defoe, *Libertalia. Die utopische Piratenrepublik*, Berlin 2015, S. 118.
4 Vgl. Linebaugh/Rediker, *Die vielköpfige Hydra*, S. 164 f.
5 Vgl. ebd., S. 117.
6 Vgl. ebd., S. 169.
7 Meves, »Nachwort«, S. 118.
8 Vgl. Kuhn, *Unter dem Jolly Roger*, S. 34.
9 Haude, »Frei-Beuter«, S. 605.
10 Rüdiger Haude zitiert aus den Gerichtsakten der Piratenprozesse; vgl. ebd., S. 604.
11 Meves, »Nachwort«, S. 124.

12 Ebd., S. 124 f.
13 Vgl. Kuhn, *Unter dem Jolly Roger*, S. 90.
14 Ebd., S. 91.
15 Haude, »Frei-Beuter«, S. 601.
16 Vgl. Meves, »Nachwort«, S. 125.
17 Haude, »Frei-Beuter«, S. 602.
18 Vgl. ebd.
19 Vgl. ebd., S. 603.
20 Vgl. Linebaugh/Rediker, *Die vielköpfige Hydra*, S. 178.
21 Vgl. Kuhn, *Unter dem Jolly Roger*, S. 95.
22 Vgl. ebd.
23 Ebd.
24 Linebaugh/Rediker, *Die vielköpfige Hydra*, S. 179.
25 Meves, »Nachwort«, S. 117.
26 Linebaugh/Rediker, *Die vielköpfige Hydra*, S. 180.
27 Ebd., S. 182.
28 Vgl. Haude, »Frei-Beuter«, S. 70.
29 Vgl. Kuhn, *Unter dem Jolly Roger*, S. 73.
30 Vgl. ebd., S. 74.
31 Zit. n. Linebaugh/Rediker, *Die vielköpfige Hydra*, S. 183.
32 Vgl. ebd., S. 187.
33 Ebd., S. 188.
34 Daniel Defoe, *Libertalia. Die utopische Piratenrepublik*, Berlin 2015.
35 Torsten Hahn, »Die Kunst des Möglichen unter schwarzer Flagge (rother Tod auf derselben). Piraterie und Welthandel in Friedrich Schillers nachgelassenen Dramenentwürfen«, in: *die horen. Zeitschrift für Literatur, Kunst und Kritik* 282 (2021), S. 45.
36 Vgl. Hakim Bey, *T.A.Z. Die Temporäre Autonome Zone*, Berlin/Amsterdam 1994, S. 129–138.
37 Vgl. ebd., S. 135.
38 Ebd., S. 109.
39 Ebd., S. 141.
40 Ebd.
41 So der Titel eines lesenswerten Buchs über diese historische Episode: Kersten Knipp, *Die Kommune der Faschisten. Gab-*

*riele D'Annuzio, die Republik von Fiume und die Extreme des 20. Jahrhunderts*, Darmstadt 2019.

42 Bey, *T.A.Z.*, S. 141.

43 Vgl. Siegfried Kohlhammer, *Piraten. Vom Seeräuber zum Sozialrevolutionär*, Springe 2022.

## 14. Banditen gegen die Obrigkeit

1 Haude, »Frei-Beuter«, S. 605.

2 Eric J. Hobsbawm, *Die Banditen. Räuber als Sozialrebellen*, Frankfurt a. M. 1972, S. 12.

3 Karl Marx, *Das Kapital*, Bd. 1, MEW 23, Berlin 1962, S. 762.

4 Vgl. ebd., S. 763.

5 Vgl. Hobsbawm, *Die Banditen*, S. 15.

6 Zit. n. ebd., S. 10.

7 Vgl. ebd., S. 15.

8 Vgl. ebd., S. 120.

9 Ebd., S. 121.

10 Vgl. ebd., S. 10.

11 Vgl. ebd., S. 45.

12 Ebd., S. 22.

13 Vgl. ebd., S. 98.

14 Ebd., S. 36 f.

15 Vgl. ebd., S. 105.

16 Ebd., S. 106.

17 Zit. n. ebd., S. 27.

18 Ebd., S. 103 f.

19 Vgl. ebd., S. 111 f.

20 Ebd., S. 107.

21 Ebd., S. 108.

22 Ebd., S. 202.

23 Ebd., S. 112.

24 Ebd., S. 99.

25 Vgl. ebd., S. 104.

26 Ebd., S. 99.

27 Ebd.

28 Ebd., S. 144 f.
29 Zit n. ebd., S. 151.
30 Ebd.
31 Ebd., S. 197.

## 15. Europas letzte Mohikaner

1 Zit. n. Klaus-Michael Bogdal, *Europa erfindet die Zigeuner. Eine Geschichte von Faszination und Verachtung*, Berlin 2014, S. 135 f.
2 Im Jahr 1427 werden sie bei Andreas von Regensburg als »gens Ciganorum, vogariter Cigäwnär« erwähnt. Da man glaubte, dass sie ursprünglich aus Nordafrika stammten, bezeichnete man sie häufig auch als »Ägypter«, etwa im Englischen, wo sich die Bezeichnung »Gypsies« durchgesetzt hat. Im Französischen bezeichnete man sie als »Bohémiens«, im Niederländischen als »Heiden«, im Schwedischen als »Tatern« und im Spanischen als »Gitanos«.
3 Bogdal, *Europa erfindet die Zigeuner*, S. 137.
4 Vgl. ebd., S. 248.
5 Ebd.
6 Zit. n. Helmut Kreuzer, *Die Bohème. Analyse und Dokumentation der intellektuellen Subkultur vom 19. Jahrhundert bis zur Gegenwart*, Stuttgart 2000, S. 2.
7 Zit. n. ebd.
8 Vgl. Bogdal, *Europa erfindet die Zigeuner*, S. 242.
9 Ebd., S. 243.
10 Vgl. ebd., S. 14.
11 Zit. n. ebd., S. 191.
12 Zit. n. ebd., S. 194.
13 Kreuzer, *Die Bohème*, S. 10.
14 Vgl. Bogdal, *Europa erfindet die Zigeuner*, S. 213.
15 Vgl. Artur Streiter, »Vagabunden, Scholaren, Gaukler und Kunden. Eine Studie zur Apologie des Menschen der Landstraße. Typoskript, 1924–1930«, in: Hanneliese Palm, Christoph Steker (Hg.), *Künstler, Kunden, Vagabunden. Texte, Bil-*

der und Dokumente einer Alternativkultur der zwanziger Jahre*, Düsseldorf 2020, S. 126.

16 Hans Tombrock, »Landstraße – Kunden – Vagabunden. Der Kunde 3, 1929, Nr. 3/4«, in: Palm/Steker (Hg.), *Künstler, Kunden, Vagabunden*, S. 33.

17 Bogdal, *Europa erfindet die Zigeuner*, S. 349.

18 Robert Ohrt, *Phantom Avantgarde. Eine Geschichte der Situationistischen Internationale und der modernen Kunst*, Hamburg 1990, S. 118.

19 Ebd., S. 126.

20 Vgl. Bogdal, *Europa erfindet die Zigeuner*, S. 420 f.

## 16. Durch Absonderung zum Sozialismus

1 Vgl. Kreuzer, *Die Bohème*, S. 13.

2 Vgl. Bogdal, *Europa erfindet die Zigeuner*, S. 364 f.

3 Walter Fähnders, »Vagabunden und Vagabondage in Kunst und Literatur«, in: Palm/Steker (Hg.), *Künstler, Kunden, Vagabunden*, S. 7.

4 Ebd.

5 Vgl. ebd., S. 9.

6 Vgl. ebd., S. 8.

7 Vgl. Walter Fähnders, »Die Epoche der Vagabunden. Einleitung«, in: ders., Henning Zimpel (Hg.), *Die Epoche der Vagabunden. Texte und Bilder 1900–1945*, Essen 2009, S. 9.

8 Vgl. Stefan Bollmann, *Monte Verità. 1900. Der Traum vom alternativen Leben beginnt*, München 2019, S. 162 f.

9 Zit. n Fähnders, »Die Epoche«, S. 14.

10 Erich Mühsam in: *Die Fackel 8* (1906), Nr. 202, zit. n. Fähnders., »Die Epoche«, S. 173.

11 Zit. n. ebd., S. 14.

12 Gog, »Was will die Bruderschaft der Vagabunden?«, S. 24.

13 Ebd.

14 So heißt es in einem Spitzelbericht an das Polizeipräsidium Stuttgart; zit. n. Fähnders/Zimpel (Hg.), *Die Epoche*, S. 207.

15 Gregor Gog, »Was will die Bruderschaft der Vagabunden?

Der Kunde 3, 1929, Nr. 1/2«, in: Palm/Steker (Hg.), *Künstler, Kunden, Vagabunden*, S. 26.

16 Ebd., S. 23.

17 Vgl. ebd.

18 Tombrock, »Landstraße – Kunden – Vagabunden«, S. 34.

19 Ebd., S. 32 f.

20 Vgl. Fähnders, »Vagabunden und Vagabondage in Kunst und Literatur«, S. 13.

21 Ebd., S. 11.

22 Gregor Gog, »Zur Vagabunden-Kunstausstellung. Der Kunde 2, 1929, Nr. 9/10«, in: Palm/Steker (Hg.), *Künstler, Kunden, Vagabunden*, S. 184.

23 Vgl. Fähnders, »Die Epoche«, S. 10.

24 Siehe Bea Davies, Patrick Spät, *Der König der Vagabunden. Gregor Gog und seine Bruderschaft*, Berlin 2019.

## 17. In den Fußstapfen Dschingis Khans

1 Philipp Felsch, *Der lange Sommer der Theorie. Geschichte einer Revolte. 1960–1990*, München 2015, S. 104.

2 Mackowitz, *Die Säkularisierung des Exodus*, S. 165.

3 Vgl. ebd., S. 163.

4 Gilles Deleuze, Claire Parnet, *Dialoge*, Berlin 2019, S. 202.

5 Mackowitz, *Die Säkularisierung des Exodus*, S. 168.

6 Ebd., S. 163.

7 Dieter Hoffmann-Axthelm u. a. (Hg.), *Zwei Kulturen? Tunix, Mescalero und die Folgen*, Berlin 1978, S. 184.

8 Vgl. Otto Kallscheuer, »Systemkrise in Italien und Identitätskrise der Arbeiterbewegung«, in: Hoffmann-Axthelm u. a. (Hg.), *Zwei Kulturen?*, S. 10.

9 Vgl. Johannes Agnoli, »Jesuiten, Kommunisten und Indianer« (Gespräch mit Otto Kallscheuer), in: Hoffmann-Axthelm u. a. (Hg.), *Zwei Kulturen?*, S. 88.

10 Zit. n. Hoffmann-Axthelm u. a. (Hg.), *Zwei Kulturen?*, S. 124.

11 Zit. n. ebd.

12 Gilles Deleuze zit. n. Felsch, *Der lange Sommer der Theorie*, S. 105.

13 Vgl. Gilles Deleuze, Félix Guattari, *Tausend Plateaus. Kapitalismus und Schizophrenie*, Berlin 1992, S. 491.

14 Vgl. ebd., S. 532 f.

15 Vgl. Deleuze/Parnet, *Dialoge*, Berlin 2019, S. 202.

16 Vgl. Deleuze/Guattari, *Tausend Plateaus*, S. 196 f.

17 Deleuze/Parnet, *Dialoge*, S. 197.

18 Vgl. Deleuze/Guattari, *Tausend Plateaus*, S. 576.

19 Deleuze/Parnet, *Dialoge*, S. 197. Zu einer direkten Konfrontation von Kriegsmaschine und Staat komme es nur im Orient. Die westlichen Staaten »begegnen den Nomaden nur indirekt, durch Migrationen, die die Nomaden ausgelöst haben«; Deleuze/Guattari, *Tausend Plateaus*, S. 531.

20 Vgl. ebd., S. 506.

21 Ebd., S. 494.

22 Vgl. Deleuze/Parnet, *Dialoge*, S. 198.

23 Vgl. Deleuze/Guattari, *Tausend Plateaus*, S. 487.

24 Ebd., S. 535.

25 Ebd.

26 Da das numerische Organisationsprinzip eher dem Staat zuzurechnen wäre, steht ihre Einteilung von drei großen Typen der Organisation von Menschen, der stammesmäßigen, der territorialen und die numerischen auf tönernen Füßen. Zumindest dann, wenn diese jeweils entsprechend mit herrschaftslosen Gesellschaften, Staaten und den nomadischen Kriegsmaschinen identifiziert werden. Vgl. ebd., S. 536.

27 Vgl. Clastres, »Archäologie der Gewalt«, S. 33–81.

28 Deleuze/Guattari, *Tausend Plateaus*, S. 490.

29 Ebd., S. 597.

30 Ebd., S. 483.

31 Ebd., S. 492.

32 Vgl. ebd., S. 597.

33 Deleuze/Parnet, *Dialoge*, S. 202.

34 Ebd., S. 204.

35 Ebd.

36 Vgl. Richard J. F. Day, *Gramsci is Dead. Anarchist Currents in the Newest Social Movements*, London/Ann Arbor u. a. 2005.

37 Gabriel Kuhn, »Postanarchismus, Queer Theory und spinozistische Kinder. Deleuze in der politischen Rezeption«, in: Marvin Chlada (Hg.), *Das Universum des Gilles Deleuze. Eine Einführung*, Aschaffenburg 2011, S. 56.

38 Vgl. Mackowitz, *Die Säkularisierung des Exodus*, S. 161.

39 Vgl. Paolo Virno, »Exodus«, in: ders., *Exodus*, Wien/Berlin 2010, S. 25.

40 Marx, *Das Kapital*, Bd. 1, S. 797.

41 Vgl. Paolo Virno, »Virtuosität und Revolution. Die politische Theorie des Exodus«, in: ders., *Exodus*, Wien/Berlin 2010, S. 54.

42 Virno, »Exodus«, S. 30 f.

43 Virno, »Virtuosität und Revolution«, S. 50.

44 Ebd., S. 68 f.

45 Ebd.

46 Ebd.

47 Vgl. Hardt/Negri, *Empire*, S. 421, FN 4.

48 Ebd., S. 224.

49 Vgl. ebd., S. 229.

50 Ebd., S. 224.

51 Ebd., S. 222.

52 Chantal Mouffe, »Exodus oder Stellungskrieg? Zum Verhältnis von Bewegung und Institution«, 12. Januar 2004, {www.igkultur.at/artikel/exodus-oder-stellungskrieg-zum-verhaeltnis-von-bewegung-und-institution}, letzter Zugriff 10.05.2022.

53 Hardt/Negri, *Empire*, S. 225.

54 Chantal Mouffe, »Kritik als gegenhegemoniale Intervention«, 4/2008, {https://transversal.at/transversal/0808/mouffe/de}, letzter Zugriff 10.05.2022.

55 Hardt/Negri, *Empire*, S. 369.

56 Ebd., S. 370.

57 Daniel Loick, »Stichwort: Exodus. Leben jenseits von Staat und Konsum?«, in: *WestEnd. Neue Zeitschrift für Sozialforschung* 1 (2014), S. 61.

## 18. Die Armee aus den Bergen

1 Vgl. Gerold Schmidt, *Der Indio-Aufstand in Chiapas. Versuch einer demokratischen Revolution*, München 1996, S. 18.

2 Vgl. ebd., S. 76 f.

3 Mackowitz, *Die Säkularisierung des Exodus*, S. 13.

4 Vgl. John Holloway, »Der Aufstand der Würde«, in: Ulrich Brand/Ana Esther Ceceña (Hg.), *Reflexionen einer Rebellion. »Chiapas« und ein anderes Politikverständnis*, Münster 2000, S. 111.

5 Topitas (Hg.), *Ya basta! Der Aufstand der Zapatistas*, Hamburg 1994, S. 151.

6 Vgl. ebd., S. 151 f.

7 Vgl. Schmidt, *Der Indio-Aufstand*, S. 202.

8 Holloway, »Der Aufstand der Würde«, S. 113.

9 Ebd.

10 Vgl. Topitas (Hg.), *Ya basta!*, S. 152.

11 Vgl. ebd., S. 152 f.

12 Damals wurde die Besiedlung der Wälder durch landlose Bauern gefördert, die häufig aus anderen Teilen Chiapas stammten. Vgl. Holloway, »Der Aufstand«, S. 113.

13 Schmidt, *Der Indio-Aufstand*, S. 50.

14 Ebd.

15 Vgl. Manuel Vázquez Montalbán, *Marcos. Herr der Spiegel*, Berlin 2001, S. 85 f.

16 Ebd., S. 104.

17 Holloway, »Der Aufstand«, S. 115.

18 Uwe Franke, »Innenpolitischer Wandel und Wahlen«, in: Hans-Joachim Lauth, Hans-Rudolf Horn (Hg.), *Mexiko im Wandel. Bilanz und Perspektiven in Politik, Wirtschaft, Gesellschaft und Kultur*, Frankfurt a. M. 1995, S. 38.

19 Danielle Mitterand, *Ich nenne es Hoffnung. Wege für ein friedliches Lateinamerika*, Düsseldorf 1997, S. 113.

20 Ebd., S. 115.

21 Vgl. Graeber, *Frei von Herrschaft*, S. 96 sowie Day, *Gramsci is Dead*, S. 190 f.

22 Vgl. Ulrich Brand, Joachim Hirsch, »Suchprozesse emanzipativer Politik. Resonanzen des Zapatismus in Westeuropa«, in: *Das Argument* 253/6 (2003), S. 836.

23 Vgl. Ralf Leonhard, »Aus Chiapas zu den Eroberern«, in: *taz* (14.09.2021), {www.taz.de/Zapatista-Rundreise-in-Europa/!5800950/}, letzter Zugriff 19.05.2022.

24 Ebd.

25 Wolfgang Fritz Haug, »Editorial«, in: *Das Argument* 253/6 (2003), S. 779.

26 Brand/Hirsch, »Suchprozesse«, S. 840.

27 John Holloway, *Die Welt verändern, ohne die Macht zu übernehmen*, Münster 2002, S. 51 f.

28 Atilio A. Boron, »Der Urwald und die Polis. Fragen an die politische Theorie des Zapatismus«, in: *Das Argument* 253/6 (2003), S. 805.

29 Ebd.

30 Wolfgang Fritz Haug, »Zivilgesellschaft – Kämpfe im Zweideutigen«, in: *Das Argument* 253/6 (2003), S. 855.

## 19. Die Zivilisierung des Staates

1 »Von frühesten Zeiten an«, schreibt Lewis Mumford, »gibt es Hinweise auf Empörung, Widerstand, Ausweichen, Flucht«; Mumford, *Mythos der Maschine*, S. 263.

2 Chatwin, »Die nomadische Alternative«, S. 115.

3 Chatwin, *Der Nomade. Briefe*, S. 134.

4 Ebd., S. 133.

5 Chatwin, »Die nomadische Alternative«, S. 115.

6 Vgl. Nicholas Shakespeare, *Bruce Chatwin. Eine Biographie*, Reinbek bei Hamburg 2002, S. 312.

7 Bruce Chatwin, »Es ist eine nomadische Nomadenwelt«, in: ders., *Der Traum des Ruhelosen*, München 1996, S. 131.

8 Zit. n. Shakespeare, *Bruce Chatwin*, S. 330 f.

9 Die nie unumstrittene positive Aufladung der Indianersymbolik wurde nach der Phase der Konsolidierung der USA verdrängt und entpolitisiert. Vgl. James Axtell, »The Indian Im-

pact on English Colonial Culture«, in: ders., *The European and The Indian. Essays in the Ethnohistory of Colonial North America*, New York/Oxford 1981, S. 272–315; Klaus Lubbers, *Born for the Shade. Stereotypes of the Native American in United States Literature and the Visual Arts, 1776–1894*, Amsterdam/Atlanta 1994; Alan Leander Macgregor, »Tammany. The Indian as Rhetorical Surrogate«, in: *American Quarterly* 35/4 (1983), S. 391–407; Jerome Mushkat, *Tammany. The Evolution of a Political Machine 1789–1865*, Syracuse 1971; Lester C. Olson, *Emblems of American Community in the Revolutionary Era. A Study in Rhetorical Iconology*, Washington/London 1991; Wagner, *Irokesen und Demokratie*, und Jack Weatherford, *Native Roots. How the Indians Enriched America*, New York 1991.

10 Nochmal rund 200 Jahre danach revitalisierten die italienischen Indiani Metropolitani im Rahmen der Neuen Linken das politisierte Indianerspiel und die Skalplocke – der »Irokese« – wurde zum »Vorbild für die moderne ›Punk‹-Mode in ganz Europa«; Christian Feest, »Aus Nordamerika«, in: William Rubin (Hg.), *Primitivismus in der Kunst des 20. Jahrhunderts*, München 1996, S. 98.

11 Vgl. John G. Garrat, *The Four Indian Kings*, Ottawa 1985.

12 Vgl. Conrad, *Globalgeschichte*, S. 120; Eberl, *Naturzustand und Barbarei*.

13 Das gilt auch für die Postcolonial Studies. Jedenfalls ist in einer in Deutschland weitverbreiteten Einführung davon keine Rede. Vgl. María do Mar Castro Varela, Nikita Dhawan, *Postkoloniale Theorie. Eine kritische Einführung*, Münster 2002.

14 Vgl. Arno Widman, »Menschenrechte aus Afrika«, in: *Frankfurter Rundschau* (26.10.2009).

15 Paulin J. Hountondji, »Die Stimme des Herrn – Bemerkungen zum Problem der Menschenrechte in Afrika«, in: Franziska Dübgen, Stefan Skupien (Hg.), *Afrikanische Philosophie*, Berlin 2015, S. 157.

16 Hans Joas, *Sind die Menschenrechte westlich?*, München 2015, S. 14.

17 Hans Joas, *Was ist die Achsenzeit? Eine wissenschaftliche Debatte als Diskurs über Transzendenz*, Basel 2014, S. 37.

18 Damit stellte sich Jaspers in eine Tradition, die bis ins 18. Jahrhundert zurückverfolgt werden kann. In den Texten von Abraham Anquetil-Duperron, Ernst von Lasaulx, John Stuart Stuart-Glennie und weiteren Autoren blieb die Parallelität der geistigen Durchbrüche allerdings wenig mehr als eine Fußnote oder gelehrte Randnotiz. Jaspers hingegen machte sie zum Kern seiner Überlegungen und kann daher im Rückblick als der eigentliche Begründer des bis heute andauernden Achsenzeit-Diskurses gelten. Vgl. zur Begriffsgeschichte: Jan Assmann, *Achsenzeit. Eine Archäologie der Moderne*, München 2018; Joas, *Was ist die Achsenzeit?*.

19 Vgl. Assmann, *Achsenzeit.*

20 Karl Jaspers, *Vom Ursprung und Ziel der Geschichte*, München 1964, S. 88.

21 Vgl. ebd., S. 48.

22 Vgl. Lewis Henry Morgan, *League of the Iroquois*, New York 1993.

23 Hannah Arendt, *Vita Activa oder Vom tätigen Leben*, München 1992, S. 34.

24 Vgl. Lars Lambrecht u. a., *Gesellschaft von Olduvai bis Uruk. Soziologische Exkursionen*, Kassel 1998, S. 38–51.

25 Vgl. Edward E. Meyer-Fortes, Edward Evans-Pritchard (Hg.), *African Political Systems*, London 1940; Edward Evans-Pritchard, *The Nuer. A Description of the Modes of Livelihood and Political Institutions of a Nilotic People*, New York/Oxford 1980; 1958 erschien die Erstauflage von: John Middleton, David Tait (Hg.), *Tribes Without Rulers. Studies in African Segmentary Systems*, London 1967; Fritz Kramer, Christian Sigrist, *Gesellschaften ohne Staat. Gleichheit und Gegenseitigkeit*, Frankfurt a. M. 1983.

26 Graeber/Wengrow, *Anfänge*, S. 45.

27 Vgl. Wagner, *Irokesen und Demokratie*.

28 Vgl. Hountondji, »Die Stimme des Herrn«, S. 157.

29 So Abdallah Laroui; zit. n. Stefan Leder, »Beduinentum, Araber, Nomadenmythos in der Montage von Ibn Kaldûn«, in: Weiß (Hg.), *Der imaginierte Nomade*, S. 73, 91 f.

30 Ebd., S. 72.

31 Zit. n. Metzler, »Widerstand von Nomaden gegen zentralistische Staaten im Altertum«, S. 87. Die auf 300 v. u. Z. datierte Rede des Sprechers der Nabatäer richtet sich an die Seleukiden, die auf Geheiß des Königs Demetrios einen Kriegszug gegen die Nomaden unternahmen. Den Nabatäern gelang es, einen Verhandlungsfrieden zu erreichen; und sie konnten, so Metzler, ihre Unabhängigkeit noch weitere vier Jahrhunderte bewahren. Erst 105 n. Chr. unterlagen sie den Römern.

32 Thomas E. Lawrence, *Die sieben Säulen der Weisheit*, München 1985, S. 100.

33 Ilija Trojanow, »Das Gegenmodell heißt: völlige Umwälzung der Verhältnisse«, in: Thomas Wagner, *Die Einmischer. Wie sich Schriftsteller heute engagieren*, Hamburg 2010, S. 66.

34 Vgl. Ilija Trojanow, Ranjit Hoskote, *Kampfabsage. Kulturen bekämpfen sich nicht – sie fließen zusammen*, München 2007.

35 Tsvetan Todorov, *Die Angst vor den Barbaren. Kulturelle Vielfalt versus Kampf der Kulturen*, Hamburg 2010, S. 69.

36 Vgl. die Diskussion um Martin Bernal, *Schwarze Athene. Die afroasiatischen Wurzeln der griechischen Antike*, München 1992.

37 Vgl. Raoul Schrott, *Homers Heimat*, München 2008.

38 Vgl. Donald A. Grinde, Jr., Bruce E. Johansen, *Exemplar of Liberty. Native America and the Evolution of Democracy*, Los Angeles 1991. Zur Einordnung der von dem Autorengespann losgetretenen Debatte vgl. Wagner, *Irokesen und Demokratie*.

39 Chantal Mouffe, »Demokratie auf dem Prüfstand« (Gespräch mit M. Miessen), in: Markus Miessen, *Albtraum Partizipation*, Berlin 2012, S. 108.

40 Vgl. Conrad, *Globalgeschichte*, S. 75–79.

41 Vgl. Mouffe, »Demokratie«, S. 127.

42 Ebd., S. 127 f.

# Literatur

Edward Abbey, *Desert Solitaire. A Season in the Wilderness*, New York 1968.

Johannes Agnoli, »Jesuiten, Kommunisten und Indianer« (Gespräch mit Otto Kallscheuer), in: Dieter Hoffmann-Axthelm u. a. (Hg.), *Zwei Kulturen? Tunix, Mescalero und die Folgen*, Berlin 1978, S. 80–90.

Ulrich Ahrens, *Fremde Träume. Eine ethnopsychologische Studie*, Berlin 1996.

Ali Al-Wardi, *Soziologie des Nomadentums. Studie über die iraqische Gesellschaft*, Neuwied/Darmstadt 1972.

Robert Alt, *Vorlesungen über die Erziehung auf frühen Studien der Menschheitsentwicklung*, Berlin 1956.

Rainer Albertz, *Religionsgeschichte Israels in alttestamentlicher Zeit*, Göttingen 1992.

Hermann Amborn, *Das Recht als Hort der Anarchie*, Berlin 2016.

Hannah Arendt, *Elemente und Ursprünge totaler Herrschaft. Antisemitismus, Imperialismus, totale Herrschaft*, München 1986 [amerikanisch 1951].

Hannah Arendt, *Vita Activa oder Vom tätigen Leben*, München 1992 [amerikanisch 1958].

Aristoteles, *Politik*, Reinbek bei Hamburg 1994.

Jan Assmann, *Achsenzeit. Eine Archäologie der Moderne*, München 2018.

Jan Assmann, *Exodus. Die Revolution der Alten Welt*, München 2015.

Jan Assmann, *Herrschaft und Heil. Politische Theologie in Altägypten, Israel und Europa*, München/Wien 2000.

Jan Assmann, *Die Mosaische Unterscheidung*, München/Wien 2003.

Jan Assmann, *Ma'at. Gerechtigkeit und Unsterblichkeit im Alten Ägypten*, München 1990.

James Axtell, »The Indian Impact on English Colonial Culture«, in: ders., *The European and The Indian. Essays in the Ethnohistory of Colonial North America*, New York/Oxford 1981, S. 272–315.

James Axtell, »The White Indians of Colonial America«, in: ders., *The European and The Indian. Essays in the Ethnohistory of Colonial North America*, New York/Oxford 1981, S. 168–206.

Wolfgang Bauer, *China und die Hoffnung auf Glück. Paradiese, Utopien, Idealvorstellungen in der Geistesgeschichte Chinas*, München 1989.

Seyla Benhabib, *Hannah Arendt. Die melancholische Denkerin der Moderne*, Hamburg 1998.

Peter L. Berger, *Zur Dialektik von Religion und Gesellschaft. Elemente einer soziologischen Theorie*, Frankfurt a. M. 1988.

Martin Bernal, *Schwarze Athene. Die afroasiatischen Wurzeln der griechischen Antike. Wie das klassische Griechenland ›erfunden‹ wurde*, München 1992.

Donald J. Berthrong, *The Southern Cheyennes*, Norman 1972.

Hakim Bey, *T.A.Z. Die Temporäre Autonome Zone*, Berlin/Amsterdam 1994.

Urs Bitterli, *Die ›Wilden‹ und die ›Zivilisierten‹. Grundzüge einer Geistes- und Kulturgeschichte der europäisch-überseeischen Begegnung*, München 1991.

Jochen Bleicken, *Die athenische Demokratie*, Paderborn/München u. a. 1995.

Ernst Bloch, *Das Prinzip Hoffnung*, Frankfurt a. M. 1985.

Sebastian Bock, *Kleine Geschichte Israels*, Freiburg i. B. 1998.

Christopher Boehm, *Hierarchy in the Forest: The Evolution of Egalitarian Behaviour*, Cambridge 1999.

Klaus-Michael Bogdal, *Europa erfindet die Zigeuner. Eine Geschichte von Faszination und Verachtung*, Berlin 2014.

Stefan Bollmann, *Monte Verità. 1900. Der Traum vom alternativen Leben beginnt*, München 2019.

Richmond P. Bond, *Queen Anne's American Kings*, New York 1974.

Atilio A. Boron, »Der Urwald und die Polis. Fragen an die politische Theorie des Zapatismus«, in: *Das Argument* 253/6 (2003), S. 796–809.

Ulrich Brand, Joachim Hirsch, »Suchprozesse emanzipativer Politik. Resonanzen des Zapatismus in Westeuropa«, in: *Das Argument* 253/6 (2003), S. 835–844.

Stefan Breuer, *Max Webers Herrschaftssoziologie*, Frankfurt a. M./New York 1991.

Martin Buber, Franz Rosenzweig, *Die Schrift*, Bd. 2: *Bücher der Geschichte*, Stuttgart 1992.

Martin Buber, *Königtum Gottes*, Heidelberg 1994.

Martin Buber, *Pfade in Utopia. Über Gemeinschaft und deren Verwirklichung*, Heidelberg 1985.

Hans Christoph Buch, *Haiti. Nachruf auf einen gescheiterten Staat*, Berlin 2010.

Hubertus Buchstein, *Demokratie und Lotterie: Das Los als politisches Entscheidungsinstrument von der Antike bis zur EU*, Frankfurt a. M./New York 2009.

Susan Buck-Morss, *Hegel und Haiti*, Berlin 2011.

Almicar Cabral, *Die Theorie als Waffe. Schriften zur Befreiung in Afrika*, Bremen 1983.

María do Mar Castro Varela, Nikita Dhawan, *Postkoloniale Theorie. Eine kritische Einführung*, Münster 2002.

Bruce Chatwin, *Der Nomade. Briefe*, München 2014.

Bruce Chatwin, »Die nomadische Alternative«, in: ders., *Der Traum des Ruhelosen*, München 1996, S. 111–127.

Bruce Chatwin, »Es ist eine nomadische Nomadenwelt«, in: ders., *Der Traum des Ruhelosen*, München 1996, S. 128–135.

Ella Elisabeth Clark, *Indianische Legenden aus Nordamerika*, München 1998.

Pierre Clastres, »Archäologie der Gewalt. Der Krieg in primitiven Gesellschaften«, in: ders., *Archäologie der Gewalt*, Zürich/Berlin 2008, S. 33–81.

Pierre Clastres, *Archäologie der Gewalt*, Zürich/Berlin 2008.

Pierre Clastres, *Chronik der Guayaki. Die sich selbst Aché nennen, nomadische Jäger in Paraguay*, München 1984.

Pierre Clastres, »Unglück des wilden Kriegers«, in: ders., *Archäologie der Gewalt*, Zürich/Berlin 2008, S. 83–123.
Pierre Clastres, *Staatsfeinde. Studien zur politischen Anthropologie*, Berlin 2020.
Manfred Clauss, *Das alte Israel. Geschichte, Gesellschaft, Kultur*, München 2008.
Cadwallader Colden, *The History of the Five Indian Nations. Depending on Province of New York in America*, Ithaca/London 1994.
Sebastian Conrad, *Globalgeschichte. Eine Einführung*, München 2013.
Edward Countryman, »Responds«, in: *The William and Mary Quarterly* LIII (1996), S. 379–386.
Frank Crüsemann, *Der Widerstand gegen das Königtum. Die antiköniglichen Texte des Alten Testamentes und der Kampf um den frühen israelitischen Staat*, Neukirchen-Vluyn 1978.
Bea Davies, Patrick Spät, *Der König der Vagabunden. Gregor Gog und seine Bruderschaft*, Berlin 2019.
Iris Därmann, »Flucht als politische Handlungsform«, in: *Geschichte der Gegenwart*, 05.04.2020, {geschichtedergegenwart.ch//flucht-als-politische-Handlungsform/}, letzter Zugriff 31.05.2022.
Iris Därmann, *Widerstände. Gewaltenteilung in statu nascendi*, Berlin 2021.
Richard J. F. Day, *Gramsci Is Dead. Anarchist Currents in the Newest Social Movements*, London/Ann Arbor u. a. 2005.
Daniel Defoe, *Libertalia. Die utopische Piratenrepublik*, Berlin 2015.
Gilles Deleuze, Félix Guattari, *Tausend Plateaus. Kapitalismus und Schizophrenie*, Berlin 1992.
Gilles Deleuze, Claire Parnet, *Dialoge*, Berlin 2019.
Patricia Draper, »!Kung Women: Contracts in Sexual Egalitarianism in Foraging and Sedentary Contexts«, in: Rayna R. Reiter (Hg.), *Toward an Anthropology of Women*, New York 1975, S. 77–109.
Hans Peter Duerr, *Frühstück im Grünen. Essays und Interviews*, Frankfurt a. M. 1995.

Emile Durkeim, *Die Regeln der soziologischen Methode*, Neuwied/Berlin 1965.

Peter Earle, *The Pirate Wars*, London 2003.

Wolfram Eberhard, *Conquerers and Rulers. Social Forces in Medieval China*, Leiden 1952.

Oliver Eberl, *Naturzustand und Barbarei. Begründung und Kritik staatlicher Ordnung im Zeichen des Kolonialismus*, Hamburg 2021.

Norbert Elias, *Über den Prozess der Zivilisation. Soziogenetische und psychogenetische Untersuchungen*, Bd. I und II, Frankfurt a. M. 1992.

Friedrich Engels, *Der deutsche Bauernkrieg*, MEW 7, Berlin 1969.

Friedrich Engels, *Der Ursprung der Familie, des Privateigentums und des Staats*, MEW 21, Berlin 1969.

Edward Evans-Pritchard, *The Nuer. A Description of the Modes of Livelihood and Political Institutions of a Nilotic People*, New York/Oxford 1980.

Richard Faber, *Lateinischer Faschismus. Über Carl Schmitt den Römer und Katholiken*, Berlin/Wien 2001.

Walter Fähnders, »Die Epoche der Vagabunden. Einleitung«, in: ders., Henning Zimpel (Hg.), *Die Epoche der Vagabunden. Texte und Bilder 1900–1945*, Essen 2009, S. 9–23.

Walter Fähnders, Henning Zimpel (Hg.), *Die Epoche der Vagabunden. Texte und Bilder 1900–1945*, Essen 2009.

Walter Fähnders, »Vagabunden und Vagabondage in Kunst und Literatur«, in: Hanneliese Palm, Christoph Steker (Hg.), *Künstler, Kunden, Vagabunden*, Düsseldorf 2020, S. 7–18.

Marie Favereau, *The Horde: How the Mongols Changed the World*, Harvard 2021.

Christian F. Feest, »Aus Nordamerika«, in: William Rubin (Hg.), *Primitivismus in der Kunst des zwanzigsten Jahrhunderts*, München 1996, S. 94–107.

Philipp Felsch, *Der lange Sommer der Theorie. Geschichte einer Revolte. 1960–1990*, München 2015.

Adam Ferguson, *Versuch über die Geschichte der bürgerlichen Gesellschaft*, Frankfurt a. M. 1988.

Herbert Franke, Rolf Trauzettel, *Das Chinesische Kaiserreich*, Fischer Weltgeschichte Bd. 19, Frankfurt a. M. 1968.
Herbert Franke, »Die unterschiedlichen Formen der Eingliederung von Barbaren im Verlauf der chinesischen Geschichte«, in: Shmuel N. Eisenstadt (Hg.), *Kulturen der Achsenzeit II. Ihre institutionelle und kulturelle Dynamik. Teil 1 China, Japan*, Frankfurt a. M. 1992, S. 25–70.
Uwe Franke, »Innenpolitischer Wandel und Wahlen«, in: Hans-Joachim Lauth, Hans-Rudolf Horn (Hg.), *Mexiko im Wandel: Bilanz und Perspektiven in Politik, Wirtschaft, Gesellschaft und Kultur*, Frankfurt a. M. 1995, S. 35–55.
John G. Garrat, *The Four Indian Kings*, Ottawa 1985.
David Patrick Geggus, *Haitian Revolutionary Studies*, Bloomington 2002.
Andreas Gehrlach, *Diebe. Die heimliche Aneignung als Ursprungserzählung in Literatur, Philosophie und Mythos*, München 2016.
Rudolf Geist, »Der Kunde als revolutionärer Agitator. Der Kunde 3, 1929, Nr. 3/4 und Nr. 5/8«, in: Hanneliese Palm, Christoph Steker (Hg.), *Künstler, Kunden, Vagabunden*, Düsseldorf 2020, S. 37–54.
Jacques Gernet, *Die chinesische Welt. Die Geschichte Chinas von den Anfängen bis zur Jetztzeit*, Frankfurt a. M. 1997.
Gregor Gog, »Was will die Bruderschaft der Vagabunden? Der Kunde 3, 1929, Nr. 1/2«, in: Hanneliese Palm, Christoph Steker (Hg.), *Künstler, Kunden, Vagabunden*, Düsseldorf 2020, S. 21–29.
Gregor Gog, »Zur Vagabunden-Kunstausstellung. Der Kunde 2, 1929, Nr. 9/10«, in: Hanneliese Palm, Christoph Steker (Hg.), *Künstler, Kunden, Vagabunden*, Düsseldorf 2020, S. 183–185.
David Graeber, *Frei von Herrschaft. Fragmente einer anarchistischen Anthropologie*, Wuppertal 2008.
David Graeber, David Wengrow, *Anfänge. Eine neue Geschichte der Menschheit*, Stuttgart 2022.
Donald A. Grinde, Jr., Bruce E. Johansen, *Exemplar of Liberty. Native America and the Evolution of Democracy*, Los Angeles 1991.
Torsten Hahn, »Die Kunst des Möglichen unter schwarzer Flagge (rother Tod auf derselben). Piraterie und Welthandel in

Friedrich Schillers nachgelassenen Dramenentwürfen«, in: *die horen. Zeitschrift für Literatur, Kunst und Kritik* 282 (2021), S. 45–51.

Philipp Hanke, *Revolution in Haiti. Vom Sklavenaufstand zur Unabhängigkeit*, Köln 2017.

Michael Hardt, Antonio Negri, *Empire. Die neue Weltordnung*, Frankfurt a. M. 2003.

Rüdiger Haude, »Das richterzeitliche Israel«, in: ders., Thomas Wagner, *Herrschaftsfreie Institutionen. Texte zur Stabilisierung staatsloser, egalitärer Gesellschaften*, Heidelberg 2019, S. 178–209.

Rüdiger Haude, »Frei-Beuter. Charakter und Herkunft piratischer Demokratie im frühen 18. Jahrhundert«, in: *Zeitschrift für Geschichtswissenschaft* 7/8 (2008), S. 593–616.

Rüdiger Haude, »Geschlechterverhältnisse im biblischen Israel beim Übergang zum Staat«, in: Christian Sigrist (Hg.), *Macht und Herrschaft*, Münster 2004, S. 59–83.

Rüdiger Haude, »Macht und Herrschaft bei Pierre Clastres«, in: *Peripherie. Zeitschrift für Politik und Ökonomie in der Dritten Welt* 73/74 (1999), S. 184–199.

Rüdiger Haude, Thomas Wagner, »Von der Utopie zur Wissenschaft. Politische Grundbegriffe im Hinblick auf herrschaftsfreie Gesellschaften«, in: dies., *Herrschaftsfreie Institutionen. Texte zur Stabilisierung staatsloser, egalitärer Gesellschaften*, Heidelberg 2019, S. 64–81.

Rüdiger Haude, Thomas Wagner, *Herrschaftsfreie Institutionen. Texte zur Stabilisierung egalitärer Gesellschaften*, Heidelberg 2019.

Frigga Haug, »Geschlechtsegalitäre Gesellschaften«, Stichwort in: *Historisch-Kritisches-Wörterbuch des Feminismus*, Bd. 1, Hamburg 2003, S. 508–518.

Wolfgang Fritz Haug, »Editorial«, in: *Das Argument* 253/6 (2003), S. 779.

Wolfgang Fritz Haug, »Zivilgesellschaft – Kämpfe im Zweideutigen«, in: *Das Argument* 253/6 (2003), S. 845–860.

Herodot, *Historien*, Stuttgart 1971.

Eric Hinderaker, »The ›Four Indian Kings‹ and the Imaginative

Construction of the First British Empire«, in: *The William and Mary Quarterly* LIII (1996), S. 487–526.

Thomas Hobbes, *Leviathan*, Frankfurt a. M. 1994.

Eric J. Hobsbawm, *Banditen. Räuber als Sozialrebellen*, Frankfurt a. M. 1972.

Dieter Hoffmann-Axthelm u. a. (Hg.), *Zwei Kulturen? Tunix, Mescalero und die Folgen*, Berlin 1978.

John Holloway, »Der Aufstand der Würde«, in: Ulrich Brand, Ana Esther Ceceña (Hg.), *Reflexionen einer Rebellion. »Chiapas« und ein anderes Politikverständnis*, Münster 2000, S. 110–135.

John Holloway, *Die Welt verändern, ohne die Macht zu übernehmen*, Münster 2002.

Max Horkheimer, Theodor W. Adorno, *Dialektik der Aufklärung. Philosophische Fragmente*, Frankfurt a. M. 1981 [zuerst 1947].

Max Horkheimer, *Zur Kritik der instrumentellen Vernunft*, Frankfurt a. M. 1967.

Paulin J. Hountondji, »Die Stimme des Herrn – Bemerkungen zum Problem der Menschenrechte in Afrika«, in: Franziska Dübgen, Stefan Skupien (Hg.), *Afrikanische Philosophie*, Berlin 2015, S. 149–167.

Zora Neale Hurston, *Barracoon. Die Geschichte des letzten amerikanischen Sklaven*, München 2020.

Cyril Lionel Robert James, *Die Schwarzen Jakobiner. Toussaint Louverture und die Haitianische Revolution*, Berlin 2021.

Karl Jaspers, *Vom Ursprung und Ziel der Geschichte*, München 1964.

Francis Jennings, *Empire of Fortune. Crowns, Colonies, and Tribes in the Seven Years War in America*, New York/London 1988.

Hans Joas, *Sind die Menschenrechte westlich?*, München 2015.

Hans Joas, *Was ist die Achsenzeit? Eine wissenschaftliche Debatte als Diskurs über Transzendenz*, Basel 2014.

Renate Jost, *Frauenmacht und Männerliebe. Egalitäre Utopien aus der Frühzeit Israels*, Stuttgart 2006.

Ibn Kaldûn, *Das Buch der Beispiele. Die Einführung al-Muqaddim*, Leipzig 1992.

Sebastian Kalicha, »Dimensionen libertärer Exegese. Reflexionen zum Verhältnis von Anarchismus und Christentum«, in: ders. (Hg.), *Christlicher Anarchismus. Facetten einer libertären Strömung*, Heidelberg 2013, S. 13–47.

Sebastian Kalicha, »Einleitung«, in: ders. (Hg.), *Christlicher Anarchismus. Facetten einer libertären Strömung*, Heidelberg 2013, S. 7–12.

Otto Kallscheuer, »Systemkrise in Italien und Identitätskrise der Arbeiterbewegung«, in: Dieter Hoffmann-Axthelm u. a. (Hg.), *Zwei Kulturen? Tunix, Mescalero und die Folgen*, Berlin 1978, S. 7–35.

Immanuel Kant, *Anthropologie in pragmatischer Absicht*, Hamburg 1980.

Alice B. Kehoe, »Blackfoot Persons«, in: Laura F. Klein, Lilian A. Ackerman (Hg.), *Women and Power in Native North America*, Norman/London 1995, S. 113–125.

Anatolij Michajlovič Khazanov, *Nomads and the Outside World*, Cambridge 1984.

Horst Klengel, *Hammurapi von Babylonien und seine Zeit*, Berlin 1978.

Martha C. Knack, »The Dynamics of Southern Paiute Women's Roles«, in: Laura F. Klein, Lilian A. Ackerman (Hg.), *Women and Power in Native North America*, Norman/London 1995, S. 146–158.

Kersten Knipp, *Die Kommune der Faschisten. Gabriele D'Annuzio, die Republik von Fiume und die Extreme des 20. Jahrhunderts*, Darmstadt 2019.

Susanne Knödel, »Spätere Heirat unerwünscht. Besuchsbeziehung und soziale Harmonie bei den Mosuo Südwestchinas«, in: Gisela Völger (Hg.), *Sie und Er. Frauenmacht und Männerherrschaft im Kulturvergleich*, Köln 1997, S. 339–344.

Karl-Heinz Kohl, *Entzauberter Blick. Das Bild vom Guten Wilden und die Erfahrung der Zivilisation*, Berlin 1981.

Siegfried Kohlhammer, *Piraten. Vom Seeräuber zum Sozialrevolutionär*, Springe 2022.

Reinhard Kößler, *Entwicklung*, Münster 1998.

Lawrence Krader (Hg.), *The Ethnological Notebooks of Karl Marx*, Assen 1972.

Fritz Kramer, Christian Sigrist, *Gesellschaften ohne Staat. Gleichheit und Gegenseitigkeit*, Frankfurt a. M. 1983.

Helmut Kreuzer, *Die Bohème. Analyse und Dokumentation der intellektuellen Subkultur vom 19. Jahrhundert bis zur Gegenwart*, Stuttgart 2000 [Reprint der Ausgabe von 1968].

Gabriel Kuhn, »Postanarchismus, Queer Theory und spinozistische Kinder. Deleuze in der politischen Rezeption«, in: Marvin Chlada (Hg.), *Das Universum des Gilles Deleuze. Eine Einführung*, Aschaffenburg 2011, S. 47–58.

Gabriel Kuhn, *Unter dem Jolly Roger. Piraten im Goldenen Zeitalter*, Berlin/Hamburg 2011.

Elçin Kürşat-Ahlers, *Zur Frühen Staatenbildung von Steppenvölkern. Über die Sozio- und Psychogenese der eurasiatischen Nomadenreiche am Beispiel der Hsiung-nu und Göktürken mit einem Exkurs über die Skythen*, Diss. Hannover 1993.

Karen Ordahl Kupperman, *Settling with the Indians. The Meeting of English and Indian Cultures in America 1580–1640*, Totowa (N. J.) 1980.

Lars Lambrecht u. a., *Gesellschaft von Olduvai bis Uruk. Soziologische Exkursionen*, Kassel 1998.

Owen Lattimore, *Inner Asian Frontiers of China*, Irvington-On-Hudson (NY) 1951.

Owen Lattimore, *Studies in Frontier History. Collected Papers*, Paris 1962.

Laudse, *Daudedsching*, Leipzig 1981.

Hans-Joachim Lauth, »Perspektiven der Demokratisierung«, in: ders., Hans-Rudolf Horn (Hg.), *Mexiko im Wandel: Bilanz und Perspektiven in Politik, Wirtschaft, Gesellschaft und Kultur*, Frankfurt a. M. 1995, S. 195–207.

Thomas E. Lawrence, *Die sieben Säulen der Weisheit*, München 1985.

Eleanor Leacock, »Der Status der Frauen in egalitären Gesellschaften: Implikationen für die soziale Evolution«, in: Arbeitsgruppe für Ethnologie Wien (Hg.), *Von fremden Frauen.*

*Frausein und Geschlechterbeziehungen in nichtindustriellen Gesellschaften*, Frankfurt a. M. 1989, S. 29–67.

Stefan Leder, »Beduinentum, Araber, Nomadenmythos in der Montage von Ibn Kaldûn«, in: Alexander Weiß (Hg.), *Der imaginierte Nomade. Formel und Realitätsbezug bei antiken, mittelalterlichen und arabischen Autoren*, Wiesbaden 2007, S. 69–101.

Ilse Lenz, »Geschlechtssymmetrische Gesellschaften. Neuere Ansätze nach der Matriarchatsdebatte«, in: Ilse Lenz, Ute Luig (Hg.), *Frauenmacht ohne Herrschaft. Geschlechterverhältnisse in nichtpatriarchalischen Gesellschaften*, Frankfurt a. M. 1995, S. 26–87.

Ilse Lenz, Ute Luig: »Jenseits von Patriarchat und Matriarchat«, in: dies. (Hg.), *Frauenmacht ohne Herrschaft. Geschlechterverhältnisse in nichtpatriarchalischen Gesellschaften*, Frankfurt a. M. 1995, S. 10–25.

Ralf Leonhard, »Aus Chiapas zu den Eroberern«, in: *taz* (14.09. 2021), {www.taz.de/Zapatista-Rundreise-in-Europa/!5800950/}, letzter Zugriff 19.05.2022.

Peter Linebaugh, Marcus Rediker, *Die vielköpfige Hydra. Die verborgene Geschichte des revolutionären Atlantiks*, Berlin/Hamburg 2008.

Daniel Loick, »Stichwort: Exodus. Leben jenseits von Staat und Konsum?«, in: *WestEnd. Neue Zeitschrift für Sozialforschung* 1 (2014), S. 61–65.

Michael Löwy, *Erlösung und Utopie. Jüdischer Messianismus und libertäres Denken*, Berlin 1997.

Klaus Lubbers, *Born for the Shade. Stereotypes of the Native American in United States Literature and the Visual Arts*, 1776–1894, Amsterdam/Atlanta 1994.

Alan Leander Macgregor, »Tammany: The Indian as Rhetorical Surrogate«, in: *American Quarterly* 35/4 (1983), S. 391–407.

Laurin Mackowitz, *Die Säkularisierung des Exodus. Zur Narration von politischer Emanzipation bei Sigmund Freud, Thomas Mann, Michael Walzer und Paolo Virno*, Bielefeld 2019.

Raul S. Manglapus, *Will of the People. Original Democracy in Non-Western Societies*, New York u. a. 1987.

Charles C. Mann, *Amerika vor Kolumbus. Die Geschichte eines unentdeckten Kontinents*, Reinbek bei Hamburg 2018.

Michael Mann, *Geschichte der Macht*, Bd. 1: *Von den Anfängen bis zur griechischen Antike*, Frankfurt a. M./New York 1994.

Lou Marin, »Biblischer Anarchismus. Der Zusammenhang Christentum-Gewaltfreiheit-Anarchismus bei Jacques Ellul (1912-1994)«, in: Sebastian Kalicha (Hg.), *Christlicher Anarchismus. Facetten einer libertären Strömung*, Heidelberg 2013, S. 147–172.

Karl Marx, *Das Kapital*, Bd. 1, MEW 23, Berlin 1962.

Walter Mayer, »Gedanken zur Deportation im Alten Orient«, in: Christian Sigrist (Hg.), *Macht und Herrschaft*, Münster 2004, S. 215–232.

Adrienne Mayor, *The Amazons. Lives and Legends of Warrior Women Across the Ancient World*, Princeton/Oxford 2014.

Achille Mbembe, *Kritik der schwarzen Vernunft*, Berlin 2014.

William Hardy McNeill, *Krieg und Macht. Militär, Wirtschaft und Gesellschaft vom Altertum bis heute*, München 1984.

Dieter Metzler, »Widerstand von Nomaden gegen zentralistische Staaten im Altertum«, in: Toru Yuge, Masaoki Doi (Hg.), *Forms of Control and Subordination in Antiquity*, Leiden/New York u. a. 1988, S. 86–95.

Helge Meves, »Nachwort. Wege nach Libertalia«, in: Daniel Defoe, *Libertalia. Die utopische Piratenrepublik*, Berlin 2015, S. 111–150.

Edward E. Meyer-Fortes, Edward Evans-Pritchard (Hg.): *African Political Systems*, London 1940.

John Middleton, David Tait (Hg.), *Tribes Without Rulers. Studies in African Segmentary Systems*, London 1967.

Danielle Mitterand, *Ich nenne es Hoffnung. Wege für ein friedliches Lateinamerika*, Düsseldorf 1997.

Manuel Vázquez Montalbán, *Marcos. Herr der Spiegel*, Berlin 2001.

Lewis Henry Morgan, *Die Urgesellschaft. Untersuchungen über den Fortschritt der Menschheit aus der Wildheit durch die Barbarei zur Zivilisation*, Lollar/Lahn 1976.

Lewis Henry Morgan, *League of the Iroquois*, New York 1993.
Chantal Mouffe, »Demokratie auf dem Prüfstand« (Gespräch mit M. Miessen), in: Markus Miessen, *Albtraum Partizipation*, Berlin 2012, S. 88–140.
Chantal Mouffe, »Exodus oder Stellungskrieg? Zum Verhältnis von Bewegung und Institution«, 12. Januar 2004, {https://www.igkultur.at/artikel/exodus-oder-stellungskrieg-zum-verhaeltnis-von-bewegung-und-institution}, letzter Zugriff 31.05.2022.
Chantal Mouffe, »Kritik als gegenhegemoniale Intervention«, 4/2008, {https://transversal.at/transversal/0808/mouffe/de}, letzter Zugriff 31.05.2022.
Klaus E. Müller, *Geschichte der antiken Ethnologie*, Reinbek bei Hamburg 1997.
Lewis Mumford, *Mythos der Maschine. Kultur, Technik und Macht*, Frankfurt a. M. 1980.
Jerome Mushkat, *Tammany. The Evolution of a Political Machine 1789–1865*, Syracuse 1971.
Maya Nadig, »Stabilisierung von Kultur – Modulierung von Wandel und Dominanzverhältnissen durch regulierte Ökonomie und Sexualität: Das Beispiel der Mosuo und anderer Gesellschaften«, in: Andreas Hepp, Andreas Lehmann-Wermser (Hg.), *Transformationen des Kulturellen. Prozesse des gegenwärtigen Kulturwandels*, Wiesbaden 2013, S. 33–56.
Thomas Nail, *The Figure of the Migrant*, Stanford 2015.
Ursula Naumann, *Pribers Paradies. Ein deutscher Utopist in der amerikanischen Wildnis*, Frankfurt a. M. 2001.
Joseph Needham, *Wissenschaft und Zivilisation in China*, Bd. I, Frankfurt a. M. 1988.
Rainer Neu, *Von der Anarchie zum Staat. Entwicklungsgeschichte Israels vom Nomadentum zur Monarchie im Spiegel der Ethnosoziologie*, Neukirchen-Vluyn 1992.
Rainer Neu, »Die Bedeutung der Ethnologie für die alttestamentliche Forschung«, in: Christian Sigrist, ders. (Hg.), *Ethnologische Texte zum Alten Testament*, Bd. 1: *Vor- und Frühgeschichte Israels*, Neukirchen-Vluyn 1989, S. 11–26.

Chaim Noll, *Die Wüste. Literaturgeschichte einer Urlandschaft des Menschen*, Leipzig 2020.

Robert Ohrt, *Phantom Avantgarde. Eine Geschichte der Situationistischen Internationale und der modernen Kunst*, Hamburg 1990.

Lester C. Olson, *Emblems of American Community in the Revolutionary Era. A Study in Rhetorical Iconology*, Washington/London 1991.

Michael Opitz, »Die Geschichte der verlorenen Schrift«, in: *Paideuma* 52 (2006), S. 27–50.

Anthony Pagden, *Das erfundene Amerika. Der Aufbruch des europäischen Denkens in die Neue Welt*, München 1996.

Hanneliese Palm, Christoph Steker (Hg.), *Künstler, Kunden, Vagabunden*, Düsseldorf 2020.

Axel T. Paul, »Die Gewalt der Scham. Elias, Duerr und das Problem der Historizität menschlicher Gefühle«, in: Michaela Bauks, Martin F. Meyer (Hg.), *Zur Kulturgeschichte der Scham. Archiv für Begriffsgeschichte*, Sonderheft 9, Hamburg 2011, S. 195–216.

Platon, *Die Gesetze*, Zürich/München 1974.

Platon, *Der Staat*, Leipzig 1949.

Richard Price, »Maroons in the Caribbean«, in: Romain Cruse, Kevon Rhiney (Hg.), *Caribbean Atlas*, 2013, {http://www.caribbean-atlas.com/en/themes/waves-of-colonization-and-control-in-the-caribbean/waves-of-colonization/maroons-in-the-caribbean.html}, letzter Zugriff 30.05.2022.

Leonard Ragaz, »Der Sozialismus«, in: Arnold Pfeiffer (Hg.), *Religiöse Sozialisten. Dokumente der Weltrevolution*, Bd. 6, Olten 1976, S. 191–197.

Joseph Kardinal Ratzinger, Alberto Bovone, »Instruktion der Kongregation für die Glaubenslehre über einige Aspekte der ›Theologie der Befreiung‹, 6. August 1984«, in: Johann Baptist Metz (Hg.), *Die Theologie der Befreiung: Hoffnung oder Gefahr für die Kirche?*, Düsseldorf 1986.

Eva von Redeker, »Topischer Sozialismus. Zur Exodus-Konzeption bei Gustav Landauer und Martin Buber«, in: *WestEnd. Neue Zeitschrift für Sozialforschung* 1 (2014), S. 93–108.

Carl Resek, *Lewis Henry Morgan. American Scholar*, Chicago 1960.
Isaac Rhys, »Dramatizing the Ideology of Revolution: Popular Mobilization in Virginia, 1774 to 1776«, in: *The William and Mary Quarterly* XXXIII (1976), S. 357–385.
Volker Riehl, *Natur und Gemeinschaft: Sozialanthropologische Untersuchungen zur Gleichheit bei den Tallensi in Nordghana*, Frankfurt a. M. 1993.
Neil Roberts, *Freedom as Marronage*, Chicago/London 2015.
Simon Roberts, *Ordnung und Konflikt. Eine Einführung in die Rechtsethnologie*, Stuttgart 1981.
Bernd U. Schipper, *Geschichte Israels in der Antike*, München 2018.
Alice Schlegel, »Geschlechterantagonismus bei den geschlechtsegalitären Hopi«, in: Ilse Lenz, Ute Luig (Hg.), *Frauenmacht ohne Herrschaft. Geschlechterverhältnisse in nichtpatriarchalischen Gesellschaften*, Frankfurt a. M. 1995, S. 220–246.
Thomas Schmid, »Autonomie von der Entwicklung – doch in der Entwicklung«, in: Dieter Hoffmann-Axthelm u. a. (Hg.), *Zwei Kulturen? Tunix, Mescalero und die Folgen*, Berlin 1978, S. 182–205.
Felicitas Schmieder, »Nomaden in Europa und Europäer unter Nomaden. Lateinisch-mittelalterliche Verarbeitungen einer fremdartigen Lebensform«, in: Alexander Weiß (Hg.), *Der imaginierte Nomade. Formel und Realitätsbezug bei antiken, mittelalterlichen und arabischen Autoren*, Wiesbaden 2007, S. 137–154.
Gerold Schmidt, *Der Indio-Aufstand in Chiapas. Versuch einer demokratischen Revolution*, München 1996.
Carl Schmitt, *Land und Meer. Eine weltgeschichtliche Betrachtung*, Stuttgart 1993.
Raoul Schrott, *Homers Heimat*, München 2008.
Charlotte Schubert, »Der Fremde ist ein Nomade: Der Skythe Anacharsis«, in: Alexander Weiß (Hg.), *Der imaginierte Nomade. Formel und Realitätsbezug bei antiken, mittelalterlichen und arabischen Autoren*, Wiesbaden 2007, S. 157–183.
Charlotte Schubert, »Zum problematischen Verhältnis von *res fictae* und *res factae* im antiken Nomadendiskurs«, in: Alex-

ander Weiß (Hg.), *Der imaginierte Nomade. Formel und Realitätsbezug bei antiken, mittelalterlichen und arabischen Autoren*, Wiesbaden 2007, S. 17–41.

Ernst Schwarz, »Einführung«, in: Laudse, *Daudedsching*, Leipzig 1981, S. 5–49.

Simon D. Schweitzer, »Gezer in der Spätbronzezeit IIB: *direct rule* oder *elite emulation*«, in: Christian Sigrist (Hg.), *Macht und Herrschaft*, Münster 2004, S. 134–156.

James C. Scott, *Die Mühlen der Zivilisation. Eine Tiefengeschichte der frühesten Staaten*, Berlin 2019.

James C. Scott, *The Art of Not Being Governed. An Anarchist History of Upland Southeast Asia*, New Haven/London 2009.

Nicholas Shakespeare, *Bruce Chatwin. Eine Biographie*, Reinbek bei Hamburg 2002.

Christian Sigrist, *Regulierte Anarchie. Untersuchungen zum Fehlen und zur Entstehung politischer Herrschaft in segmentären Gesellschaften Afrikas*, Hamburg 1994.

George B. Silberbauer, »The G/wi Bushmen«, in: M. G. Bicchieri (Hg.), *Hunters and Gatherers Today. A Socioeconomic Study of Eleven Such Cultures in the Twentieth Century*, New York 1972, S. 271–326.

Dean R. Snow u. a. (Hg.), *In Mohawk Country. Early Narratives About a Native People*, Syracuse 1996.

Guido Sprenger, »Schrift in Gesellschaften ohne Schrift«, {5300 jahreschrift.materiale-textkulturen.de/sprenger_verlorene_schrift/}, letzter Zugriff 16.05.2022.

Artur Streiter, »Vagabunden, Scholaren, Gaukler und Kunden. Eine Studie zur Apologie des Menschen der Landstraße. Typoskript, 1924–1930«, in: Hanneliese Palm, Christoph Steker (Hg.), *Künstler, Kunden, Vagabunden*, Düsseldorf 2020, S. 123–152.

Subcomandante Marcos, »Dem Neoliberalismus die Suppe versalzen«, in: Redaktion (Hg.): *Chiapas und die Internationale der Hoffnung*, Köln 1997, S. 51–55.

Thomas von Aquin, *Über die Herrschaft des Fürsten*, Stuttgart 1994.

Tsvetan Todorov, *Die Angst vor den Barbaren. Kulturelle Vielfalt versus Kampf der Kulturen*, Hamburg 2010.

Michael Tomasello, *Eine Naturgeschichte der menschlichen Moral*, Frankfurt a. M. 2020.

Hans Tombrock, »Landstraße – Kunden – Vagabunden. Der Kunde 3, 1929, Nr. 3/4«, in: Hanneliese Palm, Christoph Steker (Hg.), *Künstler, Kunden, Vagabunden*, Düsseldorf 2020, S. 31–35.

Elizabeth Tooker, »The United States Constitution and the Iroquois League«, in: *Ethnohistory* 35/4 (1988), S. 305–336.

Topitas (Hg.), *Ya basta! Der Aufstand der Zapatistas*, Hamburg 1994.

Thomas R. Trautmann, *Lewis Henry Morgan and the Invention of Kinship*, Berkeley/Los Angeles u. a. 1987.

Marin Trenk, »Königreich Paradies. Christian Gottlieb Priber, ein Utopist aus Sachsen bei den Cherokee«, in: *Historische Anthropologie* 9/2 (2001), S. 195–213.

Ilija Trojanow, »Das Gegenmodell heißt: völlige Umwälzung der Verhältnisse«, in: Thomas Wagner, *Die Einmischer. Wie sich Schriftsteller heute engagieren*, Hamburg 2010, S. 62–76.

Ilija Trojanow, Ranjit Hoskote, *Kampfabsage. Kulturen bekämpfen sich nicht – sie fließen zusammen*, München 2007.

Käthe Uray-Köhalmy, »Die Stellung der Frau in der mongolischen Gesellschaft«, in: Arbeitsgruppe Ethnologie Wien (Hg.): *Von fremden Frauen. Frausein und Geschlechterbeziehungen in nichtindustriellen Gesellschaften*, Frankfurt a. M. 1989, S. 307–324.

Ton Veerkamp, *Der Gott der Liberalen. Kritik des Liberalismus*, Hamburg 2005.

Ton Veerkamp, *Die Welt anders. Politische Geschichte der Großen Erzählung*, Hamburg 2012.

Paolo Virno, »Anthropologie und Theorie der Institutionen«, in: ders., *Exodus*, Wien/Berlin 2010, S. 79–106.

Paolo Virno, »Exodus«, in: ders., *Exodus*, Wien/Berlin 2010 [italienisch 1981], S. 23–31.

Paolo Virno, »Virtuosität und Revolution. Die politische Theorie des Exodus«, in: ders., *Exodus*, Wien/Berlin 2010 [italienisch 1994], S. 33–78.

Thomas Wagner, *Irokesen und Demokratie. Ein Beitrag zur Soziologie interkultureller Kommunikation*, Münster 2004.

Sally Roesch Wagner, »The Iroquian Influence on Women's Rights«, in: José Barreiro (Hg.): *Indian Roots of American Democracy*, Ithaca (NY) 1992, S. 115–134.

Sally Roesch Wagner, *Sisters in Spirit: Iroquois Influence on Early Feminists*, Summertown (TN) 2001.

Anthony F. C. Wallace, *The Death and Rebirth of the Seneca*, New York 1972.

Michael Walzer, *Exodus und Revolution*, Berlin 1988.

Jack Weatherford, *Native Roots. How the Indians Enriched America*, New York 1991.

Uwe Wesel, *Frühformen des Rechts in vorstaatlichen Gesellschaften*, Frankfurt a. M. 1985.

Arno Widman, »Menschenrechte aus Afrika«, in: *Frankfurter Rundschau* (26.10.2009).

Gerard Winstanley, *Gleichheit im Reich der Freiheit*, Frankfurt a. M. 1988.

James Woodburn, »Ecology, nomadic movement and the local group among hunters and gatherers: an East African example and its implications«, in: Peter J. Ucko u. a. (Hg.), *Man, settlement and urbanism*, London 1972, S. 193–210.

James Woodburn, »Egalitarian Societies«, in: *Man*, New Series 17 (1982), S. 431–451.

Erste Auflage Berlin 2022

Göhrener Str. 7 | 10437 Berlin
info@matthes-seitz-berlin.de



Layout und Satz: Monika Grucza-Nápoles
Druck und Bindung: GGP Media GmbH, Pößneck
Printed in Germany
ISBN 978-3-7518-0376-2
www.matthes-seitz-berlin.de